精神分析入門講座
——英国学派を中心に——

著　J・ミルトン，C・ポルマー，J・ファブリシアス

　　　監訳　松木　邦裕
　　　訳　　浅野　元志

岩崎学術出版社

A Short Introduction to Psychoanalysis by
Jane Milton, Caroline Polmear and Julia Fabricius
*English language edition published by Sage Publications of London,
Thousand Oaks and New Delhi,*
© *Jane Milton, Caroline Polmear & Julia Fabricius, 2004.*
*Japanese language edition published by arrangement with
Sage Publications Ltd, London through Tuttle-Mori Agency, Inc., Tokyo*

監訳者まえがき

　「対象関係論」が精神分析の臨床に関心を抱くわが国の臨床家たちに注目され，実践に役立つ理論や技法として歓迎され始めてからしばらくの歳月が経ちました。そして今日，精神分析のメインストリームと位置づけられるほどになっています。それは，私たちが臨床現場で重いパーソナリティ障害の人たち，あるいは別の形での重篤な病理や行為の障害を抱える人たちに頻繁に出会うことと無関係ではないように思われます。こころの治療者であるなら，それらの人たちをより深く理解し有効に援助する理論や技法を求めないではおれないでしょう。その切なる希求に対象関係論が応えているところに，要望される理由があると思います。

　ここで言う対象関係論は，正確には「英国対象関係理論」と呼ばれる地域性を帯びた精神分析のひとつの学派を指しています。それは英国精神分析協会という英国にひとつしかない公認の精神分析組織から発生したものです。英国対象関係理論はその主たる基盤をメラニー・クラインの貢献に置いていますが，英国の精神分析の中核を荷っているのは，クラインの精神分析を中核とするグループだけではありません。アンナ・フロイドの精神分析的自我心理学を中核とするグループ，そしてそのどちらにも属さない，狭義の対象関係論者であるフェアバーンやウィニコット，バリントが属したインディペンデント分析家のグループという三つのグループが集まり，和し，対立し，切磋琢磨しているひとつの組織なのです。

　これらを併せて「英国学派」と呼ぶことができますが，本書は実働している今日の英国学派の精神分析を紹介する著書です。英国において，精神分析は現在どのようにあるのかを述べています。精神分析とは何かに始まり，精神分析の理論や歴史，広がりはもちろんですが，批判，研究，他分野との交流，その専門職としての実際まで，実に率直に述べられています。私が本書から得る印象は，記載が誇大感や被害感に染められることのない，公平さと謙虚さです。本書は，英国の精神分析がありのままに理解されることを求めています。構成と内容のわかりやすさもそこからきています。

このような長所を積極的にアピールしようとしない，愚直とも取られかねない実直さは，米国での提示法とは好対照のように私には思えます。しかしそこにこそ，英国学派の伝統と自分たちの精神分析臨床実践への揺るぎのない自信があるのです。こころに向かう方法としてはとても地道であるが，何より確実なものという精神分析，地味な存在であるが，懐深く堅固とした援助者としての精神分析家という現実がそのまま描かれていることに読者は気づかれましょう。

　対象関係論のみならず，精神分析に関心を抱かれている方なら，本書によって得られる知識は必ず有用でしょう。精神分析の理論や技法，実践にかかわる人や組織という，日常臨床の営みとしての精神分析の本体がここに描かれています。初学者にも経験豊かな治療者にも，精神分析を知るという私たちが熱望していることに，これまでになかった生きた知識を付け加えてくれるでしょう。

　翻訳者の浅野元志氏をご紹介いたしましょう。浅野氏は名古屋大学医学部を卒業後，臨床研修を総合病院で修了し，精神医学をみずからの目差すところと定めました。始まった本格的な精神科臨床体験は，やがて彼を精神療法，精神分析へと向かわせました。精神分析的な臨床実践にともなって，吉田光男先生や成田善弘先生のスーパーヴィジョン体験を重ねました。私が出会ったのは，この時期の東海中部精神分析セミナーであったと思います。彼の意欲的な姿勢が今も鮮明に私の記憶の中にあります。

　1999年から2004年までタヴィストック・クリニックに留学し，おもにクライン派の訓練に励みました。現在は医科大学で，臨床活動とともに後進の指導に情熱的に取り組んでいます。前進する臨床医でありたいと願っている浅野氏の「精神分析は人生だ」という発言が，私にそれ以上を語る必要を感じさせません。

　本書を読まれるなら，読みやすく訳出されていることに読者はほどなく気がつかれると思います。穏やかさの中にも繊細さと情熱を秘めた英俊浅野元志氏の翻訳を楽しまれることを私は願っています。

松木　邦裕

序　文

　精神分析とは何でしょうか？　この質問に対し，短く簡単に答えるのは不可能です。というのは，それが複雑で多様な知識や技能を含んでいるからです。精神分析は人々の活発な好奇心の的になってきましたが，それ以上に大きな不安，誤解，偏見，時には神話にすら包まれてきました。精神分析とその理論，実際，歴史，応用について，簡潔で分かりやすい説明をすることと，現代における精神分析の専門職について述べることが，この本のめざすところです。

　心理学（psychology）・精神医学（psychiatry）・精神（心理）療法（psychotherapy）・精神分析（psychoanalysis）：一体，どう違うのでしょうか？「psych」という語幹はギリシャ語由来で，身体とは異なったものとしての魂や霊を意味します。現代英語の用法では「psyche」は通常，心を表します。したがって**心理学**とは，心のあらゆる側面とその機能を研究する学問のことです。たとえばそこには，知覚，記憶，思考の研究，そして運転や機械の操作などの精神身体的な技能の研究などが含まれます。自分や他人の心に興味をもたない人は，ほとんどいないでしょう。しかし正式にいうと，心理学は一つの学問分野で，科学の一部門であり，大学やそれ以上のレベルまでも学び続けることのできるものです。学問としての心理学は，原則的には精神分析の研究も含みます。しかし実際には，大学などにたくさんあるコースのなかで，精神分析を研究するものはごくわずかしかありません。**臨床心理学**とは，心理的な問題を抱えた人々に対する援助を目的とした，心理学の一部門です。心理学系の大学を卒業した後一定の訓練を終えてはじめて，臨床心理士の資格が取れます。そして薬の処方をすることはできませんが，患者を評価し，いろいろな種類の心理学的治療を行うことができます。

　精神医学は，医学の一部門です。すべての精神科医は医師であり，専門

家としての訓練を受けており，心の障害をもった人々を治療します。精神科医は，薬物療法，または言葉を通じて行われる心理学的治療のいずれか一方，または両方を用いるかもしれません。**精神（心理）療法**[訳注1]とは，言葉を使った治療法の総称で，精神科医，臨床心理士，またはそのどちらでもないが，特に訓練を受けて資格を得た心理療法家が行います。具体的にはたとえば，看護師，ソーシャルワーカーなどが，資格を得るための訓練を終えて心理療法家になったなどの場合があります。第8章で述べるとおり，いろいろな種類の精神（心理）療法があり，その専門家になるためにはそれぞれの分野固有の訓練を必要とします。**精神分析**とは，最初に生まれた精神（心理）療法の一つで，最も徹底的な治療法の一つでもあります。そして，それほど徹底的ではない様々な形の**精神分析的精神（心理）療法**のもとになりました。第2章で述べるとおり，精神分析は精神（心理）療法の一種であるだけではなく，心に関する理論の体系でもあり，心的過程を観察し研究するための手段でもあります。

　この本は，次のような構成になっています。第1章はまず，精神分析が行われている場所，すなわち患者と分析家が部屋の中で精神分析セッションを行っている場面から始まります。そして，他のいろいろな患者を描写するとともに，精神分析の臨床において実際に何が起きるのか，そしてこの治療法はどんな人に向いているのか，などの点について概観します。第2章では，精神分析理論を概観します。第3章では精神分析の歴史について，第4章では異なった文化のなかで精神分析がどのように始まり広がっていったかについて概説します。第5章では，精神分析に対する批判という重大な問題およびそれに関する議論について，そして第6章では，精神分析における研究という複雑な分野について考えます。第7章では，精神分析的な考え方が面接室の外でどのような形で用いられてきたかを描写します。第8章では，精神分析およびその他の精神（心理）療法的アプローチについて述べることによって，各種の心理学的治療法のなかで，精神分

訳注1）日本においては，精神科医が行う場合は精神療法，臨床心理士など医師以外が行う場合は心理療法と呼ぶという区別がある。しかし英語のpsychotherapyには上記の区別はなく，両方の意味を含んでいる。したがって本書では，精神療法または心理療法の区別が文脈上明らかでない限り，psychotherapyを精神（心理）療法と訳出した。

析がどのような位置を占めるかという点について示そうと試みます。最後に第9章では，英国における精神分析の専門職，そのための訓練，職能団体，そして関連する全国組織および国際組織について述べます。

　精神分析は魅力的で興味深く，人をひきつけ，個人にとっては役に立つ，困難だがやりがいのある仕事だと，私たちは考えています。精神分析を紹介して下さった指導者の先生方に，そして学び続けるという生涯に渡る道をたどることを手助けして下さっている先生方や患者さんたちに感謝します。私たちの熱意が伝わることを願っています。読むことによっていくつかの疑問点が解消したり，もっと他の本も読んで勉強したいという好奇心を刺激されたりするような，そんな魅力的な入門書にこの本がなることを願っています。もし知識をもっていなかった人たちに何かを伝えることができて，そのうち少数の方々の興味をひくことができれば，この本の目的は果たされたといえるでしょう。

謝　辞

　まず初めに，分析の一場面を本の中で公表することを，快く許可して下さった患者さんたちに感謝します。患者さん御本人以外には，一体誰のことを書いているのか分からないように気を付けました。

　いろいろな段階において，情報やアイディアを寄せて下さった以下の先生方にも感謝します。Anthony Bateman, David Bell, David Black, Catalina Bronstein, Donald Campbell, Anthony Cantle, Rachael Davenhill, Jenny Davids, Mary Donovan, Hella Ehlers, Steven Grosz, Wojtek Hanbowski, Rael Meyerowitz, Rosine Perelberg, Daniel Pick, Joscelyn Richards, Anne-Marie Sandler, Vic Sedlak, Emilia Steuerman, Sally Weintrobe

　原稿の各章にわざわざ目を通して，役に立つ意見を下さった同僚の先生方，友人達，親族は，以下の諸氏です。David Crease, Elizabeth Piercy, Richard Rusbridger, Lynne Ridler-Wall, Max Sasim, Katy Thomson, Sarah Thomson

　「入門」シリーズ編集者のColin Felthamさんは，とても助けになり支えとなってくれました。そして以下に挙げるSage出版社チーム諸氏の，親しみやすくなおかつ高い専門家意識にも感謝しています。Alison Poyner, Louise Wise, Rachel Burrows, Wendy Scott, Susie Home, Joyce Lynch

目 次

監訳者まえがき　i
序文　iii
謝辞　vi

第1章　精神分析とは何か？　*1*
第2章　精神分析理論の基礎　*25*
第3章　精神分析の簡潔な歴史　*56*
第4章　世界各地における精神分析　*83*
第5章　精神分析に対する批判　*111*
第6章　精神分析と研究　*141*
第7章　面接室外での精神分析　*166*
第8章　精神分析と精神（心理）療法　*192*
第9章　精神分析家という専門職　*215*

参考文献　*238*
訳者あとがき　*248*
人名索引　*253*
事項索引　*255*

第1章　精神分析とは何か？

　今あなたは幸運にも，ハエとして部屋の壁にとまっています。55歳の男性，アランと分析家とのセッションは15分たったところで，アランは夢について報告しています。ハエとしてのあなたは，ある種の雰囲気に気づきます。それは静かで穏やかです。二人とも何かに没頭しているようですが，何も起きていないようにしか見えません。アランは独り言を言っているようですが，実は分析家は熱心に耳を傾けています。アランは，起きている間にあいまいになってしまった昨夜の夢の詳細を，一生懸命思い出そうとしています。

> 　アランは言います。「私は階段の踊り場にいました。そしてそこには，手すりがありました。」しかし，手すりの形そのものや詳細について語るのは，少しためらいます。「そこにやせた男がいました。私はその男を，手すりの向こう側に押し倒そうとしていました。その男は私に言いました。『君が4ストーン[訳注1]と14ストーン減量したら，君が倒れるかもしれないよ』思い出せるのはそれだけです。」アランはしばらく考えた後「倒れること」について語ります。「その男は，自分からバランスを崩して倒れたのかもしれないと思います。でも夢の中で，私が押し倒したのかもしれません。その男が言っていたのは，私が4ストーンと14ストーン減量したら，私自身も倒れるかもしれない，つまり，バランスを崩すかもしれない，という意味かもしれません。」この夢のいろいろな部分について考えながら，アランは心に浮かぶ考え，イメージ，記憶などをたどっていきました。自分の減量プログラムについても考えました。なぜ4ストーンと14ストーンについ

訳注1）　ストーンは体重を表す単位で，約6.4kgに相当する。したがって4ストーンは約25kg，14ストーンは約89kg，18ストーンは，約114kgに当たる。

て夢を見たのかはわかりませんでしたが，それにはこだわりませんでした。後で何か思いつくかもしれないからです。たぶん，次の目標が18ストーンだからかもしれない，とアランはつぶやきました。若い頃学生時代には，自分が痩せていたのを思い出しました。特に体育では，走ることで最強のライバルと競っていました。そのころ起きた別のある事件についても思い出しました。「今の今まで，30年間も忘れていました」といいながら，アランは驚いて苦笑いしました。しかしこの記憶について考えると，自分が不安になってしまうのにも気づきました。

　アランがこのような話をしている時，分析家はある点に気づきます。それは，夢について何かコメントを思いつくと同時に，それを無神経に伝えると喧嘩になってしまうかもしれないのでとても気をつけなければならないと，自分が感じてしまっているようだということです。気づかない程かすかに，場の雰囲気は緊張していました。アランは，このライバルと戦ったことを思い出します。まるで殺し合いのように本気で戦いました。もしもあの時あんな不思議なことが起きていなかったなら，コントロールを完全に失って，ライバルを殺してしまっていたかもしれませんでした。アランはその時，ゼリーのようにぶるぶる震えだして，その場を立ち去ったのでした。

　若くて痩せていた時に抱いていた，コントロールを失って暴力的になってしまう恐れについてもう少し考えた後でアランは，子どものころ父親が心臓発作で急死したことを思い出します。この死によって彼は大きな外傷を受け，その結果，子ども時代の障害を引き起こしてしまったという事実を分析家は知っています。アランは夜になると，水道の蛇口や窓の鍵を閉めたかどうか，何度も繰り返しチェックするなどの強迫行為をするようになりました。それはあたかも，父親が死んだのは自分のせいであると，ある意味信じているようでした。

　アランは話を変えます。「ところで昨日GP[訳注2]」の先生に会って，

訳注2）　General Practitionerの略。家庭医とも訳される。英国において，薬物療法などの初期治療をしたり，希望があれば往診したり，患者を専門医療機関に紹介したりする医師である。医療制度自体が異なっているため比較が難しいが，日本における一般開業医，診療所の医師などに近い。

薬をみんな中止する件について話し合いました。」現在4種類の薬を飲んでおり，それぞれが何の薬かを，アランは分析家に思い出させます。つまり，抗精神病薬，抗うつ薬，βブロッカー，血圧の薬の4つです。二人は，医師を訪れたことについて少し話します。分析のおかげで調子が良くなってきているので，すべての薬をすぐに中止したいけれども，中止はとても注意深く行う必要があるとも感じている，とアランは強調します。抗うつ剤を急に中止するのは危険だと医師が前もって警告しておいてくれなかったため，すべての薬を一度にやめてしまい，死にそうになった人の話をアランは聞いたことがあります。彼は医師にこれを確認し，2週間あたり半錠のペースで薬を減らしていく予定になっています。分析家は言います。「たぶんあなたの言われたことが，夢の中の4と14を理解するのに役立つと思います。おそらくあなたは，一方では健康になりたい，分析の中でうまくやっていきたい，14日ごとにもっと多くの薬を中止して，それに頼ることなくやっていきたいと強く思っておられるのでしょう。しかし他方では，あなた自身をカバーしてくれていたもの，つまり薬物およびゼリーのようにプルプルした体の脂肪なしでは，バランスを崩してしまい，戦ったり，暴力的になったりせざるを得なくなるのを恐れておられるのでしょう。そしてたぶん，あなたは痩せた分析家である私に対して，暴力的になってしまうことも恐れておられるのでしょう。あなたは手すりについて話されましたが，ここへくる時にいつも見ておられるとおり，このカウンセリングルームの外側にも手すりがあります。」

「あっ，そうですね。前にどこかでも見たことがあると思っていたのですよ。」アランは言います。「でも，私が急に気が狂ってあなたに何かしてしまわないなんて，どうして言えるんですか？　今，あることを思いつきました。たった今です。」アランは，とても動揺しています。「マスコミで叩かれた時に分析家たちが，決して自己防衛をしようとしないのは，本当に頭にきます。フロイトや精神分析についての悪口が次から次へと出てきますが，あなた方分析家は何をやっているんですか？　何もしてないでしょう！」

夢に表れたイメージの一つひとつ，アランによるコミュニケーションの一つひとつに含まれた重層的な意味が明らかになったところで，ひとまずこの場面を離れましょう。二人の行為は，ひとつの詩の意味をどんどん深く理解していこうとする作業に似ています。アランは，病気になるきっかけとなった自分の無意識的な欲望や恐れを再発見しています。そして分析家との関係において，それらの欲望や恐れが活性化され生々しく再体験されているのに気づいています。これらの欲望や恐れがいかに怖くて不愉快なものであっても，それを無意識のかなたへ追いやってしまわずに知ることができるよう，分析場面において分析家は手助けします。分析家の援助によってアランは，子ども時代の外傷的な出来事に対してどう反応したかを理解し，自分がどのような種類の人間になったかを知って理解できるようになります。そして，愛する人に対して殺意を向けたり暴力的になったりしないかという恐れにあまり縛られずに，より自分らしくなり始めることができています。

1．誰が患者になるのか？

アランは，広場恐怖，重症の摂食障害，そして抑うつのために援助を求めてきました。何年も苦しみ，危機的状況においては精神科的な援助も受けていました。アランが家に引きこもっており太りすぎているのは，一見して明らかでした。しかしながら，知的で機知に富んでおり芸術分野で成功しているという事実は，彼に対する尊敬の念を抱かせるのに十分でした。そしてアランとその近親者のみが，彼の秘められた苦しみや心的な苦悩について知っていたのです。

> フランクは20代半ばの男性で，大人になったばかりですが，仕事・責任・人間関係という世界では全くやっていけないと感じていました。グラフィックデザイナーとしての訓練を受けたにもかかわらず，プロとしては才能を発揮できませんでした。何かデザインを描くと強迫的にとらわれてしまい，それに「引き込まれて」しまうように感じました。しばしばフランクの心は，魅惑的な白昼夢や，怒りにあふれた不

平不満の繰り返しで占められていました。パニックや恐怖に圧倒されてしまい，とにかくやっていくためには大量のアルコールで自分を無感覚にしなければならないこともありました。対人関係においてフランクは，極端にそして我が物顔にある特定の女性にすがりつき，「あなたは，自分のことばかり考えているみたい」という不満をいつも抱かれていました。必然的にこの関係は，深くなりかけるとうまくいかなくなりました。自分の人生が下り坂になっていると，フランクは感じました。友人たちが仕事において自分の立場を確立し，家庭を築き始めているのに対して，自分はあたかもガラスのスクリーンを通して眺めているだけのように感じていました。

積極的で競うことのできる，性的に活発な一人前の大人になることによって生じる恐れ——避けられていた悪夢のような恐れ——に名前をつけて直面し，それを理解できる安全な場所を，精神分析はフランクのような人に対して提供します。大人の人生という，困難ではあるがわくわくするような現実にフランクが取り組むために，精神分析は役に立ちました。

　ナシマは16歳の女の子で，家族間の関係は親密でした。ハーフターム^{訳注3)}の休みの後，彼女は学校に戻れなくなりました。他の女の子に対して，怯えるようになってしまったのです。両親は心配して，ナシマを青少年センターに連れていき援助を求めました。青年期という時期に深く混乱してしまっていること，そして自分の心の中で何が起こるのかをナシマが恐れていることが明らかになりました。性的な存在である大人になる恐れがとても強かったためにナシマは，しばらくの間発達を停止して母に密着するという形で，子どもっぽくとどまらざるを得ないと感じていたのです。センターでの何回かの面接の結果，ナシマは援助が得られるとの希望を抱けるようになり，精神分析を受け始めました。

青年期の発達が通過不能のものだと感じているナシマのような若い人た

訳注3）　英国の学校において，各学期の中間に存在する休みのこと。通常1週間程度である。

ちにとって分析は，自分を混乱させたり，将来に対する希望を失わせたりする可能性のある考えや感情を理解するための，一つの方法となります。分析は，自殺やその後の精神障害をしばしば予防します。分析の助けがなければナシマのような人は，大人としての性的活動から自分を切り離したまま大人になり，限定された恐怖症的な人生を送らざるを得なくなるでしょう。すなわち，愛する能力，豊かな才能，希望などは表現されず，無駄になってしまうでしょう。

　　メアリーが7歳の時に養父母は，頻繁に起こる予測不能な突然の暴力，衝動性，全体的な危なっかしさのために援助を求めてきました。メアリーはあらゆる変化を嫌い，深い考えもなく向こう見ずに，何かに突進してしまう傾向がありました。身体感覚は，どちらかというとあまりよくないようでした。しばしば，物にぶつかって転びました。ストレスがたまるとメアリーは，自分の体を乱暴に攻撃したり，かさぶたをはがしたり，服を引き裂こうとしたり，自分の髪の毛を引っ張ったりしました。彼女はとても友人を欲しがりましたが，何かを共有することは困難でした。他の子どもをコントロールしたり，注目の的になったりするのを強く求めました。欲求不満がたまると，他の子どもたちを平気で罵りさえしました。怒っていないときのメアリーは，大人に対して友好的でした。実際のところ，あまり知らない人に対して，不適切なまでに友好的になりすぎることがしばしばあるようでした。メアリーは一人になることが大嫌いでしたので，夜一人で寝るのはほとんど不可能でした[訳注4)]。したがって就寝時間とその後の夜は，家族みんなにとって悩みの種でした。
　　メアリーは4歳のとき，養女に迎えられました。実母はとても困難な子ども時代を経験した人で，薬物依存に苦しんでいました。メアリーの最初の誕生日の前に，母は6カ月間精神病院へ入院していました。この間メアリーを一貫して養育する人はおらず，彼女は幾人かの親戚や友人の間をたらいまわしにされました。このことが，その後のメア

訳注4)　英国の子どもは小さい頃から，夜一人で眠るのが普通である。特に7歳ともなれば，夜一人で眠るのが当然と考えられている。

リーの人生における数多くの混乱の始まりでした。退院してしばらく経った後，実母が子どもを養育できないのではないかと心配して，巡回保健係員はメアリーを社会福祉課へと紹介しました。この時点でメアリーが心配された理由は，いくつかありました。そのひとつは，実母のパートナー（夫または恋人のいずれか）が暴力を振るうかもしれない，という点でした。実際のところ彼はメアリーを叩いてはいないようでしたが，目の前でいつもパートナー（メアリーの実母）に暴力を振るっていました。最初の紹介の直後にメアリーは緊急保護され，3歳になる少し前里親に預けられました。そして18カ月後，養父母の家庭に引き取られました。養父母による安定した忍耐強い養育のおかげで，メアリーはいくらか落ち着きました。しかしながらメアリーの苦悩と心配な行動は続き，しだいに彼女自身，養父母，そして家族と友人すべてにとって，大きな負担となっていきました。

　最初の面接にやってきたメアリーは，両目の周りにくまのある小さな女の子でした。とても空虚な調子で話し続け，頻繁にあくびをしました。最初の面接の最後にメアリーは，治療者が次回も同じ服を着てくるかどうかを尋ねました。2回目の面接では，治療者がどんな様子だったかを自分が忘れてしまっているのではないかという心配について語りました。メアリーには，週5回という高頻度の治療が提案されました。

　したがって「誰が患者になるのか？」という質問に対する答えは，「広範囲にわたる異なった人たち，すなわち子ども・青年から，成人前期・成人後期まで」となるでしょう。患者になる人は，自分に援助が必要だと気づき，かなり長期にわたる治療を受ける意義が十分にあると感じており，思考し内省する能力をある程度もった方です。子どもの患者の場合，養育者が長期間にわたって本人をきちんとセッションにつれてくるという形で，分析を支えてくれることが必要になります。患者になる人の内的世界は，その人の発達を邪魔したり，その人が外的世界と交流して十分に楽しむことを阻害したりしています。創造的な仕事，遊び，愛情関係などに関与する能力は，ひどく障害されています。とても重症な人もいますし，それ程

重篤ではない人もいます。

2．精神分析とは何か？

　精神分析の構造は，外からの干渉を最小限にして，分析家と患者の両方が患者の内的世界に集中できるよう設定されています。患者は，前もって決められた一定の時間に分析家の面接室にやってきて，いつも同じ長さ（伝統的には50分間）のセッションをもちます。電話その他の邪魔者は，存在しません。なぜならこの設定は安全で，予測可能で，一定でなければならないからです。科学に詳しい読者は，「制御環境」のたとえがわかりやすいでしょう。「制御環境」においては，温度，圧力，pHが制御され，反応に影響を与える他の物質がないのを確認した上で，試験管の中で複数の化学物質間の反応を調べることができます。

　分析的スタンスには，患者に対する敬意および絶え間なく向ける注意のみならず，全体として侵襲的にならない態度も含まれます。分析家の個性は，いろいろなところから伝わってしまうものですが，それにもかかわらず分析家はできる限り背景としてとどまり，患者が前景に立つのを目指します。したがって分析家は，とても目立つまたは挑発的な服を身に着けたり，政治についての意見を述べたり，自分自身について語ったりするのを避けます。一般に見られる社交的なおしゃべりは，避けられます。これは患者にとって最初はとても奇妙に，場合によっては無礼で礼儀に反するとすら感じられるかもしれません。というのは，他の人が自分を安心させてくれるのに，そしてその人が親切で友好的であると保証してくれるのに，私たちは慣れきってしまっているからです。しかし考えてみるとわかりますが，私たちが社交的なお喋りをする目的はしばしば，知らない人に対して疑念を晴らそうとしたり，その人に好かれたり信頼されたりするためです。人から好かれるのは心地よいことですが，分析家は心地よい時間を提供するためにそこにいる訳ではありません。患者の最も深い感情や不安を明らかにして，それを理解し，それに関する援助をするために分析家はそこにいるのです。第8章ではこの点について，「精神分析」と，治療者と患者との間でより一般的に見られる支持的な関係を含んだ「他の形の治療

法」とを比較します。

　成人の精神分析において，患者がカウチ（寝椅子）で横になり分析家がその背後にいるという形でカウチを使うという伝統は，慣習的なものです。分析家に関する漫画による描写のほとんどは，正しくありません。現実の分析家は患者から完全に見えないところにおり，ノートやえんぴつを持つことはめったにありません。というのは，書くという行為は適切に聞いたり関与したりするのを妨げるからです。カウチを用いる理論的根拠は，腰掛けてお互いの反応や表情を見ることで，患者と分析家の両方に抑制がかかったり，気が散ったりするのを防ぐためというものです。横たわることによって患者は，自分の社会的なガードを弛め，内的世界および小児的な感情にいっそう触れられるようになります。検閲したり論理的な形に変化させたりせずに，心に浮かぶことはなんでもそのまま話すように，そして自分の考え，感情，印象などをそのまま報告するように患者は求められます。これは，**自由連想**と呼ばれます。実際には，自由連想をするのはとても困難です。すぐに無関係だとか恥ずかしいとか感じる連想にぶつかってしまい，それを検閲したり変更したりして，規則に従いたくなくなってしまうものです。時には，心がまったく空っぽになってしまうこともあります。これらの反応はそれ自体重要であり，患者はこれらの反応も報告するよう励まされます。自由連想に対する**抵抗**は，あまり検閲されずに出てきた心の内容そのものと同じくらい，分析過程にとって価値があります。

　子どもの分析においては，遊ぶことが自由連想の代わりになります。希望があればカウチを使ったりしながら，子どもは分析家と遊び，交流します。遊びを通して，そして時には遊びが欠けているという事実を通して，子どもの無意識的な内的世界が面接室の中に写実的に再現されてきます。

　分析という作業の本質を知らなければ，週に4回から5回という**正式な分析**の頻度は，驚くほどに多いと感じられるかもしれません。精神分析という営みは，感情を伴いつつ学ぶことや，重要な人たちとの長年にわたる関係を通して形成された心の深部構造を変えることも含んでいます。心の奥底に秘めた激情や，最もひどい悪夢が面接の中に現れるためには，面接構造に対する深い信頼感や強い親しみを持てるようになっている必要があります。次の面接までの待ち時間が短いときにようやく，自分の弱い部分

を本当にさらけ出すことができるという人が大部分です。すなわち月曜と金曜の面接は，より「閉じた」，患者と分析家両方にとってやりにくいものとなる傾向がしばしばあります。しかしそれらの面接は，週末の間分析家と別れなければならないという状況によって生じる混乱を深く考えていくのに，有益な時間でもあります。外的な制約が特になければ，分析の期間は事前に設定されていません。分析の自然な経過に任せた場合，典型的には数カ月というよりも数年間続きます。終結は取り扱われなければならない重要な時期ですので，その日付について分析家と患者は，必ず1年かそれ以上前に合意します。

英国では慣例的に，週3回以下の治療に対して**精神分析的精神（心理）療法**という用語を用います。（精神分析と精神分析的精神《心理》療法との関係は，第8章で詳しく議論します。）週に1～2回のみ面接を受ける患者は必ずしもカウチを使わないかもしれませんが，使う人もたくさんいます。このあたりのことは，何が「本物の精神分析」で何がそうでないかという，終わりのないくだくだしくて非生産的な議論につながってしまう可能性があります。週1回の治療をとてもうまく利用して，治療者との間で深くて生産的な分析関係を持ち始められるような患者も，少数ながらいます。逆に週4～5回の患者が，何年にもわたって分析家から距離を取ってしまい関係を持とうとしない場合もあります。助けを求めにやってきた人生のある地点において，ある患者が何を扱い，そして何を用いることができるかについての評価は不可欠です。しかしながら著者である私たちは自分たちの経験に基づいて，両者の違いはとても大きいと危険を承知で言っておきたいと思います。可能であれば，ほとんどの患者にとってより高頻度の治療のほうがより早く深まりますし，効果的にも働きます。

分析を定義する作業は，研究や議論をする上での基準の一部を与えるという意味でも役に立ちます。たとえば，探索の手段としての精神分析によって得られた発見に言及する場合，精神分析とはどんな意味で，その厳密な範囲は何かということを共有していれば，その発見はより大きな意味を持ちます。正式の精神分析はしばしば新しい発見を生み出す母体となり，それはより低頻度の治療を行っている臨床家の仕事にも役立てられていきます。

3．精神分析の過程

　分析の過程そのものの話に戻りますが，分析家その人について自然に生じた患者の考えは，最初から自由連想に対する抵抗の重要な源泉のひとつとなります。たとえば，分析家の着ているドレスが大好きだとか，声が驚くほどセクシーだとか，あなたは感じるかもしれません。待合室に飾ってある絵が，少し退屈で上品ぶっているなと思ったり，最初に分析家と電話で話したときに困惑しているように聞こえたのを思い出したりするかもしれません。しかしながら，最近会ったばかりの人に対して，こんなことを言えるはずがないでしょう！　分析家をよく知っていたり，分析家が自分自身についてかなり話してくれていたり，分析家が自分を好いてくれていると確信できているわけではないのですから。分析家は傷ついて怒り，その腹いせにこっそりとつらく当たるかもしれない，それとも誘惑されてご機嫌になり，事態の収拾がつかなくなってしまうかもしれない，ときっとあなたは感じるでしょう。

　このような考えや心配は，分析家や分析の全体状況に対する直接的な**転移**の一部です。そしてこの転移は，個人個人に特有な見方や付き合い方についての価値ある洞察を与えてくれます。転移を生じさせるわずかなきっかけ，すなわち分析家の外見，嗜好，人格などについての現存する特徴が，常に存在しています。しかしながら時には，分析家についての大いなる誤解を含んでいることもあります。成人の場合，分析家が見えないところにいるという形でのカウチの使用は，転移の発展を促進します。そして人格および以前の人生経験に基づいて形成された対人関係におけるその患者特有の期待が，面接に素早く表れ始めます。分析家についての本当の情報がほとんどない状況では，先入観が大きな力をもち，その人の分析家像を決定します。面接室の外で会う人に対して普通に生じる転移は，相手の反応によって自分の期待が正しいか間違っているかがわかり，それによってしだいに修正されていきます。転移を修正したり排除したりせずに，それに集中しそれを観察，理解するため人工的に作られているという意味で，分析は特殊な状況であると言えます。分析家の取る態度や役割のために，分

析家はとても早く父親または母親転移を向けられる傾向があります。このような現象は，先生，職場の先輩，医者などとの関係においても，生々しい形で生じます。

精神分析家の仕事は，患者の話に耳を傾けながら**関与しながらの観察者**として振舞うことです。しかし同時に，言葉を越えた部分，ほのめかされたり避けられたりしている部分にも耳を傾けるよう努めます。自由連想や子どもの遊び——子どもの患者が面接室で行う遊び——が，患者自身気づいていなかった心の中の驚くべきパターンやつながりを明らかにするのを，私たちは目の当たりにしています。自由連想や遊びは，**無意識のコミュニケーション**で満たされています。自分自身については，自分以外の人にしかわからないことがたくさんある，という事情も関係しています。患者を手助けしたいという気持ち以外何の思惑もない分析家は，もっとも親しい友人が気づいていても絶対に言えないと感じていた点を，私たちに気づかせてくれます。

分析家は中立的な観察者のままとどまってはいませんし，それはそもそも不可能です。分析家は観察し考えようとする一方で，患者の話を本当に理解し，その影響を受けて巻き込まれなければなりません。分析家にとっては，自己観察が不可欠です。すなわち，自分が患者から受ける真の感情的影響をモニターしたり，そのような影響を自分が喜んで受けたりしてこそ，患者が他人と関係するやり方をよりよく理解できるのです。分析家のこのような経験は，**逆転移**と呼ばれます。

転移と逆転移の微妙な相互関係を示すために，二つの例を挙げます。

> 女性の分析家が分析中に1週間の休みを予告したところ，ダグは怒って彼女を非難しました。分析家は罪悪感を持ちますが，同時に自己弁護して自分を正当化したいとも感じます。しかし彼女は，自分の人格に対して向けられたダグの怒りの強さとその質を，すなわち分析の中で実際に起きた何かを感じとらなければなりません。分析家は，このような経験を正しく理解するために，それを行動の形で排出せずに心に留め続けなければなりません。

このような状況において分析家は，道義的な立場から相手を非難したり，（最も簡単にできる行為ですが）すばやい謝罪や説明の形で逃げたりせず，「なぜこうなったのか？」「なぜ今なのか？」「この瞬間に私はどう感じているのか，またダグのような立場の人は，どのように感じているのか？」などと考える必要があります。分析家は，ダグについて知っていること，そして現在の状況について感じていることに基づいて，心の中で彼に同一化しようと努力します。分析家は思い巡らすでしょう。「私に向けられたどんな内的イメージに対して，ダグは話しかけ，反応しているのだろうか？ 深い考えもなくダグを放っておき，子どもの側からの正当な抗議を決してきちんとは受け止めなかった両親のイメージだろうか？ それとも私は今，ダグが世界の中心ではないと思い知らせて，彼を激怒させる人なのだろうか？ それともパートナーと二人だけの休暇に出かけて，夫婦であることや性的関係をもっていることをダグの前で見せびらかしているカップルの一人と感じられているのだろうか？」もし分析家がその内的イメージとそれにまつわる感情を正確に指摘して，何がどうして起きているかをダグに伝えることができれば，彼をいくらか安心させ新しい何かを理解させることができるかもしれません。そしてそれを通して，動転と怒りというダグの反応自体に対する彼自身の興味と関心を呼び覚ますことができるかもしれません。この時分析家は，自分が防衛的になったり，セッションが知的なやり取りになったりしないよう気をつけます。さもないと，実際に自分を苦しめているという責任から逃れようとしているだけで，休暇が本当に自分に苦痛を与えていると分析家は理解できないのだ，とダグは感じてしまうかもしれません。

　このように分析家は，自分自身や患者の苦痛を，身を守るため相手に押し付けたり謝罪や説明によってすぐに解決してしまったりせず，心に留め続けて理解しようと努めます。もしそうしなければ分析家は，分析的なスタンスに必要な緊張を緩めてしまい，普通の日常場面のように振舞ってしまうことになるでしょう。患者にとって役立つ伝え方を探す一方で，患者が何をどのように見たり感じたりしているかを心に留めながらその緊張を保っていくという，時には居心地の悪い，しかしながら生産的なプロセスを**コンテインメント**と呼びます。そして，患者がより考えられるようにす

るため，分析において何かと何かを結び付けていくという行為そのものが**解釈**の仕方の一つの例です。分析家による解釈は，患者の行動の無意識的なまたは潜在的な意味を明らかにするのを目指します。**転移解釈**は，面接室内で分析家と患者との間に起きる，生き生きとした経験に関係しています。転移解釈は，今ここの関係における，情緒的に「生々しい」差し迫った部分について話すことができるという利点があります。ダグとの別のセッションを詳しく見ていくことで，上記の点を描写します。

　　分析家が休みの日程を知らせた面接の次の回に，ダグは遅刻しました。遅刻した理由は，とても納得のいくものでした。しかしダグの態度には「遅刻したから何だっていうのですか？　あなたには何の関係もないでしょう」とでもいうような，わずかに拗ねた感じの無関心さもありました。分析家はこのことに気づきましたが，何もコメントしませんでした。
　　ダグは黙ってため息をついたり，カウチの上で落ち着きなく動いたりしていましたが，やがて職場の状況について報告し始めました。またしても女性上司が，一度に二つの大きなプロジェクトにゴーサインを出してしまい，チーム全体を失望させたのです。皆は一つ目のプロジェクトに向けて，とても一生懸命に努力してきました。この大きなプロジェクトをまさに完成させようとする寸前に，上司はそのプロジェクトにとって重要な支持と援助を引っ込めてしまい，皆の足元をすくうような行動をとったのでした。ダグがこのプロジェクトを大いに気にかけていたのを，分析家は知っていました。自分のできることを示すために，そのプロジェクトは大きな意味をもっていました。激しい怒りと同時に無力感を漂わせて，自分の周囲で起きている事に対して何もできない子どもであるかのようにダグは話し続けました。そして仕事の状況の詳細，チーム内のどうしようもない激しい怒り，顧客の不満，自分ではコントロールできない仕事の遅れについて顧客に語る時の屈辱について語りました。ダグの苦悩や不満に耳を傾けているうちに分析家は，力をもった女性である上司がこっそり自分の欲望を満たしているという彼の空想に気づきました。上司はもう一人の顧客と

男女の関係にあり，二つ目のプロジェクトを優先した本当の理由はそれかもしれない，という疑いすら彼はもっていました。

ダグは長々と話し，自分が話している間分析家がどんな意見をもっているかについては，まったく関心を払いませんでした。分析家の話す余地を残さないまま，30 分が経ちました。その間分析家は黙っていましたが，一生懸命考えていました。職場で経験した傷つき，怒り，屈辱などを考えると，ダグがこれらの感情をここで自分に対しても抱いているのは確かだろう，と分析家は感じました。面接に遅れてやって来て，分析家が言うに違いないことに関心を払わないのは彼らしくありませんでした。そして分析家は，自己弁護しないよう自制しなければなりませんでした。つまり，本当は自分も 1 週間の休みを取りたくはないのですと言えたらいいのに，と思いました。ダグが小さな子どもだった頃，父親は去り，母親はその悲しみから逃れるために，しばしば彼を妹に預けて短い恋愛を繰り返しました。このことはダグにとってどんな経験だったのだろう，と自分が考えているのに分析家は気づきました。

ダグが考えるために一瞬黙った機会を捉えて，分析家は次のように言いました。「予期しなかった 1 週間の休みのために，今日あなたがどれほど動転して私に怒りを感じているかということを，あなたは私に知らせているのだと思います。」ダグは，全く聞く耳を持たず反論しました。「ふん。あなたはいつも，何もかも自分に結び付けて考えるのですよね。」分析家は，次のように伝えました。私の傲慢な決定は，まるでダグが大切ではないかのような，そして分析で現在本当に起きているすべてのことがとても大切であると私が理解していないかのような印象を与えたかもしれない，そしてそのような決定を，ダグは自分に対するひどい侮辱だと感じたかもしれないと。このコメントに対し，ダグはじっと耳を傾けていました。ダグにとって私は，ある男性に関心をもつと実の子どものことを忘れてしまう母親のような存在であると経験されているようだ，とも分析家は伝えました。

ダグははっきりと穏やかになり，やわらかい思慮深い声で言いました。

> 「おかしなことがありました。昨日ここを出る時，この家の前の路上に男の人がいました。見たことのない人でしたが，その人はここへ入ろうとしていて，私が出て行くのを待っているのだ，という考えが一瞬頭をよぎりました。」続けてダグは，恋人との関係における問題について分析家に語りました。一緒に外出をしたとき恋人が自分以外の男性に話しかけると，彼はとても傷ついて侮辱されたと感じてしまうのでした。先週などは，彼女が自己中心的で人の関心を集めたがっているとダグが責めたため，ひどい喧嘩になりました。同じようなことが起きているのかもしれない，と彼は言いました。そして本当は，自分自身がこのような状況を作り出しているのかもしれない，とも言いました。長い沈黙があり，終了する直前にダグは，静かにそして感動的に次のように言いました。「あの頃父がいてくれたら，と思います。そうすれば，何をしでかすかわからない母にいつも注意を向ける必要なく，普通に暮らすことができていたでしょうね。」

　混乱したり，傷ついたり，屈辱を味わったりした過去の経験のために，破壊的な行動を現在してしまっているという洞察にたどりつく過程で，患者であるダグは新しい経験もしています。すなわち，ダグの苦痛と分析家に対する怒りを本当に知り，耐えることのできる人，その苦痛や怒りの真っ只中においても，ダグを理解して手助けしようと努力し続ける人，すなわち分析家によって理解されるという経験です。ダグの内的世界には，新しい対象像が加わりました。すなわち，母親的女性は自分の恋人しか眼中になくて，その行為がいかに子どもを傷つけているかを知ろうとはしない，という可能性しか以前は考えられませんでした。しかし今や，それがダグにどのような影響を与えるかについての配慮もできる，別種類の母親的対象を経験できたのです。

　転移，逆転移，コンテインメント，解釈の相互関係を示すために，もうひとつ例をあげます。

> キャサリンは子ども時代に，かなりの愛情剥奪と，性的なものを含む虐待を経験しました。成人早期には彼女を「援助」していた治療者

からの性的虐待を受け，問題は悪化しました。

　キャサリンの分析では，時に特徴的な状況が生じました。それは，黙って横たわったまま何も話せないけれど，自分ではどうすることもできない状態を何とかして欲しいという死に物狂いの気持ちを伝えてくる，というものでした。分析家は，自分が無力で役に立たないと感じました。なぜならキャサリンからの連想がなければ，このひどい経験を理解することは全くできないからです。

　分析がある程度進んだあるセッションにおいて，娘が深く傷ついたり不満を漏らしたりした時に，食べ物を与えて黙らせてしまうという自分の母のやり方について，キャサリンは目に浮かぶように話しました。セッションの中でキャサリンと分析家は，なぜ以前の治療者が彼女を虐待してしまったのかについて，再び考えていました。それまでの彼女は，虐待について耐えられない程の罪悪感をもってしまうか，以前の治療者に対する怒りと憎しみで一杯になってしまうかのどちらかでした。キャサリンの絶望感に直面した時の自分の無力感というしばしば生じた経験を利用して分析家は，以前の治療者は多分キャサリンの傷つき，苦痛，無力感に全く耐えられないと思い，彼女の苦痛を押さえつけてなくしてしまうある種魔術的な方法を，どんな犠牲を払っても見つけなければならないと感じたのではないか，と推測しました。そしてこの魔術的な方法は，キャサリンを黙らせるために母親が見つけた食べ物を与えるという方法に，ある意味似ているかもしれません。セッションの残りの部分では，この推測がより詳細に検討されました。

　このようなことがあったすぐ後のセッションで，キャサリンは再び深い抑うつ状態に陥り，分析家が援助に結び付けられるような連想を何も提供できませんでした。分析家はひどい状態にある自分の患者を助けることができず，耐え難い罪悪感を経験しました。しかしながら分析家は，耳を傾け，考え，理解しようと努力することによって，キャサリンの分析家としての役割に留まり続けました。そのセッションの終わり近くにキャサリンは，容赦なく分析家に言いました。「じゃあ先生は，私の助けになる魔法の杖を持ってはいない，ということですね。」分析家は，以下のように答えました。自分の絶望感を和らげる

ために分析家は何もできないと感じるのは，キャサリンにとってひどい経験であったこと。そしてこのことを嫌だと感じた時，自分の惨めさを和らげてくれるものであればどんなに無茶なまたは破壊的なものであってもそれが欲しくなるため，何の行動もとろうとしない分析家にキャサリンは激怒したこと。しかしながら数日前のセッションから考えると，分析家が魔法の杖に頼ることなく，苦痛な状態に耐えられたのに対して安堵している部分がキャサリンの中にあるに違いないと思われることなどです。

　次の日キャサリンは抑うつから少し回復し，思慮深い様子でやって来ました。そして，分析家のコメントについてとてもよく考えたと語りました。キャサリンが一番考えたのは，あのような状態の自分と一緒にいるのは，分析家にとって非常に難しかっただろうということと，分析家は，苦痛と無力感を感じていたかもしれない，ということでした。分析家は，次の点を指摘しました。分析家が何も行わないのは，何も心を動かさずにそこに座っているに過ぎないからだ，とキャサリンがしばしば想像したこと。そして，分析家が何らかの行動をとらなければ，たぶんそれはキャサリンの苦悩を感じていないという証拠だと思ってしまったこと。それに加えて，性急に行動を起こすことと，完全に無関心であることの間には，何も存在していないとキャサリンが感じていることも，分析家は伝えました。キャサリンは驚いた声で，「その通りです」と言いました。

　この例で報告された期間中に分析家は，患者と少なくとも2種類の異なったやりとりをしています。以前の治療者の虐待について話した時には，新しい視点からその行為を理解するために二人は一緒に考えました。これは，役に立つやり取りでした。転移解釈ではありませんでしたが，分析家が何セッションもの間悩み考えてきた逆転移を大いに利用していました。数日後，過去にあったようなどうしようもない状況を二人が再び経験していた最中になされた転移解釈は，以前のセッションの中で語られた仮説につながりました。すべてが統合されたとキャサリンが感じ，変化を経験したのは，まさにこの転移解釈を含むやりとりの中においてでした。次のセッショ

ンで彼女は，分析家との間で生じた全く新しい経験について報告しました。それは，キャサリンの苦痛を押さえつけてなくしてしまわなければならない，というとても大きな圧力を感じながらも，考えることをやめずに建設的なやり方で援助しようと努力し続ける人としての分析家と出会った，という経験でした。

　精神分析における関係は，外部から見ると人工的なものに映るかもしれません。実際にはその中に，すべての親密な人間関係に見られるあらゆる複雑さと激しい感情が含まれるようになっていきます。その関係の特殊な点は，分析家の抑制，すなわち患者に対して即座に反応してしまう代わりに常に考え続けようとする姿勢にあります。しかしながらこれは理論的に可能なだけであって，実際のところ分析家は，患者が希望したり期待していることに反応したり応えたりする方向に，それとは知らずにしばしば動いてしまいがちになるものです。このように患者のいつもの対人関係パターンは，弱められた形で**実演**（エナクトメント）される傾向があります。分析家による重大な行動化，たとえば秘密を漏らすことや身体などの境界を不適切に侵害することなどはここに含まれないという点は，いくら強調してもしすぎではないでしょう。しかしながら分析家は，どう対応するかについて患者からの無意識の手がかりに反応してしまいますので，わずかな実演は避けられません。

　マークの人生はとても行き詰っており，活動が制限されていました。セッションにやってきた彼が新しい仕事に就く可能性について熱っぽく語り，事態が動き始めていると思った分析家はうれしく感じる，ということがしばしばありました。しかし必ず数日後にマークは消極的になってしまい，仕事に応募するための電話を忘れたとか，応募書類をなくしてしまったなどのことをあいまいに語るのが常でした。分析家はがっかりしてじっとしていられなくなり，マークをもっと行動させたいと感じ，彼の怠慢に対して多少支配的に聞こえるようなコメントをしていると気づくことがしばしばありました。分析家が自分のイライラを隠そうとしてより積極的になっていく一方で，マークはより消極的になっていきました。思考してコンテインし続けていこうとい

う努力にもかかわらず，自分の声にとげとげしさが混ざってしまっているのに分析家が気づくことも時にありました。それに反応してマークは，従順さとわずかな嘲りの入り混じった態度を示しました。そして分析状況が，マークと権威主義的な父との間のサド‐マゾ的な関係にわずかに似始めてくる，ということがしばしばありました。

分析家は，一歩下がって自分とマークの二人が果たしている役割について考えられる方法を工夫する必要がありました。それによって始めて分析家は，ずっと続いてきたパターンを単に繰り返してしまわずに，患者の好奇心を刺激し，患者の苦境についての理解を伝え，患者の変化を手助けする好機となる解釈をすることができました。

強い願望や感情にきちんと触れずに知的なつながりのみをもつというのは，分析において陥りやすい落とし穴です。しかしながら知的なつながりのみでは，有効であるとは到底言えません。

ベスはいつも年上の男性に従ってしまい，その前では思考の明晰さを失ってしまいます。そしてこれは，女性よりも自分の方が賢いと示したがった父がいたために，ベスは父に恥をかかせるのに耐えられなかったからである，と知的には理解しています。男性である分析家に従ってしまった多くの場面において，ベスはまったく同じ行動を取っていると分析家は指摘し，彼女はそのパターンを理解するようになってきました。ベスの行動そのものに分析家が関心をもっているらしいこと，その行動に引きずられる代わりに「なぜか？」という疑問を呈することなどの事実によって，弱々しい父親のような存在という最初の印象と現実の分析家とは異なっているとベスは感じるようになりました。ベスは，議論を好む鋭く知性的な面を見せ始めますが，それに対して分析家が彼女を押さえ込んで黙らせたり侮辱されたと感じたりするどころか，逆に対等の人間として彼女と交流しようとするのに気づきます。彼女の心の中で父は弱々しい存在のままでしたが，その占める範囲は小さくなりました。父は男性の雛形ではなく，単なる一人の人間になったのです。

> やがてベスは，実家を訪問した際父の弱々しさに対して優しい気持ちやいらいらした気持ちをしばしば感じたものの，彼の存在が原因で行動を制限されてしまうことはなくなったと報告しました。ベスは父をより深く理解するようになったのにも気づき，彼は自分が思っていたほど耐えられない人ではないと気づきました。ベスのもっていた父のイメージは，限定されて誇張されたものでした。二人の関係の新たな進展は，同じような反応をお互いに繰り返すことによって妨げられていました。常にその正当性を主張し，時間を浪費することになっていた父との内的対話は，ベスの人生に侵入しなくなりました。彼女の世界は少し広がり，彼女は少し自由になりました。

　分析がいろいろな形で作用することについては，今までの記述で明らかになったと思います。**コンテインすること（コンテインメント）**および新しい対象を経験して内在化することの重要性については，すでに述べました。患者は，自分自身に期待しているものとは一致しないため以前は自分のものとは考えなかった感情や思考，パーソナリティの一部などの存在を，最初の頃は時にしぶしぶとですが認めるようにもなります。望ましくない特徴は自分の一部ではないと考えることによって，パーソナリティの全体的な発達は妨げられます。たとえば，性的な発達に対する恐怖，そして性的になるとコントロールできない程性的に乱れてしまうという恐れのために，ナシマは青年期に大人としての性的同一性を発達させることがまったくできませんでした。その結果ナシマの全体的な発達は抑えられ，妨げられてしまいました。分析の中でしだいに彼女は性的な感情や空想を取り戻し，分析家との関係においてそれらを転移の形で再体験することができるようになりました。分析という作業によって自分の恐れを理解できるよう援助されたナシマは，実現不可能で禁じられていると感じていた性的な欲求に圧倒されてしまわないという，以前には持てなかった希望を抱いて，青春期の発達過程を再開できるようになりました。

　精神分析は，フロイトが**反復強迫**と呼んだものを和らげるのに役立ちます。次回は別の行動をとろうとする意識的な願望にもかかわらず，**反復強迫**という無意識の傾向は，以前に苦痛を生じた状況を再演してしまいます。

最初の例で夢を探求していたアランは，人殺しでもしてしまいそうな自分の暴力的な激しさに対する無意識的な恐れのために，人生の幅を狭めていました。それにもかかわらず，自分が軽視されていると感じて暴力的なまでに激しく反応してしまうという，最悪のそして最も恐れているシナリオ通りになってしまうのがいつものことでした。抑制した行動をとることによって性的な乱れから自分を守っていたナシマは，進歩しようとして，毎回母親に車で送ってもらうよう頼むかわりにタクシーを使って自分でセッションに来るよう努力しました。しかし最初にそれを試みたときナシマは，誰か他の人を待っていた見ず知らずの男性の車に，自分のタクシーだと「思って」間違って乗り込むことになってしまいました[訳注5]。

　分析の経験を通してアランとナシマの二人は，外的な状況を自分がいかに作り出して実演してしまってきたかを認識するようになりました。他人との関係において自分を内的にどのように捉えているかについても，詳しく知るようになりました。分析家との関係の中で生じた多くの実演（エナクトメント）をとおして，これらが一度認識され理解された後には，苦痛なライフイベントが絶え間なく再現されるのは，自分のせいでもあると気づくことが二人にとって少しずつ可能になりました。以前とは異なったより建設的な関係の仕方で，分析家とより積極的に交流することもしだいに可能となりました。

　内的な関係は，日常生活における対人関係を作り変えたり歪めたりします。たとえば，すべての男性は頼りないので従ってあげないといけない，というベスの強い確信は，男性の分析家との対人関係の持ち方に表現されました。分析家は，ベスの子ども時代における父親のイメージが外在化された存在になったのです。この内的イメージは，セッションの中で何度も生き生きとした形で現れましたが，それに対する分析的解釈によって変化が生じました。この過程は，内的世界に対して現実検討を行い，新しい情報に基づいてそれを変形する，と描写できるかもしれません。

　変化はより一般的な形によっても，すなわち妨げられていた発達が再開できるような安全で一貫した環境を提供することによっても促進されます。

訳注5）　つまりナシマは，見ず知らずの男性の車に乗り込むという，「性的に乱れた行動」を生じやすい状況を再演してしまった，ということである。

分析家の姿勢は，探索的な種類のものです。すなわちある道徳や判断を押し付けたりしない態度であり，解釈を通して，患者はそれを徐々に内在化していきます。この姿勢は，治療を受けに来た時の患者の超自我－厳格なまでにある判断を押し付けたり，ばかにしたり，軽蔑したりする超自我－を，しばしば修正したり，それに取って代わったりします。たとえばやがてアランは，分析家やその他の人々に対する攻撃的で高圧的な行動――彼自身本心では嫌悪していた行動――のいくつかを理解し始めました。アランは，人生早期における外傷的な喪失や分離に対して，自分が恐怖におののきながらどのように反応していたかを知ることができました。自分を守る性質をもった万能感や攻撃性の力によって，愛する人にしがみついたり，その人たちを自分と無理やり一緒にいさせることができると信じたりしていたのも知ることができました。このような理解を得ること，そして自分が攻撃したにもかかわらずそのような理解をしてくれた分析家を経験することによってアランは，自分についての理解を深め，残酷に振舞う必要性を減らせるようになりました。別の表現をすると，アランはより支持的で同情的な，励ましてくれるような良心と，自分の行動に対する指針とを内在化したのです。

　上記の例を読むと，洞察が得られれば分析の仕事は終わってしまうように思えるかもしれません。しかし実際には，**徹底操作**として知られる，長い過程が成し遂げられなければなりません。精神分析は，数カ月というよりも数年間かかります。情緒的および知的な理解に引き続き，以前の抵抗が反復強迫の力によって再び表れます。まるで今まで全く取り扱われてこなかったかのように，以前と同じ状況が，違う背景においてまたは異なった形式で，分析的出会いの場面に表れてきます。徹底操作を成し遂げるためには，現在起きている状況の意味は，以前すでに理解された状況の意味の別バージョンでしかない，と患者が理解する必要があります。しだいに患者は，自分ひとりでそれを見抜き始め，物事に対して違ったふうに感じ，体験し始めるようになります。

　徹底操作という作業は，精神分析における中心概念のひとつである**喪の仕事**と深くかかわっています。喪の仕事と徹底操作はどちらも，以前はとても大切だったがなくなってしまった人物や理想を，段階的に放棄する過

程を含んでいます。そしてどちらも心的な作業と苦痛とを含み，どちらも時間を必要とします。分析は，望んではいるものの現実的ではない自分自身についてのイメージおよび対人関係の持ち方を諦める過程を含んでいます。以前の見解に対して喪の仕事がなされ，その結果私たちは，新しい立場を取れるようになります。私たちは別の人間にはなれない，という点も認めなければなりません。分析によって私たちは，より深く十分に自分らしくなるのです。

　悩むことは，人間としての必要条件の一部です——成功は人間としての発達を促しますが，喪失，葛藤，失敗も同じように作用します。しかしその悩みが大きすぎたり，内的な葛藤が発達を妨げていたり，失敗が何度も繰り返されていたりする場合には，精神分析によって破壊的なパターンを修正し，より自由に自分をコントロールできる可能性を広げることができます。フロイトは次のように述べています。これは，もし今となっては変えようのない幼少期の経験に今の病気が関係しているのなら，精神分析はどのように役立てるのかという問いに対する答えとして語られました。「もしあなたのヒステリー的な苦悩をありふれた不幸せに変形できれば，それは大きな進歩といえるでしょう。心的な生活が健全な形に立て直されていれば，それらの不幸せに対してあなたは，よりうまく身を守ることができるでしょうから。」(Breuer and Freud, 1895)（原書305ページ）

　この章では，精神分析とは何か，それはどのように作用するか，それが援助できるのはどのような人か，などについて示そうとしました。概略を述べるのが目的でしたので，理論や知識に関するたくさんの出典についての参考文献はあげませんでした。読者にとって役立つであろう入門書を，2冊あげておきます。

- Bateman and Holmes, Introduction to Psychoanalysis (1995)
- Sandler, Dare, Holder and Dreher, The Patient and the Analyst (1992)

　次の章では，私たちの仕事の基礎となったり方向付けたりする，精神分析の主要な理論のいくつかについて述べます。

第2章　精神分析理論の基礎

　精神分析は心理学の一分野ですが，特に主観的体験と関連しています。そして，3つの側面をもっています。第1に精神分析は心に関する知識体系であり，前章で描写した種類の作業をとおして，そして夢・（言い間違いのような）間違い・冗談など普通の人間に生じる現象の研究をとおして発展してきました。第2に「精神分析」という言葉は，心を探索するために行われるある特定の方法を指しています。そして第3に精神分析は，精神（心理）療法の一形態を指しています。

　動き，エネルギー，そして特に**葛藤**が心的生活にとって本質的だと考えるという形で，精神分析は心を静的ではなく**力動的**な視点から捉えます。たとえばある人は，自分の良心が許さない何かをしたいと思うかもしれませんし，同じ人に対する愛情と憎悪に基づいて，矛盾した態度をとるかもしれません。その人は真実を知ろうとする反面，同時にそれを怖がったり，知るのをためらったりするかもしれません。

　精神分析理論の中心となる考え方は，人間の心的生活の大部分が**無意識**である，というものです。無意識的な思考，感情，願望は心の基礎を形作っており，意識的な経験はそのごく一部に過ぎません。定義によれば，無意識的思考を直接知るのは不可能で，それによって生じる効果から推測するしかありません。これはある意味，大きな影響力をもちながらも目には見えない重力と似ています。

　精神分析理論は，**発達的な**視点を提供します。部分的に重なっていたり場合によっては矛盾したりしている，発達に関するいくつかの精神分析理論がありますが，すべてに共通するのは，幼少期の関係が将来に与える影響を強調している，という点です。心が形成されていく方向は，早期の経験と生まれつきの資質との相互作用によって決定されていくと考えられています。正常な発達は，より明確で安定した自己感をもつことと，自分と

は異なった唯一無二の存在としての他人と関係をもてる能力を高めることを含みます。より正確で現実に近い形で，自己および世界を捉えられるようになることをとおして，子どもの頃や若い頃の自分，および以前抱いていた幻想に対する喪の仕事を続けていくのは，一生続く成熟の過程の一部である，と分析家は考えています。

この章では，内的な心的世界に関するさまざまな精神分析理論を見ていきます。そして，日常生活に存在する無意識的過程，葛藤，防衛について議論します。次に，夢や心理的な症状の研究によって，心の無意識的な働きをどのように解明できるかを示します。最後に，いろいろな分析家が発達過程をどのように理解してきたかについて議論します。

1．「内的世界」についての精神分析的視点

心の無意識的な側面を指摘したのは，決してフロイトが最初ではありません。自分自身に対する盲目さは，詩的な形でしばしば表現されてきました。たとえば17世紀のパスカル（1623[訳注1]－62）は，「心には，理性の知らない理由(わけ)がある」と書いています。「心の理由(わけ)」はショッキングであったり脅威であったりする可能性を持つために，意識から隠される必要があるという事情を，フロイトは患者との経験をとおして知りました。

1）フロイトの心のモデル

フロイトは，人が生まれながらに持っている官能性，性欲，攻撃性などに対処するやり方に関心を持っていました。そしてこれらの官能性，性欲，攻撃性などを欲動であるとみなし，人が無慈悲なまでに快感希求的な小さな生き物から洗練され成熟した大人に成長するに伴って，何かに向けられコントロールされていく，と考えました。心の構造および機能に関する彼の最初の概念化は，**局所論的モデル**（Freud, 1900）と呼ばれるようになりました。このモデルにおいては，**意識的な心**は氷山の一角で，**無意識**は原始的な願望および衝動で満たされた「大釜」のような容器であり，意識

訳注1） 原文は1923だが，著者に確認のうえ訂正した。

にとって何が有用で受け入れられるかという選択と処理が行われている**前意識的な**領域または機能によって食い止められ媒介されていると捉えられています。

この局所論モデルは現在も有用ですが，後にフロイトは**イド，自我，超自我**という存在を含むより複雑で適応性のある，心の**構造論的モデル**（Freud, 1923）を発展させました。これらはもちろん実在するものや場所などではなく，重要な心的機能を概念化するための方法です。イドは，原始的で身体に基礎を持つ願望や衝動を含み，その充足を目指します。道徳的な要求や禁止は，両親のように実在する人たちからのみならず，重要な他者に対して自然に生じる愛情や，その人たちを自分の残酷な部分から守りたいという願望からも生じますが，超自我はこれらの要求や禁止を表します。自我は，適応に関係する心の執行部分です。内的葛藤が生じると自我は，さまざまな**防衛機制**を利用しながら，イド，超自我，外的現実からの要求を調停します。イドと超自我の働きは無意識的で，自我機能の多くも同様です。これらフロイトのモデルの発展については，サンドラー他（Sandler et al, 1992）が詳細に述べています。

2）症状形成

フロイトの患者は，さまざまな神経症症状を抱えてやって来ました。これらの症状は，願望と防衛との間の，言い換えればイドの命令と超自我の命令との間の無意識的な妥協だと彼は理解するようになりました。フロイト自身の初期の症例の一つ（Breuer and Freud, 1895）は，この点を例証しています。

> 若くて独身のエリザベス・フォン・Rは家族の支えとなっている孝行娘でしたが，大腿部の痛みおよび歩行困難のために，フロイトの元にやって来ました。器質的な異常は見つかっていませんでした。ずっと後になって明らかになったことですが，愛する父親を看病するためにある恋愛関係を断念した時，その障害は初めて現れました。父親は後に死亡しました。そして義兄と行った一日限りの楽しい散歩の後に症状は増悪し，意識的には深い愛情を向けていた姉が妊娠中に死亡し

た時にいっそう増悪しました。家族はその症状について，とても心配していました。そしてフロイトは，障害されている筋肉に電気刺激を与えた時の不快感からエリザベスが奇妙な安心感を得ているらしいのにきづきました（分析以前の時代においてフロイトはまだ，ある種の身体的治療を行っていました）。

　特に痛みがひどくなった時を中心に，過去数年間の出来事や感情について心を自由に漂わせるようエリザベスに勧めることによって，フロイトが心理面の探求を全面的に開始すると，ある「つながり」が現れ始めました。最初エリザベスはその「つながり」を激しく否定していましたが，しだいに恐れおののくようになり，最終的には安堵して受け入れました。エリザベスは，義兄に対する情熱的な気持ちと姉に対する羨望とを，とても広範に隠してしまっていました。とりわけ彼女は，姉の死体を始めて目にした時一瞬よぎった考えを忘れてしまっていました。それは，「お義兄(にい)さんはまた独身になったのだから，私と結婚できる」というものでした。

　出版されたエリザベス・フォン・Rの病歴は感動的ですが，フロイト自身が苦々しくコメントしているように「短編小説のように」読めてしまい，一見したところ「科学としての重大な特徴を欠いている」ように見えるかもしれません。しかし現在この記録を読んでみても，エリザベスの心に深く響いた「つながり」が，そして最初は苦痛を与えたものの，その後感情面と人生全般において実際に彼女をずっと自由にしてあげることのできた「つながり」が，治療作業の中で生じたという印象を受けるのも確かです。フロイトと別れた直後の増悪を経て無症状となったエリザベスが，舞踏会で「生き生きと踊りながら，ぐるぐる回って通り過ぎていく」のが目撃され，その後彼女は家を出て結婚した（しかも義兄とではなく！）と報告されます。大腿部の痛みがあったところは，病身の父親が包帯を巻いてもらうためにいつも足を置いていた場所だったと明らかになりました。当初エリザベスは，意識的にはこのつながりを見つけられませんでした。大腿部に対する電気的刺激は，快感と苦痛の入り混じったような効果を生じました。フロイトの見事な観察によるその効果の記述は，何か性的なものと

同時に，多分罪悪感を和らげるためであろう処罰をも連想させます。

この初期の症例は，症状というものの力動的な性質をはっきりと示しています。エリザベスの症状は，性的願望——それが家族の一員に向けられている場合は特に——を，意識に決してのぼらせることなく巧妙に充足し，同時に罰してもいます。このようなやり方は，この種の**ヒステリー症状**に特徴的です（第3章参照）。エリザベスの症状の**一次利得**は，イドと超自我が妥協できるようにすることです。**二次利得**もあります。それは，エリザベスが病人として家族の愛に心地よく包まれ続ける，という点です。しかしながら彼女は，独立して性的に成熟した女性として成長したりできなくなります。そしてこの症例は，いくつかの心的防衛機制の例も含んでいます。

3）心的防衛機制

私たちは生下時より，自分自身および世界を発見し理解したいというニードによってつき動かされています。世界についての真実を学ぶという行為は，心を豊かにしたり心の幅を広げたりし，これには重要な意味があります。同時に私たちは，圧倒的な感情や恐ろしい矛盾から自分自身を守る必要性があります。ある特定の時期において私たちがどの程度現実の重さに耐えられるかという点は，精神における必要な犠牲と得られる利益のバランスによって決まります。すなわち，知って理解したいという必要性と，耐えられるような**心的平衡**を保ちたいという必要性とのバランスによって決定されるのです。

エリザベスに比べると現代の若い女性は，義兄に対する好意を自分自身から隠しておく必要性をあまり感じないでしょう。しかし現代でも私たちは，自分自身および社会の基準に照らしてまともで人並みであるとして，自分を好意的に見る必要性を感じています。そして私たちの心の超自我機能は，絶え間なくこれを確かめようとし続けます。自分の性的な面についてのみならず憎しみや攻撃性に関しても，知り過ぎてしまうと人は悩みます。外傷，特に幼少期のそれも，「忘れられ」たり，感情を伴わない形で記憶されたりする必要があるかもしれません。

防衛機制（A. Freud, 1936）は，自我の中で生じる自動的で無意識的

な心的作用であり，人が心的平衡を保つのを助ける機能をもっています。この心的現象はフロイトおよびアンナ・フロイトによって最初に記述され，その後何世代にもわたる分析の実践によって確認され，より深く研究されてきました。中心となる防衛は抑圧で，受け入れられない感情や思考が意識から押し出されるというものです。たとえば，エリザベスの性的感情および姉の死に対して瞬間的に浮かんだ勝ち誇った考えは，どちらも抑圧されました。抑圧されたものはいわば「圧力がかかった」ままであり，表面に出ようとします。したがって，抑圧されたものが受け入れ可能な変形された形で出てこられるようにするため，他の防衛が利用されなければならないかもしれません。抑圧された内容は，エリザベスの大腿部痛や麻痺が彼女の願望とそれに対する防衛の両方を表現していたように，症状の形で暗号に変形されるかもしれません。または**反動形成**のように，反対のものに変えられるかもしれません。たとえば，誰かがある人に対して必要以上に愛想よく優しく振舞ってしまうとすれば，それはその人が本当は大嫌いだと認めたくないからです。

　否定では，抑圧されたものの無関係さを強調したり，その反対のものに重点を置いたりして，その人は無意識的に抑圧されたものに対して注意を向けさせます。否定についてのフロイトの論文（Freud, 1925a）では，次のように語った患者の例が挙げられています。「夢の中のこの人は誰なのでしょう，と先生は尋ねられましたね。その人は，私の母ではありません。」母親という可能性が，他の誰でもない患者自身によって導入された点に気づいたフロイトは，母についての言及は，否定文の形ではあっても，その人が母親であると無意識的に示唆したのだと理解します。**投影**と**同一化**は，自己の一部が他人に属している，または他人の一部が自己に属していると捉える防衛です。

　投影においては，自己の好ましくない部分が自分のものではなく，誰か他の人に属していると捉えられます。投影は常に，現実の**否認**を伴います。そして**理想化**と**脱価値化**の両者を伴った，二極化された**スプリッティング**をしばしば含みます。たとえばある人は，他の人やグループを脱価値化することによって，自分自身や自分の所属するグループを理想化するかもしれません。これは，戦争中の愛国的な熱狂や，人種差別の基礎となります。

すなわち，自分自身，自分の人種グループ，自分の国，支持するサッカーチームなどは全面的に高潔であると捉えられる一方で，憎むべきグループは，不潔で暴力的，無慈悲であり，セックスに飢えていて下品である（実際のところ，悪い性質や恐ろしい性質なら何でももっている）と捉えられます。投影が最もうまく働くためには，他の人やグループにもともと存在する，小さな「手がかり」をきっかけにする必要があります。この「手がかり」とは，自分の好ましくない特徴の一部を含んでいないこともない他の人やグループのもっている特徴のことで，その後大げさに強調されていきます。受け手が意識することなく投影された衝動を演じてしまう，という形で，投影は行われるかもしれません。他の人に羨望を向ける傾向の強いある人が，友人に対してある幸運を気障に自慢し，その結果その友人の方が羨望を経験する，というのはその一つの例です。

　同一化は正常な発達の一部です。父親と同じ癖を持った子どもを見れば，それがお分かりになるでしょう。同一化は喪の過程の一部としてもよく生じます。すなわち死によって誰かを失った人はたとえば，死んだ人の特徴のいくつかを無意識的に引き継いだり，愛する人が死に至った病気に自分も罹っていると恐怖に怯えて確信するようになったりします。この種の同一化が激しく生じたり長引いたりした場合には，自然な喪の過程を妨げてしまうかもしれません。それほど極端でない場合の同一化は，愛する人の一部を自分の中に留めておこうとする，安心を得るためのよくある方策として機能します。**迫害者との同一化**（A. Freud, 1936）は，同一化の一種です。学校でのいじめによって自信を失い傷つきやすくなってしまった子どもが，自分自身いじめっ子になることでそれに対処しようとする行動はその例の一つです（Sandler, 1988参照）。

　防衛は心的生活の一部として必要ですが，それが極端になってしまったりパーソナリティに堅く組み込まれてしまったりすると，問題が生じます。自分自身のニードや弱さを体験することは耐えられない，そして他人は自分とは異なった独立した心を持っているということにも耐えられない，という人たちがいます。その人たちは，耐える代わりに防衛的に**自己愛的な**世界像を作り出します。その世界において彼らは**万能的な**中心です。このような防衛構造は，関係性の発達にとって重大な障壁となります。他人は

自分のドラマの中における平面的な端役でしかないと体験されるため，彼らはその人たちを，冷酷にそして軽蔑しながら使ってしまってよいと感じるでしょう。このような自己愛的な世界は，**心的退避**と呼ばれてきました (Steiner, 1993)。重篤な子ども時代の外傷や育児放棄に反応して，このような心的退避がしばしば形成されます。しかし最初は避難所であってもこのような心的退避は，その後の対人関係を歪め貧しくしてしまう心的な牢獄になっていく可能性を持っています。

4）失錯行為と冗談

無意識的な思考や感情は，一般に「フロイト的失言」として知られている**失錯行為**の形で，氷山の一角のように突出してくる可能性があります。具体的にはたとえば，言い間違い，行動のしくじり，物忘れ，誤った記憶などです（Freud, 1901）。ある栄養学者が講演の途中で「私たちは常に，パン（bread）においては最高（best）を求めなければなりません。」と言おうとしましたが，「r」を入れ替えてしまいました訳注2)。私たちは，怖い会議に参加するのを忘れてしまったり，友人の新しい奥さんを自分と親しかった前の奥さんの名前で呼んでしまったりするかもしれません。精神分析の開始に対して神経質になっていたにもかかわらず，自分がどれだけ神経質になっているかできるだけ気づかないようにしていた患者がいました。その人が精神分析クリニックを訪れて呼び鈴を鳴らそうとしたところ，隣にあった呼び鈴の表示訳注3)（それは「管理人（caretaker）」となっていました）を，間違って「葬儀屋（undertaker）」と読んでしまいました。

訳注2)　「We should always demand the best in bread」（私たちは常に，パンにおいては最高を求めなければなりません）の「best」と「bread」の間で，「r」を入れ替えてしまった，という意味。したがって，「best」［best］は「breast」［brest］となり，「bread」［bred］は「bed」［bed］となる。つまりその栄養学者は，「We should always demand the breast in bed」（私たちは常に，ベッドにおいては乳房を求めなければなりません）と言ってしまったのである。

訳注3)　英国において一つの建物を複数の住人・組織などが共有している場合，入り口を共有していることが多い。その場合，自分が訪問する相手に共通の入り口を開錠してもらうために，その建物に入居している組織名などを記載した呼び鈴がまとめて配置されている。つまり，日本における入り口に鍵のかかるマンションの呼び鈴のようなものである。そしてこの場合，「精神分析クリニック」あての呼び鈴と，「管理人」あての呼び鈴とが，共通の入り口に設置されていた，という意味だと思われる。

フロイトは，失錯行為について詳しく論述しました。そして**冗談**についても同様に，語り手と聞き手の両方が受け入れられるようなユーモラスな形に変えて，ぞっとするようなまたは厄介な思考や衝動を，しばしば冗談がどのようにして漏らしているか，という点を示しました（Freud, 1905c）。これによってユーモアは，一種の防衛――しばしばとても役に立つ防衛――となります。わがまま，狭量さ，殺意，残忍な性的志向など，あまりまじめに考えると恐ろしくまたは恥ずかしく感じてしまう面については，私たちは皮肉っぽくなって自分や他人を好意的にからかったりします。

5）夢を見ること

　夢についてフロイトは，「心の無意識的活動に関する知識を得るための王道」と言及しました。夢を研究したり夢を見たりすることは，無意識的な心的過程の働き方についての重要な手がかりを与えてくれるという点に関して，現代の分析家たちもフロイトの意見に賛成しています。

　原始的な性衝動および攻撃衝動によって眠りが妨げられないよう防ぐのが夢を見ることの中心的な機能だと，フロイトは信じていました。つまり，眠っている人は妥協をしており，眠り続ける一方で，夢という変形された形でいくらか衝動を満足させてもいるだろうと考えました。これに加えて現在の精神分析家たちは，人が眠るのは夢を見るためでもある，と考える傾向にあります。なぜならば夢を見ることは，起きている間に流れ込んできた新たな心的データを処理して統合するという重要な過程を含んでいるからです。夢を見ることは不可欠で，創造的・統合的な行為であり，衝動を放出するための単なる手段ではないのです。

　睡眠中は，日中働いている心の「検閲」や合理的な論理能力が緩みます。覚醒時に思い出す夢は，不合理であったり不安を引き起こしたりします。夢は**象徴化**の過程を含むため，一つのものが別のものを表象していることがありえます。そこに現れるイメージはしばしば圧縮されたり置き換えられたりしているため，不連続さや奇妙で見慣れない並置などが生じます。夢を見るときの私たちは，より詩的に，そしてより印象派や抽象派の芸術家のようになります。真面目な人の夢がすぐれたユーモアの才能を見せるかもしれませんし，攻撃性を抑圧した温和で争わない人が暴力的になる夢

を見るかも知れません。

6）幻　想

　無意識的な思考や感情が心的機能における中心的な存在である，という考え方を，すべての精神分析理論は含んでいます。心は，身体から徐々に発生してくるものであるとみなされます。したがって，身体に由来する衝動が根源的なものであり，それがしだいに心に存在している思考や願望に変形されていきます。無意識的な願望が阻止されて欲求不満に陥ると，願望を充足した形の，やはり無意識的な幻想を生み出します。そしてこの無意識的幻想が，夢，言い間違い，冗談などの形成を促進します。幻想（phantasy）の「ph」は，意識的に形成された白昼夢すなわち**空想**（fantasy）とは区別された，無意識的に生じる過程であることを示しています。

　メラニー・クラインは幻想というフロイトの概念を拡張し，心の中ではあらゆる感覚および経験が，アニミズム的で関係性に基づいた形で表現されると考えました（Hinshelwood, 1944参照）。クラインが言うところのこのような**無意識的幻想**は，無意識の根本に絶え間なく存在しています。空腹感を，内部を齧りとっていく恐ろしい人として表したり，母親に愛情を向けることを，母親の内部に愛らしいものを入れる行為として経験したりするのが，そのような無意識的幻想の実例になるでしょう。無意識的に生じる一種のアニミズム的な体験の色づけに関するこれらのアイディアをクラインは，分析セッションにおける子どものプレイの観察などによって得ました。子どもたち，特に情緒的な問題のためにクラインに会いに来た子どもたちは，抱いている不安を生じさせる家族関係の捉え方を，プレイの形で表しました。これらの捉え方には，両親間または親子間の性行為に関するものが含まれていました。そして，赤ん坊に対する関係，すなわち愛情をこめて授乳したり，怒って切り刻んだり，養育したり，殺したりなどの行為に関するものも含まれていました。その子が両親から優しく扱われてきたかこなかったかに関わらず，暴力的なテーマは頻繁に表れました。クラインは，**原光景**というフロイトの考え方が重要であると強調しました。これは，実際に両親の性行為を目撃したかどうかに関わりなく，生まれつ

き子どもの心には両親の結びつきを表象する雛形が存在する，という考え方です。原光景は，嫉妬や恐れの源泉になります。しかし同時に，人生の初期から子どもが引き付けられる最大の関心事にもなります。この結びつきが子どもの想像の世界においてどのような形態をとるのかというのは，口唇優位，肛門優位，性器優位など，その時点における子どもの関心の持ち方に強く影響されるでしょう。

> ジェーンは4歳半でしたが，発達がとても妨げられていました。母親にベタベタして赤ん坊のように振る舞い，夜父母の間で眠らせてもらえないと大騒ぎしました。ジェーンは，何を心配しているのかを両親に説明することはできませんでしたが，分析の最初の週に，自分の幻想や恐れを写実的に表すようなやり方でプレイしました。プレイルームの中では，小さな人間や動物たちが鼻を口やお尻に突っ込む形で，お互いに荒々しくぶつかり合いました。そして，ベッドの中でナイフがお腹に刺さっていく話がされました。赤ん坊の人形をあやす遊びが見られ，赤ちゃんは大切に育てられましたが，その後攻撃されてゴミ箱に捨てられました。
> 　ママとパパが一緒にしている行為に対する恐れ，そして，赤ん坊の弟か妹を持つという可能性をとても楽しみにしているのと同時に，激しく憎んでもいることに対する恐れについて，分析家は少しずつジェーンに伝えられるようになっていきました。想像上のワニとライオンを含んだ生々しいプレイは，自分が小さいことに対するジェーンの噛み付きそうな程激しい怒りであると解釈されました。力を持った大人に対するジェーンの激しい嫉妬と羨望が，報復的な激しい処罰を受けるのではないかという恐れを強めているのを，分析家はいろいろな言い方でジェーンに伝えました。このように分析家が，ジェーンのプレイの背後に潜む幻想の意味をしだいに理解していくにつれて，ジェーンはとても安心し，自分のベッドで穏やかに眠り始めました。そして，同世代の子の発達に追いつくようになりました。

幻想することは，外の世界および人間同士の関係について，絶え間なく

仮説を立て続けていく過程であるともみなせます。背後に存在しており，奇妙で不安を引き起こすような「幻想された現実」を知ることで，意識的な生活における一見不合理な恐れを理解するのが可能となります。幻想は実体験によってしだいに変形され，一般的に言って健康な大人の幻想は，子どもほど侵入的でなく理解可能な形になっています。しかし大人が普通に起きている時の生活においても，背後に存在する身体的な幻想の影響は，「痛烈な反駁（a biting retort）」や「彼女が話したことにじっと聞き入る（drinking in what she was saying）」などの言葉として残っています[訳注4]。身体的な幻想は，たとえば精神病などの重篤な障害をもった人々においても，幻覚や妄想の一部という形で表面に出てきます。

幼少期の身体的関係や幻想が，豊かで複雑に象徴化されたやり方で外界を染めていくようになるという考え方は，人が生きている間に抱く多くの愛着，迷信，恐れなどについて考察するための方法論ともなります。この考え方は，芸術をとおしても表現されるでしょう。

7）心的表象と内的対象

自己と他者との関係についての**心的表象**は，幼児期以降心の中に形成されます。フロイトに始まる精神分析理論は，現在において他人を認知しそれに反応するやり方に対して，このような内的「雛形」がいかに影響を与えるかという点を強調してきました。これは第1章で議論したとおり，転移の基礎となります。

内的表象は外的経験の単なる忠実なコピーではなく，その人自身の願望や衝動によって修飾されています。たとえばある両親像は，実像よりも優しくあるいは敵意を持っていると表象されるかもしれません。後者の場合，

訳注4）「a biting retort」の「bite」は本来，身体的な「噛む」という意味をもっている。それが連想によって「噛む」→「（相手を）傷つける」と結びつき，最終的に「biting」の形で，「（相手を傷つけるような）皮肉な，痛烈な」という意味を表すようになっている。また「drinking in」の「drink」はもともと「飲み込む」という意味であるが，やはり連想によって「飲み込む」→「吸い込む」→「吸収する」→「じっと聞き入る」という意味を表すようになっている。つまりこれらは，もともと「身体的意味」を持った言葉が，連想による結びつきによって「身体的でない意味」をも表すようになったという現象の例である。そしてこの現象自体が，「身体的でない意味」の背後に存在する身体的な幻想の影響が残存している例証ではないか，と著者は述べているのである。日本語においても，「彼の意見に噛み付く」「彼女の要求を呑む」など同様の現象が存在している。

自分自身の抱く敵意のいくらかが両親のものであるとみなされ，結果としてその人自身の自己表象は，実際よりもより優しいものとして保たれているのかもしれません。（投影に関する前述の議論を参照）

　他人に対する内的な捉え方について述べる時には，**内的対象**という用語もしばしば用いられます。この文脈における「対象」とは，生命のない対象ではなく，愛情，憎悪，憧憬などを向けられる対象としての人間という意味です。内的対象は常に，単なる表象以上の心的な実体を持っているとみなされます。そしてより活発な，言い換えれば他の表象および自己といろいろなやり方で交流するような，自律的な「人物」であるとさえみなされます。メラニー・クラインの理論においては，幻想するという過程（上記参照）は，内的対象の形成と密接に関係しています。その結果，内的な対象のうちいくつかは太古的で悪夢のような性質，または魔術的なまでにすばらしい性質を与えられているかもしれません。

　内的対象（この概念の展望としては，Sandler and Sandler, 1988を参照）は，少なくとも部分的には，外的な対人関係に関する経験の内在化によって形成され，今度はその内的対象が，その後私たちが対人関係を経験するやり方に影響を与えます。他人の大部分は優しくて信頼できるという内的イメージをもっている人は一般的に，外の世界において，優しくて信頼できる人を見つけてよい関係を持つのは容易だ，と感じやすいでしょう。それゆえに，愛されて安心していた子どもは，愛されて安心できる大人としての人生につながるような対人関係を形成して，他の人に愛情や安心感を与えるようになりやすい，という観察結果が生じることになります。基本的には自分を愛してくれている内的対象を持っているという感覚によって子どもは，自信を持って一人で遊べるようになります。また，慰めてもらったり，食べ物を与えられたり，理解されたりするのを待てるようにもなります。この現象は，慰め，食べ物，理解などを*外から*確実に得られると子どもが学んだためだけに生じたわけではありません。それよりもむしろ，それらのものをしばらくの間*内部に*保持してくれるよい対象との関係を，子どもがより強く感じられるようになったからこそ生じたのです。

　同様にたとえば，予測がつかず時には暴力的となる親をもった子どもは，予測のつかない脅威を与える人物との**一次的な関係**を内在化し，その結果

愛情や依存が危険であるような内的世界に住むことになってしまいます。このような子どもはその後，ある種の傾向をもった大人に成長していくかもしれません。ここでいうある種の傾向とは，自分の内的世界に類似した経験にいつの間にか引き寄せられてしまったり，良い経験ができたかもしれない機会をまったく信じず，結果的にその機会を逃してしまったりなどを指します。

　幼児期の体験はパーソナリティの重要な構成要素ですが，まったく変化しないというのはまれです。これらの雛形は，経験によってしだいに変化する可能性をもつ，活発で動的なパーソナリティの一部として機能します。しかしながら，ゆがんだ捉え方から逃れられない人もいます。精神分析の経験は，内的対象の世界をより現実的で安定したものにするために役立つでしょう。

2．発達に関する精神分析的視点

　成熟した人は一貫して安定した自己感をもち，他人については，その人独自の心と自己感をもって自分の外側に存在していると捉える能力ももっています。比較的成熟した人はほとんどの時間，三次元的でさまざまな人が存在している世界に住んでおり，すべての世界が自分自身の投影で満たされて背景と俳優しか存在しない自己中心的な世界にはいない，と表現できるかもしれません。自分の感情状態にうまく対処できる能力の獲得は，成熟の一部です。成熟した人は，親密な関係をもってそれを楽しむことができ，分離や孤独に耐えることもできます。何かに関して，生産的で創造的になることもできます。フロイトはかつてこれらすべてを，「愛して働く」という欠かすことのできない能力，と要約しました。もちろん，完全に達成された理想的な成熟という状態は存在しません。そして精神分析家達も成熟に関して，ある規範に沿う外的な行動を取ったり生き方をしたりするという視点からとらえてはいません。

　学派の異なる精神分析理論は，心的発達の過程についてそれぞれ異なった面を強調していますが，いくつかの基礎は共通しています。幼児期の経験，特に母親，父親その他の重要な養育者との関係が，子どもの生得的な

資質と相互に関係してパーソナリティを形成する，というのは共通の理解です。これら早期の経験は，子どもの関係のもち方や，意識的，無意識的な世界の認知の仕方を形作ります。精神分析家は，正常な発達を可能性の継続的な展開であると捉え，特に情緒や関係の持ち方に関する可能性と主観的な経験における変化とを強調しています。

1）喪の仕事の中心性

すべての精神分析理論は，発達において喪の仕事が中心的な役割を果たしているとみなしています。発達は常に，獲得と喪失の両方を含んでいます。たとえば赤ん坊がよちよち歩きして広い世界の探索を始めた時には，歩けなかった時代の保護された親密さを諦めなければなりません。諦める必要のある段階において何らかの形で不満が残り，次の段階に進む準備がきちんとできない場合には，以下のジョーンの場合のようにうまく発達できなくなるかもしれません。

> 弟が生まれた時3歳のジョーンは，怒りと絶望のあまり「顔を壁の方へ向けてしまっている」ように見え，その頃の家族写真には，ぼんやりとしたうつろな表情で写っていました。彼女の母親自身も恵まれない女性で，子どもに対して支持と理解とを与えられませんでした。自分の方を向いてくれるよう断固として求めそのために争うよりもむしろ，目を逸らしてしまうというジョーンのこの性格傾向が，問題をより大きくしました。ジョーンは学校で期待される程度にうまくはやれませんでしたが，何とか適応はできました。しかし大学へ通うため家から出てすぐにジョーンはひどいうつ病となり，入院が必要となりました。

精神分析は発達を，継続的なものであると同様循環的なものであるとも捉えています。すなわち，情緒的な発達におけるより早期の段階への**退行**がしばしば生じる，という意味です。この退行は，以前とまったく同じことを繰り返すという形で生じる場合もあれば，以前の困難を再び取り扱って，新たな前進をもたらすという形で生じる場合もあります。

> ジョーンは30代で分析を受け始めましたが，治療休みの間や分析家の他の患者を目撃した時には必ず，引きこもって抑うつ状態となりました。しかしながら今回のジョーンは，分析家の提供する詳細な理解と支持とを利用して，いつも経験してきたこのつらい状況をしだいに取り扱えるようになりました。最終的には，完璧な母親像と至福の状態で結びついていたいという満たされることのない切望に対して，その存在を認識し，喪の仕事を行い，諦められるようになりました。そして過去の失敗を受け入れ，現在存在している普通の人生と人間関係において生じる満足と失望の両方と折り合っていけるようになりました。

　これから，発達に関する4つの主要な精神分析理論を見ていきます。まずもともとのフロイトの理論から始め，次にそれから派生したアンナ・フロイト，メラニー・クライン，ドナルド・ウィニコットの理論に進みます。他にもたくさんの理論があり，そのうちの幾つかについては，この本の別の部分で短く触れることになるでしょう。しかしながらこの章のスペースは限られていますので，英国精神分析に対して最も影響を与えた理論として，これら3つを選びました。これらの考えはすべて強調点も記述する用語も異なっており，読者は多少混乱を感じられるかもしれません。しかしながら現在の精神分析的発達理論における多様性を正確に反映するためには，これらの理論のあらましを述べるのが必要であると考えました。

2）フロイトの発達理論

　フロイトの発達理論は主に，**リビドー**の発達に関するものです。ここで言うリビドーとは，異なった発達段階それぞれに固有な身体領域を中心とした身体的満足を求めるような，非特異的な性的衝動のことです。より小児的な領域へのとらわれは完全に消え去ってしまわず，倒錯的な性的志向などとしてのみならず，正常な大人の性的志向としても残ります（Freud, 1905b）。

　口唇期において赤ん坊のリビドーは，口唇領域と吸う事の快感に集中し

ています。赤ん坊は主に自体愛的であると，フロイトは考えました。**快感原則**に従って生きている赤ん坊は，たとえば自分の指を吸うことで幻覚的な満足を得られます。しかしこのようなメカニズムは永続せず，いかに注意深い母親でも赤ん坊をすぐに満足させることは必ずしもできません。このようにして赤ん坊は，現実に気づくようになります[訳注5]。「精神現象の二原則に関する定式」（1911）という大切な論文の中でフロイトは，願望された充足が生じないという状況を受け入れていくことの重要性を強調しました。これは，思考する能力の発達のために必要なのです。そしてこのような思考する能力の発達は，現実世界において行動を起こすために必要となり，成熟した自我を発達させるための重要なステップとなります。1911年にフロイトはこの考えを，喪の仕事の必要性とは結び付けませんでした。しかしながら，願望された非現実的な理想に対する喪の仕事は，感情をコンテインしたり幻想による方法ではなく現実的な方法で現実に対処したりする能力の発達と，もちろん密接に関係しています。

　排便のコントロールを学ぶ時期に相当する**肛門期**において幼い子どもは，肛門の活動が心奪われるような快感をもたらすのにしばしば気づきます。この時期には，便を「溜め込んで放出する（＝つかんで手放す）」行為に関する親子間の交渉も生じます。しかしこのような交渉は，排便コントロール以外の行為についても生まれます。「2歳頃の第一反抗期」においては，排便コントロールだけではなく食事や着衣におけるしつけと反抗など多くの分野においても，コントロールが問題となってくるのです。この時期に生じた問題は，その後の対人関係における「与えたり受け取ったりする」行為に関連した困難のきっかけとなっていくかもしれません。このような困難の背後に潜む肛門期的なとらわれは無意識に留まるかもしれませんが，たとえば夢の中などに象徴的な形で再び顔を出します。これを示すために，第1章に登場したマークとのセッションから一つ例を挙げます。

　訳注5）　たとえば空腹という状況に対して，赤ん坊が自分の指を吸って一時的に幻覚的な満足を得たとしても，空腹という状況そのものは，母親がそれに気づき実際に授乳して満たしてくれるまでは変化しない。そして，赤ん坊の幻覚的な満足が続いている間に，授乳によって赤ん坊を実際に満足させ続けるのは，いかに注意深い母親でも不可能であると考えられる。したがって赤ん坊は，いつかは現実としての母親の存在に気づくようになる，ということである。

> 母親および分析家との怒りを伴った受身的な関係にはまり込んで，まだ家を出たり仕事についたりできなかった時マークは，ある夢を見ました。夢の中で彼は炭鉱の中におり，暗くて大便だらけの泥の中で，宝石を捜して深く掘りすすんでいく行為に魅了されていました。

　3歳頃から子どもは，自分の性器の存在をしだいに意識するようになり，それに触れると快感を生じるのに気づきます。子どもは自分の体を見せびらかし始め，他の子どもの体，特に異性のそれに関心をもつようになります。この時期の男の子，女の子両方にとって関心の中心となる器官はペニスであると考え，フロイトはこの時期を**男根期**と呼びました。

　エディプス・コンプレックスは，精神分析的発達理論における最も重要な概念です。エディプス・コンプレックスの時期や詳細な特徴について，フロイトを初めとする精神分析家たちが必ずしも同じ意見をもってきたわけではありませんが，発達においてそれが基本的に重要であるという考えは共有してきました。フロイトはこのコンプレックスを，ギリシャ神話の英雄にちなんで名づけました。デルフォイの神託は，エディプスが父親を殺し母親と結婚するだろうと予言しましたが，一連の不幸な出来事のために，この予言は的中してしまったのです。

　成人の研究をとおしてフロイトは，自分を含むすべての大人が，異性の親に対する愛着とそれに付随する同性の親に対する敵意とを，深く隠された形で大なり小なりもっているという証拠を見つけました。この関係は3〜5歳の間に起源をもつとフロイトは考え，このテーマが人の心の琴線に触れるがゆえに，ギリシャ神話や他の文学作品，たとえばシェイクスピアのハムレットなどにも深く入り込むようになったと推測しました。このコンプレックスの異性愛および同性愛バージョンの両方(訳注6)が，男性と女性の両者においてごく普通に見られ，一般的には成人の異性愛という形につながっていきますが，私達のほとんどにおいて異性愛と同性愛の両方に

訳注6）エディプス・コンプレックスの異性愛バージョンとは，異性の親に対する愛着と同性の親に対する敵意の組み合わせのことで，陽性エディプス・コンプレックスと呼ばれる。同性愛バージョンは，陰性エディプス・コンプレックスと呼ばれる，同性の親に対する愛着と，異性の親に対する敵意の組み合わせである。

対する深い親和性を残す，とフロイトは確信していました。

　エディプス的な願望は恐れのために断念される，とフロイトは考えました。たとえば男の子は，父親が去勢によって自分を罰するのではないかと恐れます。そしてこの考えは，女の子にはペニスがないという観察によって強められます。次の例のように，小さな男の子が自分の性器について，時にとても用心深くなるのが観察できます。

> 　ジェームズは4歳の男の子ですが，父親が昼食のためにタマネギを切っている時，台所に入ってきました。急に不安な様子になったジェームズは，神経質そうに尋ねました。「パパ，僕のおちんちんを切っちゃわないよね？」

　フロイトによればこの恐れのために小さな男の子は，母親に対する父親の立場を自分が占めるという野心を断念します。その結果男の子は父親を内在化し，父親を外的および内的な権威として受け入れます。このようにして**超自我**が形成されます。その後近親姦的な欲動は禁止され，これらすべての事柄は抑圧され意識的な記憶から失われます。

　恐れだけではなく，喪の仕事——得られないことと折り合う作業——も，エディプス・コンプレックスを解決するためにある程度貢献します。この側面は，フロイトよりも後の理論家達が，よりいっそう強調してきました。つまり，両親に対する愛情が，恐怖や対抗心に付随するのです。次の例のアニーは，エディプス・コンプレックスに対して，とても賢い平和的な解決策を見つけました。

> 　3歳のアニーは，母親に対して申し訳なさそうに，しかし断固として，父親と結婚することに決めたと説明しました。母親が「でも，もうパパと結婚しているママはどうなるの？」と尋ねたところ，アニーは自信たっぷりに答えました。「大丈夫よ，私ママのことも考えてあげたから。ママは，お手伝いさんとしていてもいいわよ。」

　実際のところ，女の子にはより複雑な状況が生じるとフロイトは考えま

した。というのはペニスの発見が，羨望と劣等感およびペニスを与えてくれなかった母親に対する憎悪とにつながってしまうからです。そしてこれらが，男性のペニスに対する願望および赤ん坊に対する願望に置き換えられていくと考えました。これに対してより理解の進んだ現代の精神分析家達は，自分の中に保護し養育しなければならない貴重なものが存在していると，女の子はかすかにではあるが直感的に気づいている，と考えています。しかしながらペニスの存在は，自分の内部に貴重なものがあるという幻想と違ってはっきりと目立つため，小さな女の子は自分にペニスがないという知覚できる欠損について，ひどく怒ったり動転したりする段階を確かに通過するかもしれません。しかし現在においては，「男性になれなかった欠陥人間だ」という意識的または無意識的な考えを中心に人格が組織されている女性については，フロイトのように女性としての典型的な発達パターンをたどっていると考えるよりも，発達上の袋小路に入ってしまっていると捉えられるでしょう。女の子や女性は，肉体的な力やペニスの潜在的能力について，時に男性をうらやむかもしれません。しかし男性も同様に，母親になれる能力について，時に女性をうらやむかもしれませんし，幼児期をとおして母親が持っていた力に対して，畏怖や恐怖の感情を無意識に抱き続けるかもしれません。

　男根／エディプス期における恐怖と情熱を経験した後，就学年齢に達した子どもたちは**潜伏期**に入るとフロイトは考えました。潜伏期においては子どもの関心事が脱性愛化され，リビドーのエネルギーは**昇華**の機制によって，社会的，知的その他の技能を発達させるために用いられます。大人の性的活動の前駆体が築かれなければならない潜伏期は，真剣な活動や試みを行う時期となります。しかしながら，家族内における本当の性行為をタブーとしたり，上述した小児期の愛情における性愛的な側面を忘却したりあいまいにしたりする必要がある，という生物学的な理由が存在するのも確かです。思春期になると性的および攻撃的な感情が高まり，感情や空想を同世代との関係において現実のものとし始めるのを余儀なくされます。性的な愛着を，家族から外の世界へと移動させるのが**青年期**における重要な仕事の一つであり，その結果フロイトの言う**性器期**に向かって性的に発達していくのが可能となります。

両親の仕事は，子どもが分離していくのを許す一方で，安全な限界を提供することです。この章の始めの方で述べたフロイトの患者，エリザベス・フォン・Rは，青年期における父親との強烈なエディプス的関係を，援助なしでは乗り越えられなかった人の例です。エリザベスは，自分の中における性的関心の出現に困惑したのかもしれません。そしてその結果，父親が好む信頼できる友人――たぶん彼女の心の奥底では，「父親の真の妻」――という，家族の中における安全な場所にしがみつく必要があったのかもしれません。

　女性としてかくも感受性の高い人生の一時期に，エリザベスが父親の看護師となるのを許したのは，両親が彼女の問題と共謀してしまったためでしょう。エリザベスの義兄も，少しだけ置き換えられたエディプス的な対象のように見えます。すなわち，父親のように家族の中に存在して興奮をもたらしますが，手には入れられない男性であり，誰か他の人のものであるからこそ，その魅力は増しています。これらすべての点を，エリザベスは知らずにいなければなりませんでした。なぜならば彼女の願望の充足は，必然的に義兄の妻である姉の死につながってしまい，その結果エリザベスの病気によって表現された耐えられない葛藤につながってしまうからです。

3）発達ライン：アンナ・フロイト

　アンナ・フロイトは，子どもの発達に影響を与え相互に関連しあう多くの要素を理解するのに熱心でした。これらは，体質的な付与，固有の発達経過，環境の影響などです。ジークムント・フロイトの理論に強い影響を受けつつも，彼女はそこに正常および異常な発達について自分自身が行った詳細な観察を付け加えました。そして病理だけではなく正常な発達にも関心をもち，子どもの治療の目標を，発達の方向へ再び向かわせる点に置きました。

　アンナ・フロイトの発達理論は，幼児期から青年期までの発達におけるすべての段階と領域を考慮に入れています。これによって分析家は，それらの段階と領域を区別し，正常な発達と比較して病理を捉えるのが可能になります。また，子どもにおける機能の退行は，外的および内的な原因で生じるストレスに対する，正常で一時的な反応である頻度が高いという事

実に注意を促したのも彼女です。

　アンナ・フロイトとハムステッド（75ページ参照）の共同研究者たちは，子どもや青年の発達と精神病理を評価するための手段を開発し，それは**暫定診断プロフィール**として知られています（A. Freud, 1965）。これは，患者の評価について考察するための知的な枠組みです。診断する人が，子どもの人生と発達に関する外的および内的なすべての領域について考えられるようにして，病的な機能のみならず正常な機能についてもバランスの取れた視点をもてるようにするのが，その目的です。最初は臨床場面で用いられていたプロフィールは，症例を比較したり治療中の変化を評価したりするために利用できる，研究のための手段としても発展しました。アンナ・フロイトの発達理論は，幼児期から青年期をとおして質的に異なった発達段階それぞれに注意を向けるという点で，メラニー・クラインの理論とは異なっています。クラインは，人生の早期に焦点を当てる傾向がありました。

　発達ラインとして知られる，発達を評価する手段を考案したのもアンナ・フロイトです。発達ラインとは，ある特定の機能分野における欲動や構造の継続的な発達を詳細に調べるものです。「ある子どもがどのようなレベルを達成していようともそれは，欲動と自我‐超自我の発達，および環境の影響に対するそれらの反応が，相互に関係した結果を表しています。すなわち，成熟，適応，構造化の相互関係ということです。」（A. Freud, 1965, 原書64ページ）もともとアンナ・フロイトは，6本の発達ラインについて記述しました。

- 依存から，情緒的な自立と成人の対象関係へ。
- 哺乳から，合理的な食事へ。
- おもらしから，排尿排便コントロールへ。
- 身体管理上の無責任さから，自己責任による身体管理へ。
- 自己中心性から，仲間関係へ。
- 身体から玩具へ，遊びから仕事へ。

　各々のラインは詳細に作り上げられており，いくつかのラインは他に比べてより詳しくなっています。観察可能な行動に重点が置かれてはいます

が，それぞれのラインにおけるそれぞれの段階を達成するために必要な内面の心的発達についても，明確に説明されています。分析家と同様非分析家にも，発達ラインを使用することは可能です。そしてたとえば，保育園に行き始めるなどの様々なライフ・イベントに対して子どもの準備ができているかどうかを調べるために，また，発達の欠損，遅滞，歪みなどがどこにあるかを詳しく見るために，発達ラインを使うことができます。いろいろなライン相互において子どもの発達が不均衡であれば，それを知ることもできます。

　病理を評価する際にアンナ・フロイトは，(内的な葛藤に由来する) **神経症的な問題と欠損**とを区別しました。後者は，器質的な因子や早期の養育剥奪などのために，発達が遅れたり歪んだりしたものです。前者に対してアンナ・フロイトは，精神分析が治療の選択肢になると考えました。しかし後者の欠損に対しては，後に「発達支援」と呼ばれるようになる治療法を提唱しました。「発達支援」は，内界の葛藤と防衛の解釈を必ずしも強調しない点で，精神分析から区別されます。自閉症的，境界例的などの非定型的発達障害を持った子どもに提供された発達支援は，たとえ週に5回行われたとしても「正式な分析」ではないという考え方が，アンナ・フロイトの時代いかに保たれていたかという点についてエジカンベ(Edgcumbe, 2000) は記載しています。しかしながらしばらくすると解釈可能な葛藤が現れ始め，治療はしだいに古典的な児童分析に近い形に変化していくという現象が，ほとんど常に生じました。

4）幻想と現実との争い：メラニー・クライン

　小さな子どもを分析した経験からクラインは，口唇的，肛門的，性器的なとらわれと幻想とが複雑な形で並存しているのに気づきました。したがって（口唇期，肛門期などの）発達段階が，ジークムント・フロイトが考えたようにはっきりと順序正しく生じるとはみなしませんでした。そしてクラインは，妄想分裂ポジションと抑うつポジションという概念によって，発達を新しい視点から捉えました。これらのポジションは，一生の間行きつ戻りつを経験し続ける，二つの基本的な心的状態を示しています。(Klein, 1940，1946を参照)。**抑うつポジション**において人は，自分自身

と他人の両方を大なり小なりそのままの姿で見ることができます。人間は複雑であり，好ましくて魅力的な特徴とともに，あまり好ましくない，または不快な特徴すらもっています。自分自身や他人をこのように多元的な視点から捉えるためには，人間の頼りなさを知り，ほかの人それぞれが独自性と自立性をもっていると受け入れるのが必要となります。

　自分の母親（または妻や子ども）には，あらゆる点において完璧であって欲しいと願うことはあるでしょう。でももしあなたがその人を本当に完璧だと思っているのであれば，それは現実の独立したその人ではなく，こうあれと願うあなた自身の幻想を見ているのだと考えられます。同様に，別れた夫に対して猛烈に怒るということもあるでしょう。でももしあなたが彼のことを，何の良い点もない，邪悪なものすべての化身とみなしているのであれば，それは複雑な状況を単純にしてしまっています。現実の別れた夫には，あなたが一度は愛情をむけた魅力があるはずです。彼に対する完全に否定的な見方は，そのような魅力をもった人を失ったために感じるはずの悲しみから，あなたを守るために役立っているのかもしれません。関係の破局においてあなたの果たした役割のために生じる罪悪感からも，あなたを守っているのかもしれません。そしてもしかしたら，自分の中に存在する受け入れがたい特徴を，彼の特徴だと考えてしまってさえいるのかもしれません。抑うつポジションの「抑うつ」は，病気としての抑うつを意味してはいません。錯覚や確信を失ったことに対する喪の過程や，愛する人を自分が攻撃してしまったことに対する罪悪感と後悔などを指しています。

　他人が絵本の登場人物であるかのように，まったく良いまたはまったく悪いとみなすような状態をクラインは，**妄想分裂ポジション**と呼びました。「分裂」という言葉は，良いものと悪いものの間のスプリットを，「妄想」という言葉は，良い特徴や悪い特徴を自分のものではなく他人のものにしてしまう投影を指しています。そしてその結果他人は理想化されたり，恐れられて憎まれたりします。陰性の感情は戻ってきますので，*憎んでいた*対象は，恐ろしいほどの*憎しみ*にあふれて出現してきます。妄想分裂的な心の状態は，他人に対するおもいやりや同情のない，自己保存の原則によって支配されています。クラインの著作については，最初は解説書を利用し

たほうが，より理解しやすいかもしれません（e.g. Segal, 1973, Anderson, 1992, Hinshelwood, 1994）。

　赤ん坊の心的世界は，妄想分裂ポジションの最も未熟な様式としての特性を備えているとクラインは考えました。赤ん坊はその中で，まったく異なった2種類の母親を経験します。すなわち，赤ん坊の良い体験（授乳されたり，しっかりと抱っこされたり，なだめられたりなど）は愛すべき母親のおかげだと，悪い体験（寒かったり，空腹であったりなど）は憎むべき悪い母親のせいだと感じられます。赤ん坊は，愛情をこめてよい母親を取り入れ，憎しみをこめて悪い母親を自分の中から取り除くと幻想します。そしてこの取り除く行為は，最初のうちはおそらく，泣き叫んだり吐き出したりすることをとおして行われます。クラインの図式では，天使のような母親は赤ん坊の愛によってより愛情にあふれた存在となり，悪魔のような母親は赤ん坊の憎悪と幻想された攻撃によって，いっそうひどい存在となります。このようにはっきりと対立する2つの母親イメージが，おそらく怪物伝説やおとぎ話の源になっているのでしょう。これに加えて羨望も，影響を与える因子だとクラインは考えました。すなわち赤ん坊は，欲求不満を与える悪い乳房や母親だけではなく，自分が所有したりコントロールしたりできない，栄養を与えてくれるような良い乳房も時には憎むのです。

　子どもの原始的な幻想は，現実に対する最初の接近とみなすことができます。すなわち幻想とは，絶え間なく外界に投影され，現実と比較され，修正されて再び取り入れられ続ける一時的な解釈であるといえるのです。もしすべてがうまくいけば，極端な幻想は，普通の現実と出会ってしだいに修正されていきます。愛してくれる母親は，不完全でもある三次元的な存在だと子どもはうすうす気づき始め，自分が母親に向けた現実のまたは空想上の攻撃の結果，罪悪感や思いやりの感情をもち始めます。抑うつポジションが最初に始まるのはこの時点であり，2つの母親イメージは統合され，母親は全体的でより複雑な人として知覚されだします。虐待を受けた子どもにとって，この統合はより困難になるでしょう。というのは環境が，その子の考える最悪のシナリオを裏書きしがちだからです。反対のイメージを統合するよりもむしろ，どこかに何らかの良いイメージを残しておくために，その子はスプリッティングを強めざるを得ないかもしれませ

ん。

　子ども時代であろうとその後であろうと抑うつポジションは，完全に達成されてしまうという類のものでは決してありません。ストレスがかかるたびごとに私たちはそれを失ってしまい，取り戻すためには繰り返しの努力が必要となります。新たな進歩や挑戦は，良いものと悪いものとの間の新たなスプリッティング，大なり小なり妄想的な用心深さや過敏さ，そして理想化したり非難したりする傾向をしばしば引き起こします。したがってそのような経験を徹底操作することは，確信や自己正当化を和らげ，自分自身の失敗を含むさまざまな事柄をより複雑で共感的な視点から捉えるために役立つでしょう。この徹底操作は，喪の仕事と密接に関係しています。クラインは，償い（修復）の重要性を強調しました。これは愛する他者に対して，自分の憎悪する気持ちに基づいて与えたダメージ（想像と現実の両方の世界において与えたダメージ）を修復することです。喪の仕事が達成され抑うつポジションが回復されるたびごとに償い（修復）の作業が行われ，それによって人格はまた少し強められるのです。

> 　一人暮らしをしていた年老いた父親が脳卒中で亡くなった時マージリーは，最近数カ月間父親を往診していなかったGPに対してひどく腹を立てました。そして医師一般に対し，怠惰で不注意であるとか，無力な患者を犠牲にしているとか，独善的な批判ばかりするようになりました。数週間がたち，悲しみの感情や自分もあまり父親を訪れなかったという罪悪感にマージリーが圧倒されていくにしたがい，怒りは和らぎました。そして2～3カ月後には，父親がとても気難しくて，頻繁に援助を拒否してきたこと，しかし父の独立独歩は，強さと誇りの証でもあったことを思い出しました。父に対する喪の仕事をする過程でマージリーは，長年にわたり父に向けた怒りと愛情の両方について思いを馳せました。二人はそれまでお互いに，精一杯の努力をしてきたのでした。

　父を失った後のマージリーは当初，虐げられて怒りにあふれた（妄想分裂的な）状態にありました。すなわち物事を絵本の登場人物のように割

り切って捉え，全面的に悪い人々と敵対し，正しい良い人たちと同盟を結びました。喪の仕事の進展とともに彼女は，初期には落ち込むのを防いでくれていた単純な視点を放棄し，悲しみの感情や状況の複雑さを理解できるようになりました。罪悪感と内省は，マージョリーの内的世界に修復（償い）をもたらしました。すなわち彼女は最終的に，愛情を伴いつつも現実的な形で，自分の内部に父親の思い出を持てるようになったのです。

　クライン派の考え方によると，抑うつポジションの獲得はエディプス・コンプレックスの徹底操作と密接に関連しています。つまり他人には自分のコントロールが及ばないことを受け入れて始めて，自分の入り込めない関係を両親がもっている（またはもっていた）という事実と折り合えるようになるのです。世界は自分を中心に回っている，すなわち，すべての権力を自分が握っており誰の力も必要ではないという幻想を，私たちは抱くかもしれません。しかしながら，避けられない「人生の事実」(Money-Kyrle, 1971) が存在しています。私たち人間は自分の力によってではなく父母の結びつきの結果生まれたこと，養育されるために他の人に頼っていたこと，時間は有限であること，の3つがそれです。シャスゲースミルゲル (Chasseguet-Smirgel, 1985) も同様に，人は一つの性別や年齢しか持てない点を指摘しましたが，私たちは性別や年齢の違いを否認しようとするかもしれません。これら基本的事実の受容は，自分のナルシシズムおよび唯我的で時間の流れを無視した世界観の放棄を意味します。その世界観においては自分が主役であり，他人は自分のための舞台でそのごく一部を演じるためだけにそこに存在している自分の所有物に過ぎない，と捉えられます。

　私を生み出した，私から独立して自立しているカップル（両親）の存在に思いを馳せると，自分にはコントロールできない人たちの心が，私を観察し私について思考しているという考えにも直面せざるを得ません (Britton, 1989)。世の中には，私が決して入り込めない場所が存在していたし，今も存在しているのです。これは，単に時間的空間的な場所だけではなく，私には入り込めない他の人それぞれの個人的な心的空間という形の場所としても存在しているのです。これを充分に受け入れ，万能感に対して喪の仕事を行うことは，自分自身について深く考えられるための内

的視点を自分の中に形成するのに役立ちます。自分自身および他人に関する現実を観察しそれについて考えるためには，空間的に少し離れたこの視点が必要です。もしこれがなければ，現実の世界について考えたり知ったりする能力において，大変なハンディキャップを抱えることになるでしょう。

5）発達促進環境：ドナルド・ウィニコット

　素質と養育が複雑に絡み合って個人は形成されるというのが，精神分析における伝統的な考え方です。しかし発達における生得的な要素をより強調する人もいれば，環境の影響を理解する点により専念する人もいました。

　小児科医，児童精神科医，精神分析家であったドナルド・ウィニコットは当初，クラインの考え方に関心をもっていました。しかしその後，愛情と憎悪に由来する個体の葛藤よりも母親の提供する環境と自己の出現とをより重視するようになり，クラインとは異なる考えをもつようになりました（Winnicott, 1958, 1965参照）。多数の母と子に対する観察，そして深く障害され退行した患者との分析作業からウィニコットは，心的生活の始まりおよび自己の出現に関する彼独自の考え方を発展させました。「一人の赤ん坊などというものは存在しません――もしあなたが赤ん坊を描写しようとすれば，いつの間にかその赤ん坊と誰か他の人[訳注7]とを描写することになってしまう，というのがこの意味です。」(Winnicott, 1964, 原書88ページ) これはウィニコットの有名な言葉ですが，彼の理論の出発点を表現しています。

　妊娠末期に母親は必ず，**原初の母性的没頭**という，赤ん坊が生まれた後数週間続く時期に入ります。これは，自分自身，自分の体，赤ん坊に対する感受性が鋭敏となり，同時に外の世界に対する興味を失ってしまう時期です。このように鋭敏となった時期に，時には**ほど良い母親**とも呼ばれる**普通に献身的な母親**は直感的に，赤ん坊の**自発的な身振り**とウィニコットが呼ぶものをとおして表現されるニードにうまく合わせます。したがって，お腹のすいた新生児の身振りがオッパイに向けられた時，ほど良い母親はすばやく反応しておっぱいを与え，母乳が出るようにします。この結果赤

訳注7）　赤ん坊と常に一緒にいる母親のことである。

ん坊は，自分の願望で心の中にオッパイを「作り出した」と感じる，**魔術的な万能感**と呼ばれる正常な状態を経験します。

赤ん坊が，本能衝動を満足させる対象としての**イド的（満足の対象としての）母親**と関係をもち，自分のニードに反応してくれる**環境としての母親**の存在に気づかないという時期の存在が，とても重要であるとウィニコットは考えました。その後実在の母親が，赤ん坊の万能感をゆっくりと脱錯覚させていく必要があります。それは赤ん坊が，「自分以外」から「自分」を，外側から内側を区別するという発達の作業を始められるようにするためです。このゆっくりとした区別が生じるに従って，第3の空間である移行空間が創造されます。この空間においては，幻想と万能感から，共有された現実への移行が仲介されます。移行空間は，遊びや象徴の発生と密接に関係しています。多くの子どもが，**移行対象**をもっています。この移行対象は，母親の匂いを思い出させたり，慰めてくれる母親と関連した手触りを持っていたりするものかもしれません。移行対象がもう必要のないものとして省みられなくなっていくまで，子どもはそれを所有して，それで遊びます。

母親が適切な脱錯覚をさせたり，赤ん坊の身体による攻撃を生き延びたりできると，「私がいる」状態が現れます。そして赤ん坊は「そこにいる」ようになった母親を，援助，保護，授乳し，遊んでくれる人として，また自分が依存している人として使用し始められるようになります。赤ん坊が現実という概念を把握するこの発達段階においては，心的な連続性が必要になります。そして心的な連続性は，ほど良い母親の予測可能性と信頼性によってもたらされることになるでしょう。

母親の重大な役割の一つをウィニコットは，**抱えること（ホールディング）**と呼びました。普通に献身的な母親は赤ん坊を，身体的および精神的に，しっかりとかつ押し付けがましくなく抱えます。そしてこれは，心の中で赤ん坊を共感的に抱えることをとおして行われます。このような良い環境においては，**本当の自己**が発達します。赤ん坊のニードに対する受容と応答の代わりに情緒的または身体的な侵害があると，偽りの成熟がもたらされ**偽りの自己**が発達します。偽りの自己においては，脆弱な本当の自己を防衛することが赤ん坊の人格となってしまいます。抱えることの失敗

によって，自己の総合的な発達が妨げられます。そして**体に住みつくことと現実を感じること**が不可能になると，ウィニコットは推測しました。その結果，心身症につながる可能性のある心と身（体）の分離がもたらされるかもしれないと考えました。

幼児期と成人期の精神病性障害および自閉症などの，自己に関するあらゆる障害をウィニコットは，育てた母親または養育者の提供した**発達促進環境**の失敗によって生じた**環境欠損による障害**であるとみなしました。母親の役割をこれほど強調したにもかかわらず，赤ん坊の誕生後数週間において父親が果たす役割についても，ウィニコットが書いたり話したりしているのは興味深いと思われます。父親の役割は，原初の母性的没頭の期間中，母親と赤ん坊のまとまりを支え外界と交渉することです。

攻撃性の起源を環境の失敗のみに求めているためウィニコットは，攻撃性の役割を過小評価しているという意見をしばしば耳にします。実際には，攻撃性と憎悪に関するウィニコットの意見は，それほど単純ではありません。最初赤ん坊の生得的な攻撃性は筋肉の動きという形で表現され，それは子宮内壁や母親の腕によって抑制されます。生得的な攻撃性は，熱心にそして貪欲に吸ったり噛んだりする動作にも表れます。母親は自分の一部ではなく自分の支配下にはないと赤ん坊が認識するためには，母親がこれらの攻撃を生き延びることが不可欠です。したがって攻撃性は，発達をもたらす重要な力なのです。

激怒は，環境による侵襲に対する赤ん坊側の反応であるとウィニコットは理解しました。激怒は，本当の自己を守ります。子どもがもう少し成熟していると，侵襲に反応して憎悪が生じます。憎悪は，破壊的なまでに圧倒的になる可能性があります。母親の愛情が自分の憎悪を生き延びられないかもしれないという恐れを抱いた時には特に，その可能性が高くなります。皆に共有されている現実世界を赤ん坊が発見した後は，**交叉同一化**つまり他の人がどう感じているかを考える能力をとおして，対人関係を持ち始められるようになります。交叉同一化とともに，思いやりの能力が生じます。対象が分離していると認識されるこの時点において初めて，その子が**無慈悲**であるかどうかを考えることができます。攻撃が魔術的なまでに破壊性を持っている万能感の段階をウィニコットは，**前慈悲段階**と呼びま

した。自分に向けられた赤ん坊の攻撃に母親が対処できない時，特に母親が復讐してしまう場合には，本当の破壊性が子どもの人格特徴となってしまいます。子どもは，自分の攻撃性を抑制したり自分に向け変えたりして，それを防衛するかもしれません。臨床場面において，より攻撃的な子どもはより健康であるとウィニコットが示唆したのは，この文脈においてです。

6）理論の多様性を理解する

　フロイト，アンナ・フロイト，クライン，ウィニコットの発達理論に関する上述の短い要約は，精神分析における見解の多様性をある程度示しています。フロイト理論は，その後の発達の出発点でした。しかしそれぞれの臨床的な観察に基づいて，フロイトの業績のある部分に拠って立ったり，ある部分を拒絶したりして，異なった精神分析「学派」が発展してきました。人の経験の複雑さや多様性，および人の経験について完全に明確な意見を述べる困難さを考慮に入れれば，この多様性はおそらく不可避であったといえるでしょう。また，結局のところ現在まで100年しか経過していない精神分析という学問にとっては，特にそれが当てはまるともいえるでしょう。相違点は，単なる言葉の問題や強調点である場合もあれば，より本質的である場合もあります。そして，どの理論が一番正確で役に立つかを見つけるためには，時間が必要です。研究に関する第6章では，精神分析家がこのためにどのような形で努力を続けているかを示します。

第3章　精神分析の簡潔な歴史

　ジークムント・フロイトは1856年に，現在はチェコ共和国の一部であるモラビア地方にあるフライベルクの村で生まれました。そして，少年時代の後期と成人してからの大部分をウィーンで過ごしました。フロイトは常に英国びいきで，英語や英文学を愛好し，若い頃一時的に移民を考えたこともありました。進行した顎の癌を抱えつつ最終的にロンドンに到着した時フロイトの境遇は，物悲しく厳しいものでした。危険が迫っているのを否定できなくなってしまうまでフロイトは，自宅から去るのを頑固に拒否していました。しかし老年期にあるフロイトの国際的名声を考えた友人たちは，彼とその近親者が1938年にナチスから逃れるための援助をしました。
　出国を許される前にフロイトは，財産を奪われ自分の本を燃やされたうえに，自分が大切に扱われてきたと記載した書類にサインさせられました。署名の横に彼は，「私はすべての人に対して，自信をもってゲシュタポの人たちを紹介できます。」と付け加えました[訳注1]。ロンドンでフロイトは，ウィーンでは一度もなかったほど暖かく迎えられましたが，1年後の1939年に死去しました。後に残してきた妹たち，ローザ，マリー，アドルフィン，ポーリンの4人が1942年にユダヤ人強制収容所で死亡するとは，幸運にも知らずにすんだのでした。
　フロイトが死亡した時すでに精神分析は，世界的な現象になっていました。精神分析は研究や治療の手段であるだけではなく，心の働きを理解するためのまったく新しい方法でもあったのです。それはフロイトという一人の人間から始まり，まずウィーンで少人数の信奉者間に広がりました。精神分析が世界各地に広まるにつれて，その地域で最初に分析を始めた人

訳注1）ゲシュタポとは，ナチスドイツの秘密国家警察である。ユダヤ人迫害の中心となった組織で，多数のユダヤ人を逮捕して強制収容所へ送り込み，その大部分を死亡させた。ユダヤ人であるフロイトがゲシュタポを他人に推薦するはずはなく，明らかにこれは無理やり書かされたということである。

は誰か,そして分析が根を下ろして育ったのがどのような文化においてであるか,などの条件によって,その地域における精神分析の形態が決定されるようになりました。つまり逆説的ではありますが,「忌まわしいユダヤ人の営み」を根絶しようとしたナチスの試みは,アンナ・フロイトが未発表の書簡(Steiner, 2000に引用)の中で「新しい種類のディアスポラ[訳注2]」と呼んだ現象を加速するだけだったのです。

フロイトと精神分析に関する良質な伝記は,たくさんあります(たとえばJones, 1964; Gay, 1988; Robert, 1966などを参照)。この章ではこれらの資料を参考にしつつ,自分の人生という文脈においてフロイトがどのように考えを発展させていったかを大まかに見ていきます。その後様々な精神分析学派が,どのような形でフロイトの考えにおける異なった部分を出発点として発展してきたかについて,短く述べます。次の章では,異なった文化において精神分析が取った独自の形態のいくつかについて見ていきます。

1.「脳」から「心」へのフロイトの変化

1880年代後半より個人開業の神経学者として働いていた時にフロイトは,心に関するさまざまな発見をしました。刺激的で創造的な都市であった当時のウィーンにフロイトは,強く引き付けられていました。しかし階級差別が激しく反ユダヤ人的なその文化に対し,腹を立ててイライラしてもいました。フロイトは,現代であればGP[訳注3]にかかるかもしれない種類の患者――すなわち,心と体に関する良く分からない病気を抱えた,不安に満ちて不幸な人々――を診ていました。より高名な医師たちはしばしばこれらの患者の訴えを,分類不能で治療不可能であるとして相手にしませんでした。フロイトはもともと,臨床家として患者を診ていくつもりはありませんでした。本来は,実験室で脳の研究をしたかったのです。しかしフ

訳注2)紀元前6世紀頃ユダ王国がバビロニアに滅ぼされ,多数のユダヤ人がバビロンに連れ去られた(バビロン捕囚)。その後ユダヤ人が異邦人の間に四散したことを,ディアスポラと呼ぶ。ここでは,ナチスドイツの迫害によって多数の精神分析家達が世界各地に散った現象を,このディアスポラに例えている。

訳注3)英国の一般開業医。第1章訳注2)参照。

ロイトは貧しい家の出身であり，そのような研究はほとんど儲からない上に，出世の見込みもほとんどありませんでした。彼は5年来の恋人であるマルタ・ベルナイスと結婚できるようになるのを切望していました。1880年代前半の婚約時代にフロイトは，ほぼ毎日ラブレターを出していますが，そこには彼の人となりが鮮やかに表れています。すなわち彼の情熱と独占欲の強い嫉妬心，アイディアを生み出し続ける能力，尊大さと自己懐疑の両者の突出，皮肉なユーモア，まれに見る自己観察の才能などです。

博識で精力的な思索家であるのに加えてフロイトは，文学に対して強い関心がありました。彼は散文の才能に恵まれており，医学生であった20代始めに，ジョン・スチュアート・ミル[訳注4]の作品をドイツ語に翻訳しました。医師になるための当時の訓練は現在ほどきちんと組織化されておらず，フロイトはほとんどの時間，エルンスト・ブリュッケの下で生理学と神経解剖学を学んでいました。ブリュッケは有能な指導者で，あらゆる生態現象は物理学と科学に還元可能であるに違いない（そして，そうあるべきである）と信じるヘルムホルツ派の唯物論者の一人でした。フロイトの独創的で工夫に富んだ貢献は多数ありますが，中でも特記すべきものは，顕微鏡を使って神経組織を研究するために重要な染色法の開発と，それに続く児童の言語障害および脳性麻痺に関する革新的な研究です。

研究室から診察室へといいやいやながら転向したフロイトは，考察の対象を「脳」から「心」へと大きく移動させました。19世紀には，脳以外の体のある部分がある精神障害を引き起こしていると，きわめて具体的に考えられるのがしばしばでした。精神障害がしばしば体を通して強烈な形で表現されるという点も，このように考えられた理由の一つかもしれません。その良い例が，当時は多数見られたヒステリーと呼ばれる劇的な精神障害です。フロイトの発見においてヒステリーは，重要な役割を果たすことになりました。現代用語における「ヒステリックな（hysterical）」という言葉は，極端でどちらかというと演技的な情緒性を表します。この意味は，この語に最初から含まれていた訳ではありません。言葉だけが発展したのではなく，私たちが苦悩を表現するやり方そのものが発展したためにこの

訳注4）英国の哲学者，論理学者，経済学者（1806-1873）。

意味が生じたのであり，フロイトもそれに貢献しています。

19世紀後半のヒステリー患者はしばしば，脳卒中その他既知の神経疾患に典型的な特徴とは合致しない手足の麻痺を伴って，医者のもとへやって来ました。麻痺した領域は，手足における実際の神経分布ではなく，手足に対する心的な*捉え方*に一致していました。急に話したり見たりできなくなったり，前世紀における悪魔憑きの症状に似た奇妙な痙攣を起こしたりなどのヒステリーは，仮病とは全く異なったものだったのであり，これは今でもそう考えられています。つまりヒステリー患者は「病気のふりをしている」と責められましたが，決してそうではなかったのです。患者は，自分が麻痺していたり見たり話したりできなくなっていると，心から信じていたのです。しかし彼らはしばしば，まるで何かから解放されたかのように奇妙に落ち着き，受動的に家族や医者の世話に身を委ねているように見えました。フロイトはこれらの症状が，象徴的な意味をもつ微妙なコミュニケーションであると仮定しました。たとえばヒステリー性の視力障害者は，無意識的にこう言っているのかもしれません。「とても見ることのできない何かがある。」またはヒステリー性失声の裏には，話すことにより強烈で有害な何かを言ってしまう恐れが存在しているのかもしれません。

第一次世界大戦中の「砲弾ショック」も，一種のヒステリーでした。これは塹壕内の戦闘によって情緒の限界を超えてしまった兵士が時に陥る，失声や麻痺した状態のことです。現代でも子どもはそのような症状を呈するかもしれませんが，西欧社会における成人の多くは心理学的にずっと洗練されており，そのような状態にはあまりなりません。特に自由と独立を獲得した現代女性は，情熱，葛藤，苦悩を自分自身に対して，そして他人に対してより直接的に言葉にできるようになりました。しかし苦悩の直接的な表現が不可能な状況はしばしばあり，微妙な形のヒステリーは現代でも生じます。

ヒステリーは常に，医師の側からの強烈な反応を，時には残酷な反応をすら招いてきました。初期の治療方法の一つはクリトリスの切断で，フロイトの時代にもこの種の試みは完全に廃れてはいませんでした。第一次世界大戦中（小説家パット・バーカー（Pat Barker）の「Regeneration（再生）」三部作に描かれているように）砲弾ショックに罹った兵士の一部

はすでに，精神分析的に方向付けられた接近法で治療され始めていました。しかし同じ頃砲弾ショックに由来する臆病さに対する懲罰としての処刑を逃れたとしても，残酷な方法で治療されてしまった兵士たちもいました。ここでいう「残酷な方法」とは，話せなくなった舌や麻痺した手足を無理やり正常に戻すために，電気ショックを与えるなどのやり方です。ここでもまた現代精神分析の知識を用いて振り返ってみると，次のような点が明らかになるでしょう。すなわち，外傷を受けて虐げられた（主婦または兵士などの）人たちは，極端な方向に走ってしまい自分の絶望感や怒りを直接伝えられないため，これらの攻撃的な感情が周囲の人に投影され，周囲の人によって再演されることになってしまうのです（第1章参照）。

　ブリュッケの研究室を去った後フロイトは，精神科医ではなく神経科医訳注5)として独り立ちしました。現在不安症状や抑うつ症状として認識されているものの多くは1880年代当時，脳の変性疾患の一部であると考えられました。ヒステリーは，同様に変性疾患であると捉えられるか，詐病として相手にされないかのいずれかでした。神経科医は，神経や筋に対する電気刺激，マッサージ，水治療などの身体的治療を用いました。ヒステリーだけではなく，神経衰弱として知られる精神的身体的に疲弊した状態の患者──これも多くは女性──もフロイトは多数診察しました。

　神経衰弱やヒステリーの患者は，相手に絶望感やイライラ感を感じさせながら，医者から医者を惨めに渡り歩きました。これに対してフロイトは，そのような患者に対する人間的な関心と好奇心とに溢れていました。彼は通例の身体的治療を処方したものの，すぐにその有用性に疑問を持ちました。しかし当時として（そしてたぶん現代においても）珍しかったのは，フロイトが初めから患者の話を聞くのに興味があり，人生や家族について，そして自分自身について語るよう患者に促したという点です。このやり方が生まれたのは，若い頃の重要な指導者，ジャン・マルタン・シャルコーの影響もありました。

　神経学的な疾患に対するフランス式の接近法は当時，ヨーロッパの他の地域よりも思慮深くて先進的でした。そして29歳のフロイトは，賛否両論

訳注5) 現代における神経内科医に一番近いと考えられる。

はあったもののカリスマ的な神経科医であった，パリ・サルペトリエール病院のシャルコーの下で6カ月間勉強する奨学金を得るために，とても努力しました。神経疾患の詳細な観察と分類に，シャルコーは打ち込んでいました。シャルコーは，純粋に心理学的な手段である催眠暗示によってヒステリー症状を一時的に誘発したり消去したりできるのを，多数の聴衆の前でしばしば実演して驚嘆させました。ヒステリーは外傷によって引き起こされると確信し，性的な問題の関与が多いとほのめかしはしたものの，シャルコーは基底に存在する脳の脆弱性や変性が主な原因であるという伝統的な視点を保持しました。シャルコーの仕事をきっかけとしてフロイトは，ヒステリーが基本的には心理的な原因に由来し，心理的手段によって完治する可能性のある心理的な障害であると最終的には考えるようになりました。また意識的な心は，望ましくない考えや感情から自分自身を解離させることが出来るという点をシャルコーの仕事は証明したとフロイトは捉えました。

2．精神分析の誕生

フロイトの生涯のこの時期において不可欠な役割を果たしたものの一つとして，年長の指導者で著名な内科医だったジョセフ・ブロイアーとの長年にわたる友情と協力関係が挙げられます。重いヒステリーに罹った女性患者の治療中，カタルシス（浄化）がいかに大切であるかを患者と協力して見出したと，彼はフロイトに語りました。その患者（現在では有名なアンナ・O）は，症状の起源に関するあらゆる思索と最近の追憶とを残らず吐き出すことによって安堵し，一時的な安定を得るのがいつものことでした。彼女はこれを，「談話療法」または「煙突掃除」と呼ぶようになりました。この新しいアイディアに触発されてフロイトは，暗示によって症状を消し去ってしまうために権威的態度で催眠を用いる従来通りのやり方から，ブロイアーのようにある症状について心に浮かんでくることすべてを話すよう催眠下で患者に促すという試みへと，過激に方向転換しました。催眠がうまくいかない場合には，フロイトが患者の前頭部を押さえた瞬間に頭に浮かんだことを検閲せずにそのまま話すよう単純に指示する，とい

う技法を用いました。そして症状を理解するのに役立ちそうな材料を患者が語り始めるまで，この圧迫法を続けました。

　経験を積むに従ってフロイトは，患者が自由に話すよう促しさえすれば重要な点は自然に表れてくるとより強く確信できるようになり，治療において催眠法および圧迫法の要素を減らし始めました。ある意味これは，彼による全く新版のヘルムホルツ的決定論――ただし主観世界におけるそれ――を表しているとも言えるでしょう。神経症の背後に存在する要素は心の奥底に鋳型を形成し，それは連想による考えの連鎖によって表面とつながっており，機会さえあれば真実は表面に上がってくるものであるとフロイトは信じるようになりました。フロイトが患者への支配を少しずつやめられるようになり，患者に対しても同様に自分の思考への支配をやめて，心に浮かぶことはなんでもそのまま話す努力をするように求めたところから，現代精神分析における自由連想という技法はしだいに発展してきました。そして，これがいかに難しいかをすぐに発見しました。つまり自由連想に対する抵抗は，とてもすばやく表れるのです（「これは関係ない，こんなことはわざわざ言わないでおこう」とか「これを話すのはあまりにも恥ずかしい。幼稚すぎるかもしれない。フロイトはこんなことを話して欲しいはずがない」など）。治療の唯一の目的が，できものから膿を出すように「何かを告白して楽になる」ことだという単純なカタルシス・モデルの立場を離れた後のフロイトは，起きてくる抵抗そのものが興味深く重要であると見なすようになりました。そして，ある記憶が症状に置き換えられるという状況を作り出しているらしい，抑圧と抵抗を関連させて考えるようになりました。

　症状によって生じる大人としての困難な状況から，子ども時代の困難やとらわれに患者の思考の連鎖が必ず戻っていってしまうのを，フロイトは発見しました。患者の連想がしばしば，ためらいつつも確実に性的な事柄に向かってしまうのも発見しました。当時特に女性は，医者に対してさえ性的な事柄については決して話しませんでした。物事が進んでいく方向について，当初患者と同様にフロイトは驚きましたが，特徴的だったのはその後，この発見に興味をもつようになったという点です。ヒステリーに関する新しい考え方やフランス式の怪しい催眠技法の使用によってフロイト

はすでに，ウィーン医学会において変人と見なされていました。神経症が性的起源をもっているという説を発展させた結果彼は，とうとう伝統医学における出世の見込みを失いました。そして1890年代後半までには，医学会の主流から大きく外れることになってしまいました。

　ブロイアーは当初，誠実にフロイトを支持し，画期的な著作「ヒステリー研究」(Breuer and Freud, 1895) の共著者となりました。しかし最終的に彼は，物事が進んでいった性的な方向に尻込みし，それ以上の研究には協力しないと決めました。後に判明しましたが，熱心に耳を傾けていたブロイアーに対する強烈な思いをアンナ・Oが突然打ち明けた時，彼は急に治療を中止したのでした。ブロイアーと違ってフロイトは，同じような出来事が自分の相談室で起こり始めた時，怖がったり拒絶したりしませんでした。それどころか逆にフロイトは，この新たな発見に対して好奇心と興味をもちました。つまり患者は，強烈で心を乱す記憶やフロイトに対する恐れと愛情について語るためにやってくるだけではなく，フロイトと共に相談室の中でそれらを再体験し始めてもいたのです。過去に対する解釈の一つが，現在において再体験されているようでした。すなわち，転移というものの存在が気づかれ始めたのです。

3．誘惑仮説

　フロイトにも，ある種の人たちおよびある発見やある理論に「惚れ込んで」しまい，より冷静な見方が一時的にできなくなるという特徴がありました。20代後半のフロイトが最初，依存症を作り出してしまう危険にきづかないままコカインによる治療可能性に熱中してしまったのは，その良い例です。また，生涯を通して幾人かの男性で年上の指導者や友人に深く魅了され，ときには影響され過ぎてしまうという癖もありました。しかしながら，失敗から学び自分の考えを柔軟に変えるという能力にも，大変恵まれていました。1893年までフロイトは，いくつかの症例に基づいて，ヒステリーは常に子ども時代に受けた性的悪戯の結果生じており，それはしばしば父親その他の近親者によるものであると強く確信していました。これはフロイトが，夢・言い間違い・白昼夢などの中に，家庭内における子ど

も時代の性的感情に関する言及をどんどん見つけ出していたためであり，この結果彼は，両親と子どもの間に本当の性的接触があったと推測しました。この発見にショックを受けたもののフロイトは，多くの患者を助けて最終的には有名になり，多くなりつつあった自分の家族をしっかりと養うことができるようになるという見通しにも熱中しました。この説を信じすぎていたために，患者がそう信じるようしばしば仕向けてしまった時期があった，という証拠が，フロイトの書簡には存在しています（そして彼自身も同様に，自伝的研究の中でそれを示唆しています）(Freud, 1925b)。しかし，催眠の使用や暗示による思考の支配を断念し，未知のものや予想外のものが現れるのを本当に待てるようになるにつれてフロイトは，自分の理論が完全に正しいとは限らないと悟り，それに対する確信は弱まり始めました。1897年，友人のフリースに宛てた数通の手紙（Masson, 1985参照）は，フロイトが大いに精力を注いできた理論を失ってとても落胆したのを示しています。

4．子ども時代の性

しかしながら，フロイトがいわゆる誘惑仮説を放棄したという言い方が時にされますが，これは誤りです。子ども時代の性的虐待の存在やその有害性については，相変わらず確信していました。フロイトが放棄したものとは，ヒステリーに関する，どちらかというと単純な因果関係を認める理論だったのです。同様に彼は，その他の機械的な性理論もしだいに手放していきました。これはたとえば，神経衰弱は不適切な性的放出の結果生じているとか，不安はせき止められて別の形に変換された性的緊張である，などの考え方です。これらの「水力学的な」理論の代わりにフロイトが発見したのは，ずっと微妙で複雑な理論でした。子どもは，外界で起きたことを単純に受け止めて受動的に反応しているのではなく，興奮させたり恐れさせたりする空想という，自分自身の豊かな内的世界を通して，現実を選択して取り入れ解釈しているとフロイトは認識したのです。結局フロイトは，両親の性的虐待によって生じた損傷を無視したわけでは決してなく，それがなぜそれ程大きな損傷になってしまったかを，よりはっきりと理解

するという点において貢献したのです。

　子ども時代の純真さに対して異議を唱えたのは，決して自分が最初ではないとフロイトは知っていました。異議を唱えた根拠は自分の患者から得られたものでしたが，自己分析から得られたものでもあるというのが重要な点でした。フロイトの自己分析は1897年に始まり，おそらく生涯を通じて断続的に続きました。そして科学的な好奇心のためだけではなく，父親が死去した後の自分の苦悩のためにも，これを行わねばならないと感じました。気分の浮き沈みの起こりやすさを，いつもフロイトは感じていました。そして父との死別後には抑うつ的となって仕事ができなくなり，さまざまな心身症の症状に悩まされ，かってない程死の恐怖にとらわれていました。

5．夢と自己分析

　フロイトの自己分析については，ウィルヘルム・フリース宛の書簡から最もよく知ることができます。フリースは理想化された男性指導者の一人で，フロイトにとって当時重要な役割を果たしており，長文の手紙という形でフロイトの思考や感情の発露を毎日受け取っていました。フロイトは夜に見る夢を，自分の隠された内的世界へ至るための最も良い出発点として用いると決めました。この多くはその後，主要な著作である『夢判断』(1900) として結実しました。ちょうど自分が患者に求めたとおりフロイトは，夢について自由に連想するよう努めました。そして，一見不合理であったり，恐ろしかったり，苦痛になるようなことを避けないよう努め，自分の思考の連鎖をできる限りたどっていきました。

　フロイトに特徴的だったのは，この自己分析という企てに断固として取り組んだという点です。そして個人的には楽になると感じる一方で，患者との作業から組み立てた理論を新たに支持するデータがそこから得られるのにも気づきました。フロイトはもちろん，精神分析が確立されるフロイト派の時代以前に自分の問題に関する作業に取り組んでおり，その作業のおかげで，現在の私たちが知っているような知識を発見できたのです。子ども時代の記憶や感情の断片が，多く現れました。たとえばフロイトは

(驚きと興味の入り混じった彼特有の態度で)，エディプス・コンプレックスという新しい見解が自分自身にも当てはまるのに気づきました。母親に対する子ども時代の秘められた情熱と，父親を排除したいという願望を悟ったおかげでフロイトは，父親の死に対して抱いていた重い罪悪感と，自分の死が迫っているという一見不合理な恐れとを理解し始められるようになりました。そしてソフォクレスやシェイクスピアなどの偉大な作家が，根源的な人間の真実に関する自分の無意識的な認識を，たとえばエディプスやハムレットなどの作品を通して伝えずにはいられなかったという着想に興味をそそられました。

　自己分析は，他の人による分析には全くかないません。というのは，分析は自分自身を観察するという面をもっており，自分については他の人にしか観察できない点がとてもたくさんあるからです。しかしフロイトは夢の使用によって，自分の知らないことを見つけられる可能性を最大限に高めました。前述してきたとおり，夢は睡眠中に考える手段です。その考えは覚醒時に比べ，検閲や合理的体系的な器官からより自由になっています。夢は，奇妙なしかし意味のある併置と，ぎっしり詰め込まれた象徴的イメージとに溢れており，意外な方法で現在と過去とをつなぎ合わせます。分析してみると夢はしばしば，心配性で罪悪感をもった覚醒時の自己よりも，はっきりと機知に富んでいてユーモアがあります。夢はしばしば，私たちが本当に感じたり，考えたり，欲したりしていることを明らかにします。そしてそれはしばしば，意識的自己にとってはショックだったり，馬鹿らしかったり，不愉快だったりするのです。

　自己分析を行い，異なった種類の問題を抱えた何十人もの患者との経験を積み重ねていた1900年頃は，フロイトにとって非常に創造的な時期でした。そして，夢や子ども時代の性に関する理論だけでなく，さまざまな神経症の機序や冗談の性質など，表面的には著しく異なったテーマについても理論を組み立てました。この頃フロイトの書いた，読みやすくて面白い本の一つは，『日常生活の精神病理学』(1901)です。そこでは夢のメカニズムを明快に説明するとともにフロイトは，私たちの無意識的な心を観察する機会となる，多種の錯誤行為を見事に描写しています。第2章では，この例のうちいくつかを見てきました。正常と異常はしばしば，種類の違

いではなく程度の違いであるとフロイトは示しました。私たちは皆，心の平和すなわち心的平衡を保つために，神経症的機制を使用します。フロイトによるこの種の発見は，現代の文化においてはほとんど当たり前の知識となっているようです。

6．初期の仲間たち

この段階のフロイトはほとんど単独で仕事をしており，ごくわずかな友人との間で，手紙や会話を通していろいろなアイディアを議論していました。そして少人数の聴衆に対しては毎週，大学で講義していました。その後フロイトは新しいアイディアを出版し始め，オーストリア国外ではいくらかの関心を引き始めましたが，国内の反応のほとんどは無関心または敵対的でした。フロイトは，しだいに増えていく家族を抱えてもいました。公的な出版物の中で家族のプライバシーには触れませんでしたが，複数の手紙によるとフロイトは，6人の子どもたちにとても関心をもっていました。ときどき自分の子どもの夢が，フロイトの著作中に例証として現れています。

20世紀になって数年経った頃，国内の同僚たちによる小さなグループがフロイトの周りに出来始めました。そして，後のウィーン精神分析協会になっていく会が始まりました。その会はフロイトのオフィスの待合室で，毎週水曜日に開かれました。精神分析を試しに行って，精神分析という知識体系に新しい発見を加えるという貢献をした人たちもいました。より遠方からの訪問者も，参加し始めました。ドイツ人のカール・アブラハム，ハンガリー人のシャーンドル・フェレンツィの二人が最初に訪れたのは，1907年でした。その後ロンドンに精神分析をしっかりと根づかせ，フロイトの伝記作家になったウェールズ人[訳注6]のアーネスト・ジョーンズは，1908年に初めて訪れました。チューリヒの医師たち，特にカール・ユングが示した関心を，フロイトはことのほか喜びました。彼はユングに引き付けられ，ユングはその後仲間内でフロイトに最も親しい人物となっていき

訳注6）英国は4つの国からなる連合王国であり，ウェールズはその一つである。そして他の3つは，イングランド，スコットランド，北アイルランドである。

ました。

　ユングとその同僚たちは，精神分析を真剣に学びたいと思った最初の非ユダヤ人たちの一部でした。そしてこれは，フロイトにとって非常に重要でした。初期の精神分析家はすべてユダヤ人であり，反ユダヤ主義がときどき，精神分析という新しい考え方に対する反感をあおりました。初期の時代に精神分析は，世間に騒乱を引き起こしました。精神分析という新しい考え方に対する賞賛と熱狂もありましたが，子ども時代の性に関する精神分析的な考えが発表されたとたん，聴衆の一部が学術会議から飛び出してしまうこともしばしばありました。1910年ハンブルグで開催されたある神経学会において，ウィルヘルム・ウェイグラント教授が机を拳で叩き，「これは学術集会で議論すべき問題ではない。警察に任せるべき問題だ」と叫んだと，アーネスト・ジョーンズは報告しています。性的な話題そのものはやがて，科学的に興味深く重要であると認識されるようになりました。しかしながら，正常な性と異常な性，そして大人の性とそれまで信じられていた子どもの純真さとの間の，通常厳密に守られていた境界をなくしてしまったフロイトのやり方は，大きな問題になったのです。

7．意見の衝突と相違

　精神分析という新しい考えに対する反対が存在し，その考えを維持するためには初期の精神分析家たちによる勇気や粘り強さが必要でした。フロイトとは本質的に異なった意見を持ち始めた弟子たちが，発生しつつあった精神分析組織から除名された背景には，このような状況もありました。つまり精神分析は全く新しいものであり，獲得するのが大変困難な知識で，時にはとてもひどく攻撃されたからこそ，それを守ろうとする動きが激しく生じたのです。創成期の精神分析家たちは，自分たちが包囲されていると感じました。だからこそ異なった意見をもつようになった仲間に対しては，精神分析の中心的な考え方を失って，その人自身と一般社会両方の抵抗と嫌悪に屈服してしまったかのように感じることがしばしばありました。ここでいう精神分析の中心的な考え方とは，無意識的な心的過程の存在，抵抗という現象，そして子ども時代の性とエディプス・コンプレックスの

存在です．これらを否定したり，取り除いたり，修正したりすることは，新しい発見を台無しにしてしまう行為で，気楽で慣れ親しんだ心理学への回帰であるかのように感じられたのです．

多情多感なフロイトは，自分の偏った愛情の向け方，特に忠実な弟や息子を渇望する気持ちを隠しませんでした．そして，弟子の多くを分析しその最も深い秘密に関与する必要のある精神分析運動創始者としての立場は，陽性陰性両方の強烈な転移の対象となりました．また，初期の弟子のうち幾人かは不安定であり，自分の不幸に説明を与えてそこから解放してくれるかもしれない分析という分野に他の人よりも強く引き付けられた，才能はあるものの困った人たちであったとも，フロイトの伝記作家たちは示唆しています．

フロイトは最初，若くて精力的なユングを「私の息子，私の跡継ぎ」として，熱狂的に迎えました．したがってユングが，子ども時代の性に関する考え方を実際の出来事というよりも象徴的なものであるとして改作したり，神秘的で宗教的な考えにだんだん引き付けられて行ったりした時，フロイトは失望しました．後に精神分析ではなく**分析心理学**と呼ばれるようになるユング派の考え方・臨床の深さと複雑さを，この場で充分に描写するのはもちろん不可能です．フロイトとユングの初期の相違点の一つは，次のように捉えられるかもしれません．つまりフロイトの考え方は，心理学が究極的には生物学に根ざしており，当時ダーウィンが描写した「進化していく力」から派生している，というものだったのです．人はあらゆる種類の神秘的宗教的な考えを作り出したり，原始的で粗野な信仰や儀式，崇高な芸術的文化的な発展を生み出したりするかもしれません．しかしこれらすべての根底には，昇華や防衛されたりしなければならない，究極的には身体に由来した根源的な性欲が存在している，というのがフロイトの考え方だったのです．

これに対してユングは，人の経験を超える「より高い」または神秘的な力が存在すると信じていました．彼の弟子たちは分析過程と分析関係を，フロイトとは全く違った形で概念化しました．たとえばユングは転移を，理解と解釈を必要とする投影体系というよりも，何か神秘的なものとして捉えるようになりました．現代におけるユング心理学の一派（チューリヒ

学派）は，このような「古典的」ユング派として残っています。それに対して，時には「発達学派」と呼ばれる他の一派（AlisterとHauke，1998参照）は，現代精神分析といくつかの点で見解が一致する傾向があります。

　ユングとフロイトの最終的な決裂は，1913年でした。ウィーンにおける初期の弟子の一人アルフレッド・アドラーは，その2年前すでにフロイトから離れていました。アドラーもユングのように性の重要性を避けていましたが，無意識的過程という考え方も不要であるとだんだん考えるようになりました。すなわち，心理学の伝統であった意識的な心の優位性を復活させたのです。生得的な攻撃性つまり「権力への意志」の変遷，および劣等感に対して過補償する傾向の両者に基づいて神経症が生じると，アドラーは考えました。彼の**個人心理学**は，攻撃性という意識的な力と自我とが優位であるという考え方に基づいていました。当初フロイトはアドラーとユングの意見に興味をもち，その発展を奨励しました。しかし結局のところ問題は，この2つの新しい理論が古い理論に依拠してそれを豊かにしようとするものではなく，それを不要なものとして置き換わろうとするものであった，という点にあったようです。

8．フロイトの見解の発展

　40年以上にわたる精神分析に関する著作においてフロイトの考え方は，多くの変遷と発展を遂げました。そのため多くの矛盾や未解決のままの問題が残っていたり，さまざまな用語があいまいな形で残ったり意味が変わっていたり，古い理論が完全には捨てられずその上に新しい理論が積み重ねられたりしています。後につけられた脚注が初期の業績のいくつかを訂正したり拡張したりはしています。しかし全体的にフロイトは，新しい発見や見解を表明するのに夢中だったため，後世の学者があいまいさを気にしたり，批評家が得意そうに矛盾点をあげつらったりするだろうことは，気にも留めませんでした。

　フロイトの考え方の多くは，時の試練に耐えてそのまま残ったり，他の考え方の基礎になったりしています。完全に捨て去られたものもありますし，大いに改変されてしまった考え方もあります。一世紀を経た現在フ

イトを読むためには，当時の水力学的機械学的な科学概念に由来する言葉の難しさを乗り越えなければなりません。ストレイチーによるフロイトの著作の翻訳（Strachey, 1953-74）も，英語圏の読者にとっては障壁となります。というのは，もともとのドイツ語における生き生きとして自由な用語の代わりに，ぎこちない疑似科学的な用語が用いられているからです。フロイトは，広範囲の事象に対して関心と熱意をもっていました。まず，いくつかの症例，たとえば「ドラ」（1905b）「ねずみ男」（1909a）「ハンス少年」（1909b）「狼男」（1918）などについて論述しています。そして，心に関する理論，臨床技法についても論述しています。また，芸術，集団過程，神話，宗教などに，基本的な心的過程がどのような形で表現されるかについても検討しています。

　フロイトが用いた心に関する基本的な作業モデルは，長年の間にかなり発展しました。新しいデータの出現によって，ある概念が拡張・変形されていくこと，そして最終的には，今までになかったより複雑な公式化を行うために，自分の想像力を飛躍させる必要があることにフロイトは気づきました。1880年代から1897年までの最初のモデルは，性的外傷が記憶と感情をせき止めてしまっており，それらが膿瘍の膿のように開放されなければならないという単純なものでした。その次により豊かで複雑な概念化が登場し，心自身が作り出すことの出来るものにより重点が置かれるようになりました。つまりフロイトは私たちが，外界の出来事を認識しそれに対処しなければならないだけの存在とは捉えませんでした。私たちはあらゆる種類の原始的な衝動や願望によって内部から動かされている存在でもあり，欲求と幻想に溢れた世界に住んでおり，現実世界で暮らして機能するためには，それらの欲求と幻想を何らかの形で管理しなければならないとみなしたのです。

　最終的には第2章で述べたとおり，局所論的モデルとその後の構造論的モデルとが発展してきました。構造論的モデル（Freud, 1923）に含まれる考え方によってフロイトは，自分の欲動を放出する対象としての価値しかない他人との関係よりもむしろ，その人そのものに価値があるような他人との関係に，より重点をおいて考えられるようになります。これは単純な欲動理論というよりはむしろ，精神分析家たちが対象関係論と呼んでい

るものの萌芽を含んでいます。すなわち，緊張を放出する必要性それ*自体*から，欲動の*対象*および他人との関係性を持ちたいという私たちの生得的なニードへと，重点が移動したということです。そして私たちは心の中に重要な他者の表象を抱き，それらの表象と内的に活発な関係をもち，その関係が心に重要な影響をもたらすことになります。

　このようにフロイトの新しい構造論的モデルにおける超自我は，両親による（そして最終的には両親自身の両親と，より広い社会による）道徳的な制限の段階的な内在化によって形成されます。そしてこの形成は，自分の方へ戻ってきてしまった，もともと愛する両親に向けられた子どもからの攻撃的な衝動によっても彩られます。したがって周囲に誰もいない状況であっても，内的に経験される超自我はその人に対して重要な影響を与えることが可能です。フロイトがしばしば観察した，成功を自分で駄目にしてしまうような行為を引き起こす無意識的罪悪感という現象は，これによって理解できます。

　フロイトは，喪の仕事とメランコリーという二つの状態を比較しました（Freud, 1917b）。現代においてメランコリーは，抑うつと呼ばれます。ある人が誰か他の人——たとえば配偶者——に対して深くひきつけられているのと同時に，両価的感情や敵意も感じているとします。もしこの配偶者が去ったり死亡したりした場合，その人に対して喪の仕事を行って諦めるのは，特に困難なものとなるでしょう。そのため代わりに生じるのは，その人が自己の「内部に取り入れ」られ，もともとの関係の中で処理し切れなかった問題が続く，という状況だと思われます。結果として，自己に対する苦痛を伴う非難が生じることになるでしょう。この非難は無意識的に言うと，自己の内部に取り入れられた，いなくなってしまったがっかりさせるような他の人に対して，本来は向けられたものなのです。抑うつを伴った人に見られる，怒りに満ちた自己非難を理解するためにこれはとても役立つモデルであり，フロイトによるこの論文は，現在でも広く読まれ続けているものの一つです。

　局所論的モデルおよび構造論的モデルという両方の段階を経て，フロイトの思索における攻撃的衝動や欲求の重要性はますます増してきました。攻撃性をどこに位置づけるべきかフロイトは悩み，さまざまな公式化を行

いました。攻撃性は，性の固有な一部なのでしょうか？　自己保存と関係しているのでしょうか？　コントロールされなければならない，破壊的な衝動そのものなのでしょうか？　第一次世界大戦という戦慄を目の当たりにしたフロイトは，人間の本質に対してより悲観的に捉えるようになり (Mitchell and Black, 1995)，彼の潜在的な政治哲学は，ルソー的なものから，希望の持てないホッブズ的なものへと変化しました^{訳注7)}。フロイトの最終的な公式化は，私たち人間すべてにおける，いわゆる**生の欲動**（または生の「本能（instinct）」ですが，これはドイツ語における「Trieb」の翻訳としては，あまり良くありません）と**死の欲動**との間における生涯にわたる葛藤というものでした。そしてこの公式化は，現在でも議論の的になっています。生の欲動は，結合，成長，新しい創造などに向かう欲動です。他方死の欲動は，苦難を避け，断片化と無活動に向かう生得的な傾向を表象しており，どちらかというと物理学的体系におけるエントロピーの考え方に似ています。そして，危険で死につながるこの力から身を守るために，死の欲動を外に向け変えたものが攻撃性であるとみなされました。

　フロイトの死の欲動概念に関しては，特にその生物学的な妥当さに関して多くの論争や懐疑論がありました。攻撃性は明らかに，良い方向にも悪い方向にも作用が可能な広範で複雑な存在であり，攻撃性と破壊性を一律に同等視するのはおかしい，という点も指摘されてきました。フロイトの死の本能概念を熱心に支持した主な弟子はメラニー・クラインでしたが，それは彼女の臨床的発見のいくつかに当てはまるように感じられたからでした。ポスト・クライン派の分析家は一般的に，生の欲動と死の欲動の弁証法的対立を臨床的概念として使用します。知って理解し（その関係が如何に危険であったり腹立たしかったりしても）他人と関係をもつ方向に向かう，愛に裏打ちされた力と，それとは異なった，他の人が本質的には自分と違う独立した存在であるという事実に対し一切を否定するかのように反対する，明らかに憎悪に裏打ちされた力とが存在していますが，この両

訳注7）英国の哲学者・政治思想家であったトーマス・ホッブズ（1588-1679）は，自然状態においては人間それぞれが生存のための行動を追及するため，「万人の万人に対する戦い」という状態になると考えた。それに対してフランスの哲学者・文学者であったジャン・ジャック・ルソー（1712-1778）は，自然状態の人間は真に自由でお互いに調和が保たれていると考えた。

者間における人間としての基本的な葛藤を，彼らは感知するのです。究極的に死の欲動は，感情や思考をもつという乱れそのものを全くなくしてしまおうとします。つまりそれは，生の連続性そのものに反対する力なのです（この点に関する良質な臨床論文としては，Segal, 1997bを参照）。

9．歴史に残る主要な分析家たち

精神分析の簡単な歴史の紹介を終えるにあたって，1900年頃より1980年代中頃までの間に重要な貢献をした「歴史に残る」人物（但し，生存している人も含む）の一部について，簡単に述べておきます。これらの分析家とその業績の多くは，この本の他の部分でより詳細に触れられています。リストは出生順で，とても限定されたものにせざるを得ませんでしたし，英国における発達という観点に偏ってもいます。

シャーンドル・フェレンツィ（1873-1933）

ハンガリー生まれのフェレンツィは，初期の弟子の一人です。現在では『臨床日記』（Dupont, 1995参照）に残された，分析のさまざまな限界に関する実験的な試みによって，最もよく知られるようになっています。フェレンツィは，環境から受けた外傷が精神病理に対して与える影響に，とりわけ興味をもっていました。

カール・アブラハム（1877-1925）

ドイツ精神分析協会を設立したアブラハムは若くして亡くなりましたが，臨床において卓越した観察眼をもっていました。アブラハムは，メラニー・クラインの2人目の分析家であり，原始的で精神病的な心的過程に関する彼の観察（Abraham, 1924）を，クラインは受け継いでいっそう発展させました。

アーネスト・ジョーンズ（1879-1958）

ウェールズ出身でロンドンに精神分析を確立したジョーンズは，フロイトの公式伝記作家です。彼は最後までフロイトの友人として，手紙のやり

取りを続けていました。そしてフロイトが人生の最期において，ロンドンの安全な場所にやって来る手助けをしました。ジョーンズは何十年もの間，英国精神分析の内部において非常に強い影響力をもっていました。たとえば女性の性などに関して彼の学問的な見解は，フロイトの見解とは異なり始めていました。そしてジョーンズはクラインの考えに興味をもつようになり，ロンドンに移り住むよう勧めました。

メラニー・クライン（1882－1960）

フロイトの初期の著作を読んだクラインは感激し，1926年[訳注8]ロンドンにやってくる前に，最初はブダペストのフェレンツィから，次にベルリンのアブラハムから分析を受けました。（後述する）アンナ・フロイトのように直接子どもを治療し，その中にはとても幼い子どもも含まれていました。初期の分析家は一般に，成人の治療から子ども時代の心的生活を推測していました。それに対してクラインは，問題を抱えた子どもが，最も奥深い部分に存在する恐れや幻想を遊びによって表現するのを直接観察しました（Hinshelwood, 1994）。彼女は（死の欲動という概念を含む）フロイトの発見を，重要な点において拡張しました。クラインの業績は議論の的となり，1940年代の英国精神分析協会内部における危機を引き起こしました（第4章参照）。

アンナ・フロイト（1895[訳注9]－1982）

1938年にアンナ・フロイトは，父と一緒に難民としてロンドンにやって来ました。すでに教師および精神分析家としての資格を持っており，父とは違い子どもを分析していました。精神分析的な発達理論に対する彼女の貢献は，父の理論，特に心の構造論に対する傾倒と，子どもに対する直接的な経験の両者によってもたらされました。第二次世界大戦中アンナ・フロイトは，ハムステッド戦争託児所を設立しました。これは，戦争によって家族と別れた子どもたちのための居住施設で，たとえば両親に対する子どもの愛着を可能な限り保とうとしたり，安定して愛着できる他の人物を

訳注8）原文は1928年となっているが，著者に確認の上訂正した。
訳注9）原文は1885となっているが，著者に確認の上訂正した。

与えたりする点を強調した，革新的なものでした。アンナ・フロイトとその協力者たちは，たとえば公的保育や法律など，児童保育における多数の領域での方針や実践に影響を与え続けました。アンナ・フロイトは，子どもを詳細に観察する技法についての訓練を，難民を含む若い協力者たちに行いました。これらの観察は，感動的な形で記録されています（A. Freud, 1944）。1947年に彼女は，臨床機能および研究機能を備えた，児童精神分析における訓練センターを組織しました。これが，ハムステッド児童治療クリニック（Hampstead Child Therapy Course and Clinic）です。彼女の死後はアンナ・フロイト・センターと改称され，臨床活動，研究活動，そして訓練を提供し続けています。

ジェームズ・ストレイチー（1887－1967）

ジェームズと妻のアリックス・ストレイチーは，精神分析における「ブルームズベリー・グループ[訳注10]」関係者の一部であり，ジェームズはリットン・ストレイチーの兄弟です。1924年から1925年にかけてアリックスがロンドンを離れベルリンでアブラハムから分析を受けていた時，ジェームズとアリックスがお互いに交わした手紙は，当時の精神分析内部における文化を垣間見せてくれるとても興味深いものとなっています（Meisel and Kendrick, 1986）。ジェームズ・ストレイチーが中心となって，フロイトの著作を英訳しました。そして1934年には，精神分析がどのように作用すると考えられるかという点についての独創的な論文（Strachey, 1934）を発表し，これは現在でもしばしば引用されます。

ロナルド・フェアバーン（1889－1964）

フェアバーンは，**対象関係論**の発達に貢献した主要な人物の一人です。欲動の放出と快感希求性とを強調したフロイトに比べ，対象関係論者は，人間が元来関係希求的であるとみなしました。フェアバーンとクラインの考え方には当初いくつかの類似点があり，「分裂的な」存在様式というフェ

訳注10）ブルームズベリー・グループとは，1900年から1930年頃を中心に活躍した知識人や芸術家などの集まりで，メンバーの多くがロンドンのブルームズベリー地区に住んでいたことからこの名称がある。リットン・ストレイチー（1880－1932）は，英国の伝記作家・批評家であり，やはりブルームズベリー・グループの一員である。

アバーンの概念を，クラインは借用して変形しました。しかしながらフェアバーンは，外的現実をどのように知覚するかという点に生直後から影響を与える生得的な幻想があり，それによって内的世界が構成されているとは考えませんでした。外的関係においては避けられない不満足な体験の代わり，またはそれを補うものとして，内的世界は発達したというのが彼の意見でした。たとえば抑うつなどによって生じる母親の無関心は，赤ん坊にとって著しく外傷的になるとフェアバーンはみなしました。その時子どもは，自分の憎しみによって母親の感情を破壊してしまった（抑うつ的反応）とか，自分の愛によってそれを壊してしまった（分裂的反応）とか，感じるようになるでしょう。1952年出版の著作（Fairbairn, 1952）を参照してください。

ハインツ・ハルトマン（1894-1970）

ハルトマンはウィーンからの難民で，ニューヨークに定住しました。クリスやレーヴェンシュタインらと共に彼は，1980年代頃まで北アメリカの精神分析を席巻していた，精神分析の**自我心理学**派を起こしました（第4章参照）。考古学者のフロイトが，幼児期の性と攻撃性という深く埋もれた遺跡を掘り起こした一方で，発掘はしたものの片隅に取り除けておいた心的生活におけるより普通の特徴に対して，ハルトマンなどの弟子が興味をもつようになったと，ミッチェルとブラック（Mitchell and Black, 1995）は表現しています。ハルトマンの業績は，自我に関するものが中心です。すなわち自我の構造，防衛，現実に対する適応についてであり，伝統的な心理学が関心をもつ領域へと精神分析を拡張しました。そして最終的には嫌な現実に直面するよう強いられる，夢を見て快感を希求する赤ん坊というフロイトの見方を，環境への適応を目指すように出来ている赤ん坊という見方に，ハルトマンは作り変えたのです。

ドナルド・ウィニコット（1896-1971）

ウィニコットは小児科医としての長い経験と視点とを，精神分析に持ち込みました。当初はクラインに深く影響されていましたが，後に彼は赤ん坊と子どもの発達に関する独自の特色ある見方を発展させました。この見

方は内的な幻想活動ばかりに集中せず，クラインよりも環境からの影響を重視するというものでした。発達の経過において，攻撃性と憎悪が何に由来し，どんな役割を果たすかという点に関するウィニコットとクラインの考え方には，著しい相違がありました。ウィニコットによる多くの概念のうち，移行対象と移行空間，抱える環境，ほど良い母親，本当の自己と偽りの自己などについては，第2章で詳しく述べてあります（Winnicott, 1958, 1965参照）。

マイケル・バリント（1896－1970）

バリントはフェレンツィと一緒に働いた後，1938年にブダペストから英国にやって来ました。活発で自立した思索家であったバリントは，精神分析的な考えと他の分野の考えとの相互交流に関心をもっていました。GP[訳注11]とのグループ・ワーク（「バリント・グループ」）が有名ですが，その中でバリントは，たとえ短い診察時間の間でも医者－患者関係を検討してそこから学べるようGPたちを援助しました（Balint, 1957）。バリントは深く障害された患者の治療も行い，**基底欠損**という用語を作り出しました（Balint, 1968）。基底欠損とは，恵まれない状態となっている統合されていない心の深層のことを言います。

オットー・フェニヘル（1897－1946）

フェニヘルは1915年からウィーン大学におけるフロイトの講義に出席していた医師で，後にフロイトが主催した精神分析家グループに参加するようになりました。彼は1920年にウィーン精神分析協会の会員となり，精神分析の臨床家，研究者，教育者として貢献しました。そしてフロイトの理論に基づいた「精神分析の正しい実施法」を確立したいと考え，古典的な理論と技法を体系化しました（Fenichel, 1945）。歴史家としてのフェニヘルは，精神分析運動の社会的歴史について一貫した記述を行った最初の人です。1933年にノルウェーへ，1935年にはプラハへ移住した後，移民としてロサンゼルスへ渡りました。

訳注11）英国の一般開業医。第1章訳注2参照。

ウィルフレッド・ビオン (1897−1979訳注12))

　ビオンは，クラインの分析を受けました。第二次世界大戦中には軍の精神科医として働き，ビオンによる初期の精神分析的な発見は，兵士集団で最初に観察されたグループ過程に関するものでした。そして彼の「ノースフィールド実験訳注13)」には，グループワークを用いた，兵士に対する革新的な精神科的リハビリテーションも含まれていました（Bion, 1961）。後にビオンは，精神病患者の治療を行うようになりました。そして正常者と精神病者の両方に存在している原始的な心的過程について，および思考そのものの性質について，独創的な発見をしていきました。母親による（そして分析家による）コンテインメントに関するビオンの記述は，クライン派理論に重要な視点を付け加えました。なぜならコンテインメントは，環境がどのような形で個人の人格や内的幻想と相互関係をもつかという点を明らかにしているからです。ビオンの著作を読むのはしばしば困難ですが，『Second thoughts』（Bion, 1967）に集められた論文は比較的読みやすいと思われます。

マリオン・ミルナー (1900−1998)

　1940年代前半，分析家になるための訓練を受ける以前にミルナーは，反響を呼んだ数冊の著作のうち最初の一冊，『A life of One's Own』（Milner, 1934）をすでに出版していました。この本は，自分の内的経験に関する日記に基づいたもので，無意識的な思考を解放しようと試みています。訓練期間中シルヴィア・ペインとドナルド・ウィニコットの分析を受けてミルナーは，影響力をもった独立学派のメンバーとなりました。そして美学と創造性の分野において貢献しましたが，そのためには自分自身の芸術的創造性とそれに対する障害物を研究することも役に立ちました（著作集としては，Milner, 1987を参照）。

ジョン・ボウルビィ (1907−1990)

　訳注12) 原文は1974となっているが，著者に確認の上訂正した。
　訳注13) 第二次世界大戦中ビオンは，ノースフィールド陸軍病院に勤務していた。その時兵士に対して行われた集団精神療法の試みが，「ノースフィールド実験」と呼ばれている。この時の経験からビオンは，集団精神療法の技法を生み出していくことになる。

英国精神分析協会で訓練を受けたボウルビィは，愛着と喪失に関する観察研究を通して，精神分析と比較行動学との間の重要な架け橋となりました（Bowlby, 1969, 1973, 1980）。ボウルビィは分析家としての仕事を離れ，比較行動学研究に専念するようになりました。しかし彼の遺産のおかげで精神分析は，外部から観察可能な現象とのつながりや，哺乳動物としての人間が持っている性質とのつながりを持ち続けることができています。愛着理論に関するボウルビィと後に続く研究者たちの業績は，対象関係理論における多くの考え方に対する科学的な裏づけとなっています。また，たとえば入院などによる，早すぎて長すぎる母子分離の外傷的影響を重視した点において，ボウルビィの業績は社会学的にも重要です。

ハーバート・ローゼンフェルド（1910-1986）

　ローゼンフェルドは，ナチスの迫害から逃れるため1936年にドイツからロンドンへと移民した医師です。精神病院に入院中の精神病患者に対しては，当時ほとんど何もできませんでしたが，彼はそれらの患者に対する理解と援助に関心をもつようになりました。そして精神病においては器質的な過程が重要であると知った上で，患者がどう考え世界をどのように見ているかを正確に共感・理解すると，しばしば障害そのものが和らぐのを発見しました。彼はクラインの分析を受け，精神病の心理学的な理解に対して，すなわちすべての人間の心において大なり小なり生じうる異常な原始的過程の理解に対して，スィーガルやビオンとともに，クライン派理論の視点から独創的な貢献をしました（Rosenfeld, 1965）。ローゼンフェルドは，パーソナリティの**病理構造体**に関する業績でも有名です（Rosenfeld, 1987）。そして戦後は，英国のイングランドおよび海外の両方で人気のある熱心な指導者として，故国ドイツの精神分析文化を立て直すために大きく貢献しました。

ベティ・ジョセフ（1917-）

　ジョセフはもともとソーシャルワーカー出身であり，他の多くの精神分析家と同様，母親と赤ん坊を扱う専門家として働いた経験からの影響を受けています。彼女はクラインの考え方に興味をもつようになり，英国にお

けるポスト・クライン派の発展をもたらした主要な分析家の一人です。ジョセフの業績の中心は，臨床技法に関するものです。瞬間ごとの臨床的相互関係の細部という形で，患者の複雑な内的世界がいかに表現されてくるかという点，そしてそのように表現された内的世界が理解されてしだいに変形されていくという点に，彼女は特に関心を抱いてきました（Joseph, 1989）。

ハンナ・スィーガル（1918－）

スィーガルはポーランドで生まれ，そこで医学生として訓練を受けました。しかし彼女と両親が英国に避難して来たのは，ナチスの占領が始まったパリからでした。精神病に関する精神分析理論への貢献は，ビオンやローゼンフェルドのように，精神科の「辺鄙な病棟」における彼女の仕事の中から始まりました。具体的には，英語をほとんど話せない病んだポーランド人の軍人に対する援助を通してでした。当初はエジンバラ在住のフェアバーンに感化されていましたが，スィーガルはクラインの分析を受け，後にクライン派の歴史に残る著名な著作家・思索家となりました。彼女は，象徴形成，美学，文学などさまざまな分野において貢献しました（Segal, 1981）。スィーガルは，核兵器拡散の狂気を強く批判し続けてもいます（Segal. 1997a）。

ハインツ・コフート（1913[訳注14]－1981）

コフートは，アメリカの**自己心理学**派を創始しました。人間の精神疾患の中心には，心的な葛藤よりもむしろ心的な欠損が存在すると自己心理学派は主張し，それは1970年以降古典的アメリカ自我心理学に対する大きな挑戦となりました。彼の業績のいくつかは，ウィニコットなど英国独立学派分析家の業績と共通する部分を多くもっています。当時優勢であったモデルに盲点があると考えたコフートは，それに対応するため両親――広義には分析家――が，子ども――または患者――を**映し出す**必要性を強調しました。ここで言う映し出し（ミラーリング）とは，非難したり道徳を振

訳注14）原文は1923となっているが，著者に確認の上訂正した。

りかざしたりしていると経験されかねない性急な解釈をすることなく，理想化や万能感などの形で自己愛を表現したいという患者のニードを理解することを言います。上の空であったり，自己愛的であったりする育児に対し，コフートは特に関心を持ちました。そのような育児によって，他人とつながっていないという強い感覚を伴った本物ではない自己が発達してきます。彼は，憎悪と攻撃性が一時的なものではなく，外傷に反応した二次的なものであるとみなしました。また治療においては，解釈と洞察よりもむしろ，共感と調律が非常に重要な要素であると示唆しました（Kohut, 1977）。

ハロルド・スチュワート（1924－2005[訳注15]）

　スチュワートはGPとして働き始め，精神分析の訓練を受ける前には催眠を治療に用いる可能性を探っていました。臨床的な問題や技法論に関心をもっていた彼の業績は，精神分析過程における夢解釈から，深く障害されて退行した患者を治療するという技法的挑戦にまで及んでいます。スチュワートは，転移の内側と同様，転移の外側で作業するのも重要であると強調しました（Stewart, 1992）。

ジョセフ・サンドラー（1927－1998）

　サンドラーは心理学と医学の両方を学び，古典的精神分析の訓練を受けました。幸運にも臨床能力と研究能力の双方に恵まれていた彼は，ヨーロッパにおける学問の世界で最初に広く認められた精神分析家です。彼は精神分析の世界の中で，いくつかの重要な地位に就きました。国際的な人物としてサンドラーは，国際精神分析学会（IPA）の会長や，国際精神分析誌の編集長を務めました。彼の理論的な貢献は，古典的な欲動理論と対象関係論（内的表象の世界）の架け橋となった点にあります。そしてこれは，アメリカの自我心理学が発展するために役立ちました。サンドラーは他学派との積極的な対話に努め，理論をより正確なものにしようと苦心しました（Sandler, 1987参照）。

　訳注15）この本が出版された後2005年6月25日に死去しているため，訂正した。

第4章　世界各地における精神分析

　1920年代から1930年代の初めにかけて，精神分析に対してはすでに広く関心が集まっていました。フロイトやそのグループのメンバーから学んだり分析を受けたりするために，外国人が絶え間なくウィーン，ベルリン，ブダペストにやって来ていました。初期に分析を受けたこれらの人たちはしばしば，母国の精神分析協会に参加したいとか，母国に精神分析協会を設立したいとの熱意に溢れて帰国しました。フロイトの著作を興味深く読んだものの個人分析を受けるのをしり込みした多くの人たちは，分析的な考え方の一部を自分の臨床に取り入れました。それぞれの国において精神分析は，独自の発達を遂げました。この発達の仕方は，地域ごとの創設者が持っていた特徴から強い影響を受けています。また，精神分析という新しい考え方が芽を出して育ったその地域の政治・文化・言語などからも，強い影響を受けています。

　1930年代におけるヒトラーの台頭は，精神分析の歴史に劇的な影響を与えました。これによってほとんどがユダヤ人であった初期の分析家たちは，精神分析の中心地であったブダペスト，ウィーン，ベルリンから世界各地へと散っていきました。皮肉なことにヒトラーは，自分の支配する政府が恐れ憎んだ精神分析というものが，すばやく拡散していく手助けをしてしまったと言えるのかもしれません。多くの精神分析協会で初期の葛藤や分裂をもたらした激しい怒りや敵意の少なくともある程度は，ヒトラーに責任があると言えるかも知れません。なぜならば彼のために，地元の分析家と難民の分析家が突然，強制的に共存させられてしまったからです。地元の分析家たちは，精神分析に関する新しいアイディアを気楽に試してみたり，それほど厳密ではないより折衷的なやり方の精神分析を採用したりしていました。それに比べて，傷つけられ追い出されたと感じていた難民の分析家たちは，まるで自分が精神分析を地獄から救い出してきたかのよう

に感じて，より伝統的な精神分析の考え方をしばしば強硬に守ろうとしました。

この「精神分析におけるディアスポラ[訳注1]」(Steiner, 2000) について，この章ではいくつかの実例を挙げて描写します。最初はアメリカ合衆国における，精神分析の熱狂的な受け入れと複雑な発展について記述します。次は英国です。英国の精神分析は常に少数派であり，両価的な捉え方をされてきましたが，多くの創造的な思索家たちが出現し業績を上げてきました。その後は，独自の特徴を持つフランス精神分析について考えます。フランスの精神分析は他の国に比べて，政治的な左派や学問の世界とより直接的に結びついてきました。

最後に地理的な観点から政治的な観点へと移り，ドイツ，アルゼンチン，旧チェコスロバキアにおける，社会的政治的抑圧状況の最中およびその後の精神分析という問題について検討します。これらの国々において精神分析の専門家は，全体主義に対していろいろな形で反応しました。そして私たちは，全体主義的状況において真の精神分析的作業が可能かどうか，という疑問について考えます。

1．熱狂的な受け入れ：アメリカ合衆国の精神分析

1908年にフロイトは，マサチューセッツ州クラーク大学のスタンレイ・ホールから，連続講義を依頼されました。これがフロイトによる，唯一のアメリカ訪問となりました。アメリカ行きの船の客室旅客係が『日常生活の精神病理』を読んでいるのを見て，自分の名声が広がっているのを納得したと，フロイトはアーネスト・ジョーンズに語っています。

現在のアメリカ合衆国でも例にもれず，精神分析は批判にさらされています。しかしアメリカにおいては当初，歴史的に特別な時期にあったアメリカ人のニードを満たして，精神分析は著しい成功を収めました。アメリカはまたたく間に精神分析家の人数が最も多い国となり，これは今日も続いています（しかし単位人口当たりの人数に関しては，ブエノスアイレ

訳注1）第3章訳注2）参照。

ス^{訳注2)}が現在最多です)。医学の世界で精神分析はすぐに優勢となり，精神医学における主要な準拠枠となりました。そして優に1970年代までは，アメリカでの精神疾患分類法および治療法全体に影響を与えました。1950年代頃の精神分析家という職業は高収入で，ほとんどが男性医師によって独占されていました。興味深いことに英国では，最初から状況が異なっていました。こちら（英国）の精神分析家は高収入の職業では決してありませんでしたし，女性や非医師に対して，完全に門戸を開放していました。そして精神医学や心理学の内部においては不安定で異論を持たれる立場という，アメリカに比べるとより辺縁の位置に精神分析は留まってきました。このように異なった形で精神分析が発展したのは，アメリカで何が起きたからなのでしょうか？

　20世紀初頭の北アメリカでは他の地域と同様，清教徒的で厳格な性的モラルに対する異論，および遺伝的な欠陥という考え方に基づいた面白くない精神疾患のモデルに対する異論の両者が生じました。同時にアメリカというこの比較的新しい国には，少数の権威ある団体が支配する，古臭い医学会という抑制が存在していませんでした。したがって医学は統制されておらず，ヨーロッパ由来の考え方を自由に借りたり翻案したりすることができました。そのため若くて進歩的な医師たちは，偏見から解放してくれる楽観的な考え方としての精神分析に飛びつきました。そして，社会的家族的な束縛に対する挑戦を極端に強調する，折衷的で実用的な精神療法的接近法の一部として，精神分析は容易に組み込まれていきました。フロイト自身はこの熱狂的な歓迎に対して懐疑的であり，精神分析が弱められたり薄められたりして「精神医学の補助役」となってしまうのではないか，と最初から恐れていました。

　しかし精神分析家という専門職の発展は，決して順調ではありませんでした（Hale, 1995）。アメリカ合衆国というるつぼの中では，いろいろな時期に亡命してきた分析家たちと，アメリカ育ちの分析家たちとが猛烈な勢いで混ざり合い，イングランドのアーネスト・ジョーンズが「アメリカ精神分析の内戦」と悲しげに言及した状態につながってしまいました。初

訳注2）　ブエノスアイレスは，アルゼンチンの首都である。

期のアメリカ人分析家たちはほとんどが，フロイトの考えに関心を抱いたものの訓練を受けてはいない医師たちでした。第一次世界大戦という人間に関する実験場で彼らは，精神分析のさまざまな考え方の有用性が証明されたのに感心しました。すなわち砲弾ショックの兵士との経験を通して，カタルシス（浄化），症状形成，防衛，葛藤，抑圧などの用語の意味が生き生きと感じられるようになったのです。

これらの初期折衷派分析家の中では，ウィリアム・アランソン・ホワイトや，ハリー・スタック・サリバンなどが有名です。彼らは常識的な意見を多く交えた形で，精神分析という新しい考え方を自分の臨床実践や教育現場に当てはめました。そして性的および攻撃的欲動をしばしば軽視した，とても環境主義的な立場をとりました。この環境主義的な立場は，北アメリカの文化に当初から備わっていたものでした。なぜならばアメリカ文化そのものが，社会を変化させれば利益が得られるというはっきりとした考え方を持っていたからです。

1920年代後半より，ヨーロッパから初期の移民分析家たちが，生活や仕事をして成功するためのより広くて自由な場所を求めてやって来ました。これはたとえば，ヘレーネ・ドイチュ，カーレン・ホーナイ，オットー・フェニヘルなどです。これらの人々はしばしばフロイトまたはそのごく親しい仲間から，短い分析を受けてきていました。ベルリンやウィーンのやり方に沿った，精神分析の訓練を行うインスティテュートを立ち上げて発展させる援助のために招かれた人たちもいました。これはたとえば，ニューヨークに招かれたシャンドア・ラド，シカゴに招かれたフランツ・アレキサンダーなどです。同時に若手アメリカ人医師たちは，訓練のためにヨーロッパへ行くだけの余裕がありました。1938年の時点では，ウィーンの訓練生23名のうち12名がアメリカ人でした。後期の移民は，1933年にヒトラーが権力を掌握した後，それを逃れてアメリカ合衆国へと何度にも渡ってやって来ました。ここには，後にアメリカ自我心理学派を設立したハインツ・ハルトマンが含まれています。

「精神分析の内戦」は1930年代に始まりましたが，その時の経済不況が，以前から存在していた争いを悪化させました。葛藤は専門家としての基準に関するもので，新しいインスティテュートにおいて誰が指導者となって

いくべきか，という点がとりわけ関係していました。当初この葛藤は，世代間の境界を越えて広がっていました。英国の「大論争」時にも起きることになりますが（後述），双方の立場の分析家たちそれぞれが，自分の考え方を守るため感情的になっていきました。故国を去り多くを失った難民の分析家たちは，自分たちがヒトラーの手から救い出してきた精神分析文化に対して，脅威が迫っていると感じて苦悩しました。

　ヨーロッパで精神分析の訓練を受ける程に熱心であったアメリカの若手精神科医たちは，これらの難民分析家たちと手を結びました。そして折衷的で訓練を受けていなかったアメリカ人の先輩分析家たちと，新しく出来たインスティテュートの主導的立場をめぐって争ったのです。またフロイト自身は非医師の分析家という存在を強く支持していたにもかかわらず，これらの若手精神科医たちは，精神分析と精神分析家を医師だけのものとして（この点に関して，非医師の難民分析家たちはうろたえましたが）他の医師から尊敬される存在にしようとすることにも熱心でした。結局若手精神科医たちは勝利を収め，アメリカ合衆国の精神分析を，医学の一分野として尊敬に値する存在としました。そして非医師の分析家たちは，ランクの低い研究・教育ポストや児童の治療者へと追いやられました。彼らは低い収入に悩み，患者を獲得するために医師の分析家たちと苦しい競争を続けることになりました。この状況は1986年に心理職の代表が，強い決定権を有する職能団体であるアメリカ精神分析学会（American Psychoanalytic Association）を不当差別で訴えるのに成功するまで続きました。この画期的な出来事によって最終的に，医師以外の専門家が精神分析家になるための訓練が正式に認められるようになったのです。

　この論争は，1940年代と50年代を通して続きました。ほとんどがニューヨークを中心とするものでしたが全米各地にも影響を与え，特に西海岸へも影響を与えた点は重要でした。アメリカ合衆国の東部と西部両方のインスティテュートで，劇的な分裂が連続して起こりました。一方の側の中心的な指導者はハルトマンなど伝統的な精神分析家で，彼らはフロイトの遺産を失いたくないと熱望していました。もう一方の側の中心は影響力を持った折衷主義者で以前からの実力者たち，たとえばハリー・スタック・サリバンなどと，その弟子に当たる若い人たち，たとえばカーレン・ホーナイ

やエーリッヒ・フロムなどでした。これらの人たちは，**新フロイト派**運動を起こしました。

　アメリカ精神分析学会は，精神分析家という新しい専門家に求められる水準を規制し保証する点において，重要な役割を果たすようになりました。そして学会は，厳格すぎる正統派と，精神分析とは認められないような行き過ぎた折衷派との間で，難しい舵取りを強いられました。初期のこの段階においては多くの場合正統派が勝利を収め，1960年代から1970年代にかけてアメリカ精神分析学会は，非医師の分析家や正統派でない訓練に対して著しく耐性を欠くともいえる時期を経験しました。新フロイト派の人々だけではなく，メラニー・クラインなども含む修正主義的な考え方は，しばしば伝統的なインスティテュートの講義細目から意図的に除外され，これらの考え方が広く知られるようになるためには，長い時間を必要としました。

　第二次世界大戦後のアメリカ合衆国では，精神分析家になる訓練への応募が殺到し，分析を希望する患者もあふれていました。精神分析は，精神医学において主役となり始めていました。1960年代には，精神科医になろうとするものの大部分は個人分析を受けており，半数以上のものは，しばしば政府からかなりの援助をもらいながら精神分析家になるための正式な訓練を受けていました。主な精神医学の教科書や分類システムは，精神分析の影響を強く受けるようになりました。

　このように著しく大衆化・医学化していくに従って，精神分析は希薄にならざるを得ませんでした。多くの臨床家は自分の受けた分析の訓練を，人情味のある一般的な診療の一部へと変えていきました。ここで言う一般的な診療とは，精神療法と助言を併用したり，しばしば薬の処方も同時に行ったりするものを言います。この結果，父親のように優しい「精神分析医」という映画のイメージが生じました。このイメージは，英米のいずれにおいても正当な精神分析の典型とはかけ離れていましたが，一般的なイメージの形成に影響を与えました。つまりアメリカの医学臨床においては，もともと挑戦的で偶像破壊的であった分析が，因習的な価値観や体制順応主義的な性的慣習と折り合って，しばしば心地よい温情的なものとなってしまったのです。

1960年代後半から1970年代にかけてとうとうアメリカの精神分析は，成功したゆえの衰退を経験しました。分析の内部で満足してしまった結果，その偶像破壊的な魅力は減退し，治療の有効性を求める要求が増大しました。そして認知療法や行動療法を含む精神（心理）療法に対する需要が増し，保険会社は分析など長期間継続する治療にお金を出さなくなり始めました。また1960年代には，反精神医学運動を含む騒然とした反体制文化が注目を集めました。具体的にはたとえば，女性の性に関する古典的な精神分析の概念化に対するフェミニストからの攻撃や，それ以外の反フロイト派批評家の急速な増加などです（これは，第5章で議論します）。また，向精神薬による治療の発展と脳についての新しい発見が，身体精神医学を再び活気づけました。時代は一回りしたのです。現代のアメリカ精神医学の分類は，精神分析的な説明を排除し，単純に記述的なものに戻っています。
　しかしながらこれらの攻撃は，アメリカ精神分析の創造性を大いに刺激することにもなりました。過去2，30年間，量的研究と質的研究の両者の数が急速に増加しています。自我心理学における多くの発展と共に，対象関係論に対する新しい関心も生まれてきています。現在では著しく多様な異なった理論が，認知を求めて争っています。現在のアメリカの状況は精神分析の断片化を表象していると考え，精神分析に共通する同一性が失われるのを危惧する人たちもいます。しかしながら，本質についての広範な合意を伴った上で最終的には健全に多様化していく時期を，歴史の浅い学問の一つとして精神分析は現在通過しているところだと捉える人もいます（Wallerstein, 1992）。

2．回避された分裂：英国の精神分析

　英国精神分析協会（British Psychoanalytic Society: BPAS）が設立されて間もない1920年代，ベルリンのメラニー・クラインが行った小さな子どもに対する分析の試みについての報告は，英国の精神分析家たちの興味を引き始めました。クラインのやり方は，ウィーンのアンナ・フロイトとその協力者たちによるやり方とは対照的でした。大人と違って子どもは，

利用したり解釈したりできる転移を形成できないと初期のアンナ・フロイトは考えていました。というのは、後に「転移される」のが可能となる経験が、子どもにおいてはまだ形成されている最中だからです。したがって特に最初のうち分析家は、両親がするように子どもを安心させたり指導したりしなければなりません。信頼が確立された後に初めて、性や攻撃性に関する子どもの心配を慎重に議論し始めるべきだというのが、アンナ・フロイトの意見でした（A. Freud, 1926）。

　これに対してクラインは、子どもにおいても転移は即座に生じると考えました。そして時には子どもがクラインを、拒絶的な人物や恐ろしい人物として経験しているらしいと気づきました。そこで現実の状況について説明して子どもの信頼を得ようとする代わりにクラインは、原始的な幻想を表現していると考えられる子どもの遊びや行動について解釈しました（Hinshelwood, 1994）。したがってたとえばクラインは、子ども自身の想像の中で恐ろしい形に変えられた両親の性行為に対して、子どもが感じた恐れや妬みを解釈しました。または、両親を別れさせて「二人が行っていた行為に参入する」ために、侵入的で荒々しい行為をしたいと子どもが思ったために生じた、報復を受ける恐怖を解釈するかもしれませんし、愛情と憎悪をめぐる子どもの強烈な葛藤を解釈するかもしれません。クラインは、アンナ・フロイトととても異なった技法を用いただけではなく、無意識的幻想とか、エディプス・コンプレックスと超自我の性質・年代ごとの発達などの新しい着想を、明確に主張しました。

　アーネスト・ジョーンズは最初1925年に、英国精神分析協会での講演をクラインに依頼し、翌1926年にはロンドンに移住するよう誘いました。彼女は、喜んでこれに応じました。英国はヨーロッパ本土での分析における争いからいくらか離れていたため、クラインは英国人から暖かくそして全体としては偏見を持たれずに受け入れられ、彼女はそれをありがたく感じました[訳注3)]。その後約10年の間にクラインは、英国の精神分析において重

訳注3)　この時期のクラインは、良き理解者であったアブラハムが急死してしまったこともあり、ベルリンでは孤立しがちであった。また当時精神分析の中心は、ウィーン、ベルリン、ブダペストなどヨーロッパの大陸部であり、地理的に離れた英国は後進地域であった。ベルリンからやって来たクラインが英国で歓迎されクラインがそれを喜んだ背景には、このような事情も関係していると思われる。

要な人物の一人となりました。力強く断固とした性格と新しい考えを次々と生み出す能力とがあいまって，友人と敵の両方を作り出しましたが，全体的な雰囲気はクラインの存在を許容していました。

　その間に英国出身の精神分析家たち，たとえばウィニコット，ペイン，シャープ，ボウルビィなどが，分析に対して貴重な貢献をしています。これらの分析家たちは，後に生じる英国精神分析の理論的政治的分裂の時期において，それを安定させるために中心的な役割を果たすことになりました。その他の主要な精神分析家たちも，この早い時期すでに仕事を始めていました。1933年以降ヨーロッパから多くの難民分析家たちが援助を受けてロンドンに定住し，1938年にジークムント・フロイトとアンナ・フロイトが到着する頃にその数は頂点に達しました。この結果，英国精神分析におけるこの創造的な時期という比較的平穏な状態は妨げられました。子どもの分析技法，幻想の特徴，超自我の発達，女性の性の特徴などに関する激しい議論は，以前のように距離を保ってではなく面と向かって行われました。この圧力のために英国精神分析協会は，3つのはっきりとしたグループに分かれ始めたのです。

　ニューヨークと同様，フロイトとその娘アンナと最も親しい難民分析家たち，たとえばドロシー・バーリンガム，ケイト・フリードランダー，ウィリー・ホファーなどは，すでに死の床についていたフロイト——友人であり恩師でもあったフロイト——の遺産を守らなければならないと感じました。多くの難民分析家にとってクラインの考え方は，全く精神分析的ではありませんでした。ユングやアドラーのように，彼女は異端者だったのです。クラインが自分の考えを発表する確固たる態度にも，彼らは反感を持ちました。そして理論を裏付けるためクラインが提示した証拠は，不十分であると感じました。クラインとその信奉者たち，たとえばスーザン・アイザックス，ジョアン・リヴィエールなどは，自分たちがフロイトの見解を忠実に発展させたのだと確信していました。そのため，英国精神分析協会からの除名もありうるという見込みに狼狽しました。

　難民グループには，バーバラ・ロウなど英国の精神分析家の一部が加わりました。それに加えて，クラインの娘メリッタ・シュミデバーグも参加しました。彼女は自分が分析を受けたエドワード・グラバーと共同して，

母親であるクラインとその考え方に対して，激しく敵対しました。英国の精神分析家の多く，たとえばエラ・シャープ，シルヴィア・ペイン，アーネスト・ジョーンズなどは，フロイトとそれほど親しい関係にはなかったマイケル・バリントなどの難民分析家と共に「中間グループ」を形成しました。これらの分析家たちはしばしば，どちらかのグループに親近感を持ったり知的に傾倒したりしていましたが，一種の緩衝材としても有効に働きました。たとえばドナルド・ウィニコットはクラインの考え方に影響を受けていましたが，母子関係についてクラインとは異なった考え方を後に発展させることになります。ジョン・ボウルビィもクラインから離れて人の愛着に関する研究を行い，精神分析と生物学の間に重要な橋渡しをすることになります。ジェームズ・ストレイチーは，精神分析の治療行為に関する独創的な論文で最も知られており，今日でもしばしば引用されます。

　フロイトが死去する直前の1939年9月英国はドイツに宣戦布告し，事態はいっそう複雑になりました。最初は一時的な平穏が訪れましたが，これは多くの英国人メンバーがロンドンを離れて安全な地域に避難し，難民分析家達がいろいろな会議で多数を占めるようになったためでした。しかし1941年には英国人メンバーがロンドンへ戻り，その結果知的な雰囲気と感情的な雰囲気の両方が耐え難いほど悪化し，変化に対する強い圧力が生じました。そのため，英国精神分析協会の構造と権限の配分を改革し，加えてより良質の知的対話を目指したいという声が高まりました。結果として，協会における指導と訓練の民主化を目指す一連の運営会議が計画されました。同時に，異なった理論的視点をきちんと議論できる一連の学術会議も予定されました。後者は「大論争」としてよく知られるようになりましたが，そこではクラインのグループに対して，自分たちの新しい考え方を提示して正当化するように求められました。

　第二次世界大戦中に行われたこの議論と相違点についての記録は現在，注意深くまとめ上げられています（King and Steiner, 1991）。これらの記録は，読み物としては劇的なものであり，しばしば苦渋に満ちてもいます。しかしながらしばしば難航した何回もの学術会議と運営会議を通してなされた作業によって，精神分析の歴史上これまで他に例を見ないようなものが作り上げられました。それは，これらの相違点を包み込んだ上で一

つの組織として留まることのできた，英国精神分析協会という組織そのものでした。結果として英国精神分析協会は，お互いに論争しあうような異なった視点が豊かに含まれた訓練を，訓練生に対して提供することが出来ています。またその構成員に対して，これらの豊かな相違点を経験させ続けることもできています。

　これら3つのグループは「紳士協定」として知られるようになった合意によって，規則の形で正式に残されることとなりました。矛盾するようですが，この規則はほとんど全く文書化されていません。この「紳士協定」は実質的に，3人の女性——アンナ・フロイト，メラニー・クライン，シルヴィア・ペイン——がまとめました。今日では現代フロイト学派，クライン学派，独立学派として知られるこれら3つのグループは，英国協会の訓練生に対する理論の講義を同数受け持ち，協会の運営組織に対して同数の代表を出しています。

　この3分割された構造が，英国協会の安定性を維持してきたという側面はあります。しかし現在では，この構造が創造性の妨げとなっているかもしれません。というのはこれらのグループが，純粋に理論的な区分というよりもむしろ，多くの点で「派閥的」または「党派的」な区分を表象しているからです。つまり理論的な区分は確かに存在していますが，グループの違いのみによってきちんと説明がつくとはもはや言えないのです。英国協会は，これらの問題に積極的に取り組んでいくという，自らを検証していく重要な時期にあります。

3．個人主義と権威主義：フランスの精神分析

　フランスが精神分析を受け入れたのは，比較的遅い時期でした。しかし定着した後精神分析は，文化の中に深く根を下ろしました。フロイトを最もうまく翻訳するにはどうしたらよいかという議論が，当然のように一般向けの日刊紙，ル・モンド紙上で行われました。この議論は結論が出ておらず，英語におけるフロイト著作集の標準版に相当するものが，まだフランスには存在していません。

　理論としての精神分析を最初に歓迎したのは，フランスの文学界とシュー

ルレアリズム運動でした。そして1920年代に，以下のような移民の人たちが，フランスに精神分析の技法をもたらしました。具体的にはポーランド人のユージニー・ソコルニッカ，ドイツ人のラルフ・レーヴェンシュタイン，そしてスイスから来た人たち，特にフェルディナン・ド・ソシュールなどです。そして，金持ちで影響力のあったフロイトの弟子，マリー・ボナパルトからの支持と支援をしばしば受けた上で，全員がウィーンまたはベルリンで訓練を受けています。これら少数の人たちが，フランス精神分析家の第2世代全体を訓練しました。そこには，ジャック・ラカン，ダニエル・ラガーシュ，ルネ・ラフォルグ，サッシャ・ナシュトなどが含まれています。

　初期の分析家たちが難民であった他の国とは異なり，これら第2世代の分析家たちはすべてフランス人でした。そのため彼らは，遠く離れた祖国で師匠フロイトの業績を保存せねばならないなどと感じることなく，フロイトを出発点として，フランス知識人の考え方と調和させる形で自分たちの考えを発展させました。また，第二次世界大戦中にフランスが経験した苦難の影響もあり，フランス精神分析における政治的反権威的な傾向は強まりました。そのため，フランス以外の共産主義者が，精神分析をマルクス主義理論に合わない物として放棄したにもかかわらず，フランス人はマルクスとフロイトをいつまでも結び付けて考えていました。

　フランス精神分析は，臨床的経験的な伝統よりもむしろ，知的哲学的な伝統の影響を強く受けてきました。そして医学や臨床心理学よりも，知的サークルと常に深く関係してきました。このためフランス語圏の精神分析家と，同種ではあるものの異なった言語と相違する文化を背景に思索を発展させた，英語圏の精神分析家との間における対話と相互理解はしばしば困難でした。しかし最近は，理論的問題や臨床的問題を議論するための，フランスと英国の分析家による勉強会が定期的に開催されています。これにはたとえば，1987年に設立された毎年恒例の英仏研究会や，1996年に始まった女性の性に関する英仏研究会などがあります。また英国知識人の間でも，ラカンの業績と考えに対する関心が高まっています。そして英国分析家の間では，心身症その他身体の問題に関するフランス分析家による貢献に対して，関心が持たれています。

フランス精神分析の歴史に関する本の中でマリオン・オリナーは，次のように書いています（Oliner, 1988, 原書7ページ）。

　多くのフランス人精神分析家は，科学的な簡明さを求めてはいません。というよりも，全く逆なのです。彼らは，形も制限もなくあいまいであるという無意識の特徴を表すようなやり方，すなわち自然科学から借用した表現を使わない，詩的な効果を高めるようなやり方を好むのです。

　フランス人精神分析家たちは，理論の有用性よりも優雅さによって議論の決着をつけるのに慣れているため，フランス精神分析の著作において述べられた理論を実際に技法としてどう適用するかを英国人が見つけようとしても徒労に終わってしまうかもしれない，とオリナーは付け加えています。またフランス人精神分析家たちは，自然科学の基準を分析の方法論に当てはめることによって，精神分析を「尊敬に値する」ものとする必要も認めてはいません。彼らは自分たちが古典的精神分析の忠実な執事であると考えており，その理論は古典的な欲動モデルに固執し，無意識的なものや身体に近い領域にとどまる傾向があります。
　しかし実際のところフランス精神分析は古典的精神分析とは明らかに異なっており，1週間あたりのセッション数の少なさは特にそうです。精神分析は週4回または5回行われると定義されていますが，フランスの精神分析は普通3回以下です。また，どんな人が精神分析に向いていると考えるか，という点の違いがしばしばあります。英国の分析家は広い範囲の人々を分析に受け入れようとするのに対し，フランスの分析家はより神経症的な患者のみに限定しようとします。そしてより病んだ患者に対しては，対面法で週1回のセッションを行います。
　フランス精神分析については，3つの重要な思索の潮流に注目します。すなわち，ラカン，パリ心身症学派，そしてアンドレ・グリーンです。

1）ジャック・ラカン
　フランス精神分析発祥の地であり，現在もその本拠地であるパリの精神分析は，初期に連続して分裂を経験しました。その結果現在では，国際精

神分析学会（the International Psychoanalytic Association: IPA）に加盟している2つのフランス精神分析協会と，加盟していない大なり小なりラカン派を志向する多数の組織とが存在します。論争の的になってきた中心人物であるジャック・ラカンは，特異な形の精神分析理論を発展させ，その理論はとりわけ文学関係の学問領域で講義されるようになりました（第7章参照）。ラカンはフランス精神分析の典型や主流の代表では決してありませんでしたが，そのカリスマ的な権威のために中心的な位置を占めるようになりました。そのためフランスの精神分析家たちは，ラカンの業績に賛成であるか反対であるかを，はっきり述べる必要にせまられました。

ラカンは自分が偶像破壊的で反権威的であると述べつつも，多くの熱狂的な信奉者を引き付けるという一見矛盾する面を持った人物でした。ラカンの分析技法における特徴は，長さの変動する，しばしばとても短時間のセッションでした。セッションは分析家が決定するある時点で終了し，ラカンの「論理的な時間」という理論がその根拠となっていました。そしてこの点が，分析家に対する強烈な忠誠心と公式な批難の両方を生み出していきました。

ラカンの理論書は，多くの魅力的な考えを含んではいるものの非常にあいまいでもあり，一般的に言って専門家以外は，ベンヴェヌートとケネディ（Benvenute and Kennedy, 1986）やフロッシュ（Frosh, 1999）などの解説書を最初に読むのが最も良い勉強法でしょう。ラカンは，フロイトの本質とみなした部分，特に夢，言い間違い，冗談などに示される無意識の言語に関する初期のフロイトの業績に対し，新たな解釈を付け加えました。1900年当時の言語理論の影響を受けてラカンは，言語が中心的な存在であり，私たちを根本的に形作っていく母体であるとみなすようになりました。

私たちは連続する分裂や喪失によって形成されており，このような分裂や喪失の結果私たちは母親と一体化した当初の状態からどんどん離れていき，取り返しのつかない喪失と欠損が，人間という存在にとって本質的であるという状態が生み出される，とラカンは考えました。新生児は表象出来ない何かから分離され，一生を通じてこの喪失を取り返そうとする方向に突き動かされることでしょう。しかしこの早期の段階において主観という体験はまだ存在しておらず，欲動が無秩序に集まっているだけです。主

観という感覚を形成していく中で，私たちは初めて想像界へと入っていきます。想像界では，他人から写し返された形で私たちが見る自分自身のイメージによって形成された，安心はさせるものの全くまやかしの自己同一感と全体感とが形成されます。しかし写し返された形で私たちが見るものは，他人の欲求に基づいた私たちのイメージでしかありません。つまり，照らし返された本来の私たちの一部とウィニコットなら表現するかもしれないようなものとは，異なっているのです。鏡像段階は，断片的な欲動を結び付けて一種の自己同一性を生み出すという重要な機能を担っていますが，その同一性は欺瞞的で自己愛的なものです。

次に必要なのは，母親との自己愛的なこの関係が妨げられ，社会的な存在が作り出されることです。これを行うのは，去勢の脅しをかけて近親相姦を禁止し，母親と子どもの結びつきを妨げる父親である，とラカンは捉えました（これは，フロイトの考え方に従っています）。父親というこの「第3項」とともに，言語と文化，「私」と「あなた」の区別，違い——特に性の違い——を無理やり思い知らされること，などが導入されてきます。この「象徴界」，すなわち主体が人間として構成される最後の段階においては，社会的な世界という重要なものが獲得されると同時に，いっそうの喪失と疎外感がもたらされます。

本当の自己や存在の中心というものはない，とラカンは考えました。主体は統合を繰り返す過程によってではなく，分裂と喪失の連続によって形成されているのです。いわゆる自我は偽りの構造であり社会的な産物に過ぎないとラカンは考え，自我心理学派の業績に対しては特に拒否的でした。

分析において患者の主観性——偽りに基づいた普通の主観性——は，（たとえば分析家の無反応や予想外の反応などによって）壊され追い払われなければならない，とラカンは信じていました。これは，最も深い無意識の欲求に患者がいっそう触れられるように，また，患者がその中に生れ落ちた，自分以前に存在していたいろいろな言葉の意味が，患者を通して語りかけてくるようにするためです。シュールレアリストのようにラカンは，分析において患者の深層にある根源的な無意識的欲求を解読し解放しようと努めました。しかしこの欲求は，実現し得ないもの，すなわち一体化した状態で違いと分離をなくしてしまうことを求めているのです。

2）パリ心身症学派とその他の人々

ラカンのアイディアは無意識に関するフロイト初期の業績に由来していましたが，フロイトの『ヒステリー研究』からも大変豊かな思索が生まれています。英語圏の分析家は心に比べ体を軽視する傾向がありましたが，フランス語圏の分析家は，心と体が特に深い関係をもっているヒステリーが重要である，というフロイトの立場を継承しました。

パリではピエール・マーティーやマルタン・ミュザンなどの分析家たちが（Pierre Marty and Martin M' Uzan, 1963），心身症という現象の性質を研究しました。彼らの研究は，心身症にかかってクリニックを受診した何百人もの患者に対するインタビューに基づいています。これらの患者には，感情を表す言葉および象徴する能力の両方が欠けていました。そして幼少期の重要な対象に対する愛着が，早期の外傷のため次々と破壊されてしまったため心と体の解離が生じた，と著者は示唆しています。

ジョイス・マクドゥーガルとディディエ・アンジューとジャニーヌ・シャスゲースミルゲルは，心と体の関係を精神分析的な思索の中心にしっかりと据えました。マクドゥーガルとアンジューはウィニコットの考えに従って，最早期における「他者というもの」から「自分というもの」が分離する過程に関心を持ちました。融合から分離というこの動きの中で赤ん坊は，自分自身の体に棲みつくということを，徐々に学ばねばなりません。分離や喪失などの心的痛みを取り扱えない場合，心身症的な過程がどのような形で優位になっていくかという点をマクドゥーガルは示しました。そしてウィニコットのように，赤ん坊と，赤ん坊が分離できるようにさせてやれない母親の両方について考察しました。多数の著作において（e. g. McDougall, 1986）マクドゥーガルは，身体がどのような形で，あらゆる心身症的な言語を作り出す劇場となっていくかを示しました。

性本能は，自己保存本能に結びつくか当てにしているかのどちらかであるというフロイトの考え方（アナクリシス）に厳密に従ったアンジューは，ウィニコットとボウルビィの両方から影響を受けました。そして，皮膚という「包み」の抱える機能，すなわち過剰な興奮から守り，心を「抱える」という機能に焦点を当てました。正常な発達における自我と皮膚は，しだ

いにお互いを抱えあうようになっていくのです。

やはり身体と深く関わっていますが，特に倒錯という領域と，驚くべきことにあまり研究されていなかった女性の性という領域の両方に関して，ジャニーヌ・シャスゲ‐スミルゲルは国際的に認められるような貢献をしました。女性の性に関する彼女の著作（Chassegvet-Smirgel, 1988）は，この重要な分野に関する精神分析的な理解を真摯に再考するため大いに役立ちました。

3）アンドレ・グリーン

1960年代にラカンのセミナーに参加してその影響を受けましたが，グリーンはパリ精神分析協会のメンバーであり続けました。パリ精神分析協会は主流の精神分析協会であり，ラカンはそこから脱退しました。とても独創的な独自の思索を発展させるに従ってグリーンは，ラカンからどんどん距離をとるようになりました。「空白精神病」やネガティヴの働きに関する研究などが，重要な貢献として挙げられます。グリーンの独創的な論文「死んだ母親」（Green 1980）は，分析において患者が，抑うつ的な母親の存在に気づくことを再体験するという臨床的な現象を描写しています。すなわち，身体的には母親が存在しているにもかかわらず子どもは，母親が死んで不在であると経験するのです。母親の抑うつは，突然の愛情喪失として体験されます。そして子どもの中に，破局的な状況が生じます。すなわち愛情の喪失は意味の喪失につながり，すべてのものが意味を成さなくなってしまうのです。子どもは，母親の喪失に対する喪の仕事を行うことができません。そして代わりに，母親に対して何かを向けるのをやめ，同時に何も向けることのない母親，不在の母親，または死んだ母親という経験を，自分の心の中に必然的に組み込んでしまいます。子どもの発達は一見正常に続くかもしれませんが，その中に心的な穴や空白を生じています。要するに，死んだ母親との同一化が生じているのです。このようなネガティヴの存在は，臨床的に広く尊重される概念となっています。

ホレイショ・エチゴーエン[訳注4]はコーホン（Kohon, 1999）の本の中

訳注4）　アルゼンチンの精神分析家。1993年－1997年まで，国際精神分析協会の会長を務めている。

で,アンドレ・グリーンを次の様に記述しています。「ラカン,ビオン,そして特にウィニコットなど多彩な著者からの影響を,明快な組み立てによってうまく統合したフロイト派分析家。」グリーンは1960年代以来現在まで,精神分析理論に関して,またプルースト,サルトル,ボルヘス[訳注5]などの作品に対する精神分析理論の適用に関して,多数の著作があります。しかししばしば国際会議で発言してきたにもかかわらず,グリーンの著作が完全な形で英語に訳されるようになったのはつい最近のことです。つまりこれまでグリーンは,ラテンアメリカその他のスペイン語圏に比べ,英語圏における影響が小さかった,と言えます。

4. 抑圧とその後:全体主義体制下の精神分析

　精神分析は政治運動でも宗教でもありませんが,全体主義と必ず衝突する運命にあります。精神分析が発見しようと努めている人間の本質に関する真実は,抑圧的な体制が押し付けている独断的な見解としばしば矛盾を生じるようになります。自分たちという特別な人種の純潔性と優越性を強調する独裁者は,性,攻撃性,憎悪などについての全人類に共通した葛藤に関する知識や,投影,理想化,価値切り下げなどの機制に関する知識を弾圧したいと感じるでしょう。個人を恐れて不当に軽視し,理想化された集団主義を無理やり押し付けるような体制は,個人の自主性,自己発見,自己表現などを強調する行為を禁止したがるでしょう。精神分析の倫理は,プライバシー,守秘,他の人に対する率直さなどに関して厳しい態度を求めますが,精神分析においてある行動を指示したり非難したりすることはありません。そしてこれらはすべて,独裁者にとって危険なものとなります。

　宗教とは違って精神分析は,明文化された道徳律を持ってはいませんが,愛することと憎むこと,そして私たちの道徳性がどのように発達するかということに,根本的に関わっています。精神分析は,真実を追い求めてもいます。すなわち,真実がいかに嫌で不便なものであっても,自分と世界

訳注5) アルゼンチンの詩人,小説家,批評家(1899-1986)。

についての知識を探求していくのです。弾力性のある自己感は，愛情ある関係の内在化によって確立されると精神分析は示してきました。ここでいう愛情ある関係とは，その中で他の人が自分とは異なった個人であるという事実を認識し，その重みに耐えることが出来るようになる関係のことです。他の人をコントロールしたいという万能的な願望はこれに反しており，時には仕方がないとしても，このような願望を持つのは退行的であると精神分析家は見なしてきました。

　その短い歴史において精神分析は，しばしば全体主義と衝突してきました。そして他の学問分野と同様，ジレンマに直面してきました。全体主義体制下の精神分析は，本質的な主義や信条を後々のために残そうとすると同時に，その体制化で働きその制限を受け入れることによって，その体制に表面上適応すべきでしょうか？　それとも全く妥協することなく活動を一時停止するべきか，「地下に潜る」べきか，それともその両方を行うべきでしょうか？　ここでは最初に，ナチス・ドイツにおける状況について考えます。ドイツの精神分析家たちは，適応によって自分たちの学問分野を守ろうとしました。次に，ラテンアメリカの国々や，以前の「鉄のカーテン」内部の国々について見ていきます。これらの地域における精神分析は，抑圧的な権力が及ぶ範囲の外側において，何らかの形で生き延びようとしました。

1）精神分析と妥協：ナチス・ドイツ

　ドイツ精神分析協会の最初の本拠地であったベルリンは当初，創造性に満ちていました。分析協会には多くの独創的なドイツ人メンバー，たとえばカール・アブラハム，マックス・アイチンゴンなどと，才能にあふれた移民メンバー，たとえばバリント夫妻，フランツ・アレキサンダー，メラニー・クライン，テオドール・ライク，オットー・フェニヘルなどが所属していました。ドイツ精神分析協会は，低料金の一般向けクリニックときちんと組織された訓練プログラムを持っており，高い評価を受けていました。ナチスによる1933年の政権獲得はドイツ精神分析協会に衝撃を与え，そこからの回復には何十年もかかりました。期せずしてとても破壊的な結果につながってしまったのは，オランダ，ハンガリー，ポーランドなどの

ように禁止されたり地下に潜ったりする代わりに，改変された形の精神分析が国家によって正式に認可され，国家社会主義にとって価値のある道具とさえ認識されてしまったためでした。

1933年以降ドイツ精神分析協会は包囲され，存続の危機に立たされました。ナチスの機関紙の中で精神分析は，冒瀆的でドイツ精神にとって破壊的であるとして攻撃にさらされるようになりました。精神分析は，ユダヤ人マルクス主義者による汚らわしい考えであるなどと記述され，道徳的な堕落や淫らな行為を勧めていると誤って報道されました。1933年ベルリンにおいて公衆の面前で燃やされた多数の本の中には，フロイトの著作も含まれていました。分析学会を解散して分析家それぞれがこっそりと診療を続けるか，組織としての協会を危険にさらすものすべてを段階的になくしていくか，分析協会は選択を迫られました。

当初は国際精神分析協会とフロイト自身の賛同も得て，協会そのものと精神分析を存続させるため，ドイツ精神分析協会は後者の方法を取りました。最初の頃はユダヤ人の役員が交代せざるを得なくなり，その後ユダヤ人の会員すべてが脱退するしかない状況となっていきました。すべてではありませんでしたが，ほとんどのユダヤ人会員が海外へと逃れました。マックス・アイチンゴンがイスラエルに移民した後新しくリーダーとなったフェリックス・ベームとカール・ミュラー-ブラウンシュベイクは，精神分析が脅威にはならないと政府に納得させようと努力しました。実際のところ，精神分析は自我が本能を制御できるようになる方向へと働くため，善良な市民を生み出すのに役立つと主張さえしたのです。分析協会が教育を行うために必要な資格を得ようとする努力は，うまくいきませんでした。その代わり1936年にドイツ精神分析協会は，医師であったM・H・ゲーリング（ゲーリング陸軍元帥[訳注6]の従兄弟）の指導下に新しく設立された，心理学的研究および精神（心理）療法協会に加わりました。この新しい組織は，すぐにゲーリング協会として有名になりました。この協会の目的は，「新しいドイツの精神（心理）療法」を発展させることでした。そしてこの精神（心理）療法は，「社会的生物学的に価値のある患者」に対して行われ，

訳注6）ゲーリング陸軍元帥とはヘルマン・ウィルヘルム・ゲーリング（1893-1946）のことで，ナチスの主要な指導者の一人であった。

ドイツ人として共有する偉大な運命の一部としての，有意義で価値ある人生を実現するために役立つものとされました。

　ナチスは精神分析に対して，とても両価的な態度を取っていました。すなわち精神分析を名指しで批判する一方，神経症によって失われる戦争遂行のための時間とエネルギーを減らすために，精神分析は有効で有望な武器になるとも認識しているようでした。精神分析は「深層心理学」という別の名前を与えられ，性に関する曖昧な用語すべてを取り去られました。ゲーリング協会に属する精神分析家たちは，（性的なところがなく神秘的であったその理想のために，当時ナチスを引き付けていた）ユング派，アドラー派，そしてさまざまな折衷的精神（心理）療法学派の訓練と，自分たちの訓練とを混ぜ合わせるように強制されました。協会の共通講義には，遺伝と人種に関する教育が含まれていました。この教育を主導したのが，ゲーリング協会の会長でナチスの主要な安楽死政策[訳注7]における重要人物でもあった，精神科医のヘルベルト・リンデンでした。ナチスの安楽死政策は，治療できない患者を精神科施設から排除するのを目的としていました。

　1985年ハンブルグでの展示のため収集された資料（Brecht et al., 1985）によると，分析家たちの誠意にもかかわらず，これらの条件下で精神分析はしだいに変質してしまいました。多くの精神分析家たちは，「新しいドイツ精神（心理）療法」をひそかに軽蔑しながら，本来の精神分析的探求の精神を静かに持ち続けようと努力しました（Chrzanowski, 1985）。しかし，妥協しなければならなかった程度を考えると，このやり方が最終的にうまくいったとみなすのは困難です。というよりむしろ恐ろしいのは，主要な精神分析家の幾人かが，国家社会主義的な理想をしだいに受け入れる方向に動いていたと，いくつかの資料に示されていた点です。反ファシストの地下運動に加わり，勇気を持ってナチスに反対したドイツ人分析家もいました。エディス・ジェイコブソンは1935年に逮捕され，1年後刑務所の外で医学的治療を受けている間に脱出し，アメリカ合衆国で有益な業績を上げ続けました。ゲーリング協会の診療所長であったジョン・リット

訳注7）　ナチス政権下のドイツにおいて組織的に行われた，精神障害者などをひそかに安楽死させてしまおうとする政策。

マイスターは，1943年の地下抵抗運動に参加したため処刑されました。自分たちの身に危険が及ぶのを恐れた他の精神分析家たちは，この二人との関係を否定しました。リットマイスター最後の精神分析に関する著作は，独房にあった紙袋の上に，メモの形で走り書きされています。そこには，神秘的幻想的な理想が与えるまやかしの魅力と，他者を真に分離しているものと認知できる，現実に基づいた成熟についての記述がなされています。

戦後国際精神分析学会は，以前のドイツ精神分析協会（Deutsche Psychoanalytische Gesellschaft: DPG）を，再び支部として受け入れるのを躊躇しました。議論になったのは特にナチス支配下の12年間に生じた折衷主義へ向かう傾向と，新分析学派と自称するシュルツ‐ヘンケ派の突出についてでした（実際この学派は，基本的な精神分析概念のほとんどを省いていました）。しかし折衷主義への心配は，ドイツ精神分析協会がナチスに従ったことに対する心配という，より深部に存在していた感情を覆い隠すものでした。ドイツ以外の精神分析家たちは，とても苦しんだドイツ人の同僚を暖かく迎えたいとも思っていたため，この後者の心配を表現するのがより困難になっていたのです。

1951年にドイツ精神分析協会（DPG）の一部から新しいグループが形成され，国際精神分析学会のジレンマはとうとう解決されました。このグループは，ドイツ精神分析学会（Deutsch Psychoanalytische Verenigung: DPG）と称し，国際的に受け入れられる精神分析基準への復帰を約束しました。この戦略は当面の問題を解決し，いくつかの点において重要な修復の作業となるように見えました（Eickhoff, 1995）。しかし同時のこの戦略は，「国際的に劣った基準」という嫌なものと同様に，ファシズムと関連した邪悪なものや罪悪感などについても，それらと自分たちとの関係を否定してドイツ精神分析協会（DPG）という古い組織に投影するという経路を，ドイツ精神分析学会（DPV）のメンバーに対して与えてしまいました。

建設的な形で過去に直面することにつながりはするものの困難でもあった論点を，教師や両親に対して提起し始めたのは主に1960－1970年代の戦後第二世代であり，これはドイツの社会全体においても同様でした。これによって喪の作業の開始が可能となり，妨げられていた創造性も開放され

ました（Ehlers and Crick, 1994）。世界中の精神分析コミュニティが受けた苦痛の徹底操作にも，時間を要しました。たとえば，1981年にベルリンで国際会議を開催したいというドイツの提案は，激しく拒絶されました。その後会議は改めて1985年に開催されましたが，場所は精神分析内部のユダヤ人コミュニティにとって苦痛な思い出がほとんどないハンブルグになりました。

　ドイツ精神分析学会（DPV）は小集団であり，戦後は組織を拡大し発言力を増やそうと奮闘していました。そのためこれらの葛藤や外傷について考えるにはあまりにも負担が大きく，しばしばあいまいになってしまう傾向がありましたが，その結果自由で独創的な分析的思考は妨げられていました。しかしその後数十年にわたってドイツ精神分析学会は，定期的なスーパービジョンや討論グループを運営するためにやって来てくれる海外の同僚たちの行為によって，実際面と精神面の両方において大きな援助を受けました。英国の分析家たち——初期にはたとえば，ウィリー・ホファー，マイケル・バリント，ハーバート・ローゼンフェルドなど——は特にこのような形で援助を行い，現在もその伝統は続いています。今ではドイツ国内の多くの都市に，活発な精神分析インスティテュートが存在しています。

2）抵抗する立場に立った精神分析：アルゼンチン

　ラテンアメリカの国々はヨーロッパからの文化や思想を渇望していたため，20世紀の初頭アメリカと同様熱狂的に精神分析を取り入れました。初期の影響はたとえば，ブエノスアイレス大学の文学・哲学部などのような大学を通して生じました。そして第一次世界大戦後精神分析は，精神医学と強く結びつきました。そのためたとえばアルゼンチンにおいては，非医師による精神分析の正式な認知をめぐる戦いが長く続きました。ラテンアメリカの国々は，世界中の精神分析において例外なく生じた職権をめぐる初期の騒乱と分裂も経験しました（Tylim, 1996）。

　ラテンアメリカの精神分析は，常に過激な政治運動と結びついてきました。たとえばアルゼンチン精神分析学会の主要創立メンバーには，スペイン内戦[訳注8]に関与したヨーロッパからの移民，アニヘル・ガルマとマリエ・ランヘルが含まれていました。この反権威主義は，ラカンの業績に人

気が集まった理由にもなっていました。なぜならばラカンは，（少なくとも表面的には）自由と前衛を表象しているように見えるからです。

　スペイン語・ポルトガル語圏であるラテンアメリカの国々は，フランスと同様言葉の壁のために長期にわたって独自の発展を遂げ，独自の著作が膨大に生み出されました。フロイトの著作がスペイン語に翻訳されたのは，1923年でした。しかしラテンアメリカの国々が，「国際精神分析誌」の編集委員会に参加し，北アメリカ，ヨーロッパと交代で国際精神分析学会会長を出して2年ごとの国際会議を主催するという役割を担うようになったのは，ようやく1980年代に入ってからのことでした（これら国際組織の詳細については，第9章参照）。

　初期はこのように比較的孤立していたにも関わらずラテンアメリカの国々は，精神分析において国際的に卓越した人物を輩出してきました。たとえばチリ出身のイグナシオ・マテーブランコとオットー・カンバーグ，アルゼンチン出身のハインリッヒ・ラッカーとホレイショ・エチゴーエンなどです。ラテンアメリカの考え方には，何人かの英国人精神分析家，特にハンナ・スィーガル，ウィルフレッド・ビオン，ドナルド・メルツァーなどクライン派の伝統の中で働いていた人たちがとても大きな影響を与えてきました。

　1960年代から1980年代のアルゼンチン軍部独裁政権下における恐ろしくて騒然とした時代，そしてその後の不安的で無法な時代に，精神分析家がきちんと考え自分たちの境界線を保ち続けるのは，とても困難でした。すでに見てきたとおり独裁政権下においては，精神分析を圧制に協力させようとする圧力がかかるという問題が起こります。精神分析を，社会改革運動に変質させようとする圧力もかかります。どちらにせよこのような力が臨床態度に影響を与えてしまった場合，中立的な精神分析のスタンスを失う危険を分析家が犯してしまうことになります。つまり，分析家が弾圧者の側に立ってしまったり，逆に弾圧される人の側に立ってしまったりするのです。その結果患者は，自分の力で，自分本来の姿や自分の強さを見つけていく心の機会を奪われてしまいます。

　　訳注8）　1936年から1939年にかけて，スペイン国内で続いた内戦のこと。

アルゼンチンの精神分析家はナチス支配下のドイツとは異なり，抑圧的な体制に対して奉仕させられることはほとんどありませんでした。診療を禁止されもしませんでした。精神分析家は，民間の診療所や恵まれない人向けの病院外来部門で，診療を続けました。しかしアルゼンチンは，裁判所がもはや自然な正義感を反映しないような，最悪の被害妄想的な幻想が拷問や失踪などの形でありふれた現象となってしまうような世界になっていました。そしてあらゆる種類の精神保健専門職は，そこに軸足を置いて働ける比較的安定した合理的で予測可能な世界という，支えとなるような枠組みを持てなくなっていました。若手の精神科医であったＡ医師は，ある患者が迫害について怯えた様子で説明した時，それが精神病的な妄想なのか，現実についての正しい描写なのか区別できませんでした。至急病院長に会いたいと患者は求めていましたが，当時の病院長は軍事政権のメンバーの一人でした。この患者の要望に応じるのと拒否するのと，どちらが適切な行動だったのでしょうか？　どちらかの行動を取った場合，患者とＡ医師に一体何が起きたでしょうか？

　不道徳が日常生活の一部となっている時には，倫理的混乱が患者と分析家の心をいかに満たしてしまうかという点について，アルゼンチンの分析家ハニーネ・プヘットは論じています（Puget, 1992）。税関の役人を買収して役に立つ何かを密輸した，と勝ち誇った様子で報告したある患者について，プヘットは描写しています。分析家の逆転移として生じた衝動は，このありふれた行為を何もコメントせずに受け入れるというものでした。結局のところ，「皆が同じようなことをしている」訳ですから。しかし分析家は患者が最初向けてきた痛烈なあざけりに耐えつつ，この報告を権威に対する患者の関係の取り方について何かを伝えるものとして真剣に受け止めました。つまり現在の社会的風潮においてのみならず分析関係においても，患者が何かを「すり抜けている」ととらえたのです。その後分析におけるやり取りはとても豊かなものとなり，息子に対してはっきりとした価値観を示す困難さについて，患者は語ることができました。患者が分析家を攻撃したのとちょうど同じような馬鹿にしたやり方で，息子はいつも父親である患者を扱っていました。そして家庭内における政治議論は，恐ろしいタブーとなっていました。また，身を守るためそして権威を自分の

手に治めるために銃が欲しいという最近息子から出された要望によって，患者は窮地に陥っていました。

　軍事独裁政権の終焉に伴ってアルゼンチンの精神分析は繁栄し，国際精神分析学会の2年ごとの会議は一度，ブエノスアイレスで開催されました。より自由な政治情勢のおかげで，ラテンアメリカ，北アメリカ，ヨーロッパ相互の精神分析関連の文献や考え方の共有は，いっそう促進されてきています。

3）地下に潜った精神分析：チェコスロバキア

　ファシストによる抑圧からの解放に引き続いて，たとえばハンガリー，ポーランド，チェコスロバキアなどに存在していた多数の精神分析グループは，共産主義下の独裁体制に直面しました。そしてこの状況においても，探索と表現の自由は脅かされました。東ヨーロッパの精神分析運動はそれにもかかわらず力強さと粘り強さを示しましたが，その実例としてチェコの状況を描写します。精神分析に興味を持ったチェコ人による最初のグループは，フロイトとつながりをもっていたロシア人のオシポフ[訳注9)]を中心として，1920年代に形成されました。二番目のグループはチェコ人の精神科医ヤロスラブ・ストゥフリックを中心として，東スロバキアに生まれました。1935年まではユダヤ人移民によって，プラハ[訳注10)]のメンバーも増加しました。その中にはオットー・フェニヘルも含まれており，国際精神分析学会が1936年最初にプラハのグループを受け入れるのに当たり，彼の存在は役に立ちました。

　1939年ドイツによる占領のため，これらの活動は終焉を迎えました。何とか逃げ延びるのに成功した分析家もいましたが，ユダヤ人強制収容所で死亡した分析家もいました。生き残ったメンバーの一人，ボホダール・ドスズコブは，第二次世界大戦中地下に潜って精神分析の灯をともし続けました。終戦直後ドスズコブは，国際精神分析学会が正式に認めた研究グループを再建しましたが，それは1940年代後半，共産主義政権によって再び禁止されました。その後40年間チェコスロバキアの精神分析は秘密の存在で

訳注9)　ニコライ・オシポフはロシア出身の精神分析家であり，1921年プラハに移住した。
訳注10)　プラハは，現在のチェコ共和国の首都である。

あり続け，会議や候補生の訓練は個人の住居で行われました。1989年の事件[訳注11]のあと初めて，現在のチェコ共和国で，三番目の研究グループが設立可能となりました。そしてとうとう1999年にチェコのグループは，仮の精神分析協会として受け入れられました。現在は，国際精神分析学会（IPA）の正式な支部となるための道のりを，順調に進んでいます。

これらの時期にも働いていたチェコの精神分析家ミカエル・セベク（Sebek, 2001）は，「地下に潜った」精神分析の問題点を議論しています。話せる内容，そして考えられる内容についてさえ制限をかけられた社会において，患者は自由連想するという危険を，本当に冒すことが出来たのでしょうか？　それに加えて分析家は，患者の怒りを引き出す可能性のある解釈や直面化をするという危険を，本当に冒すことが出来たのでしょうか？

セッションを行うこと自体が非合法的活動であり，もし患者が通報したら分析家は投獄されるという危険を犯している状況において分析家は，患者が休んだセッションに対する支払いを強く求める[訳注12]ことができたのでしょうか？　患者の「独裁的な」部分が心地よく否認・投影されてしまい，分析家と患者は協力して国家に対決していると心地よくみなしてしまうような，ある種の共謀関係がいくらか生じるのは，避けられませんでした。ここでもやはり，分析場面の自由さと深さの一部が弱められているのです。

結　論

この章では，いくつかの異なった社会的政治的文化において，精神分析がどのように発展してきたかを描写しました。そして精神分析における発見という作業が，どれほど容易にうまくいかなくなってしまうかという点を見てきました。精神分析は，優勢な既成権力組織の目標と提携しすぎてしまったり，患者と共謀しすぎてしまったり，抑圧的な国家と同一視され

訳注11）1989年チェコスロバキアの共産主義政権が崩壊し，連邦共和国が誕生した事件のこと。ビロード革命と呼ばれている。

訳注12）精神分析家と患者との合意によって一度精神分析が開始された後には，患者の都合によってキャンセルされたセッションについては理由のいかんに関わらず，その料金も請求されるのが一般的である。

すぎてしまったりするかもしれません。しかし同時に，残っていくのが著しく困難であった状況においてさえ，精神分析事業が生き延び，発展し，常に新しくあり続けるために，精神分析の基礎となっている考え方の力と真正さが，どれほど役に立ってきたかという点を知ることもできました。

第5章　精神分析に対する批判

　本能的・非合理的であいまいなものを扱いますので，精神分析は本来，何かを壊したり衝撃を与えたりする性質をもっています。精神分析家は異議を唱える人に対し，「その人が単に防衛的になっているだけだ」と独りよがりに退けるべきではありませんが，もし精神分析が全く批判されていないのであれば，精神分析がその生命を失ってしまっていると私たちは考えるでしょう。また精神分析家は，受け入れられるために妥協や順応をしすぎるべきではありません。たとえば1950年代から1960年代，アメリカ精神医学の主流において自我心理学は保守派の旗印として繁栄しましたが，おそらくこの現象そのものが必然的に，修正主義者として批判されるという事態を引き起こしたのでしょう（第4章参照）。現在英国で起きているように，精神分析とそれが意図せずに生み出してきた無数の異なった形のセラピーやカウンセリングとが，一般人の認識において混同されてしまうときにも問題が生じます。これは，精神分析がその成功そのものの犠牲になっているとも言えますが，これらのセラピーやカウンセリングの中には，きちんと整った訓練や倫理の基準をもっていないものもあります。この章では，精神分析理論や精神分析臨床に対する批判を取り扱います。この複雑な問題を公平に評価するのはほとんど不可能ですので，さらなる学習のために多くの参考文献が挙げてあります。

　自分や他人の心についていつも研究しているため，自分は心の専門家であると考える傾向を人はもっています。しかし物理学者のもつ専門技術を，一般人がこのように低く見てしまうことは決してないでしょう。フロイトの考え方が，しばしば舌触りの良いありふれた形で私たちの文化に浸透しているという点は諸刃の剣であり，フォレスター（Forrester, 1997）は，「フロイトについて書くという過程はいつも，読者を再教育するという過程にならざるを得ません。」（原書12ページ）と悲しげにコメントしていま

す。精神分析に対する批判は根拠に乏しいものが多く，精神分析は一般に，とてもゆがめられ誤って伝えられています。精神分析批判の多くに特徴的なのは，今から100年以上も前のフロイト，しかもしばしばそのもっとも初期の理論に焦点が当てられているという点です。まるで頑固な症状にこだわるかのように，理想化したり価値切り下げをしたりして皆がフロイトにこだわってしまう，とリア（Lear, 1998）は指摘しています。多数の活発で創造的なフロイト以降の思索家たちがあたかも生まれてこなかったかのように，歪められて時代遅れになった形の精神分析理論や技法が，メディアにおいて次々と誤って紹介され攻撃されるのを目の当たりにして，現役の精神分析家はしばしばため息をついています。

　精神分析に対する多くの批判を，この章では5つの大きなカテゴリーに分類します（治療の有効性という問題については，この章ではなく第6章で検討します。）。第一番目は，何かが真実であるという精神分析の主張は哲学的に反論できるというもので，精神分析が科学に含まれるか否かという点がしばしば焦点となります。二番目は，思索家フロイトの独創性に対する疑義です。つまり，精神分析は本当に新しくて重要なものであるか，という点です。さまざまな「文脈主義者」たちが，この点に疑いを挟もうとしてきました。三番目は，精神分析に対する政治的イデオロギー的な批判です。この中には，権力の不平等な配分が存在している治療関係という考え方そのものに対する非難も含まれています。精神分析というものを中心に形成されたさまざまな組織に対する反対もあります。また影響力のあるフェミニストによる精神分析批判のように，精神分析理論のある特定部分に対する反対もあります。四番目は，分析家や治療者が行った，無神経で侮辱的ですらあった治療を体験した患者が記述した批判です。五番目は，私たちが「あらゆる面に対する」批判と呼んできたものです。これは精神分析に対しあからさまな敵意を向けて攻撃するもので，最初はしばしば，フロイトの道徳的な誠実さに攻撃の矛先が向けられます。その後この個人攻撃は一般化され，精神分析のあらゆる側面，すなわち方法論，理論，治療面などが攻撃されるようになります。

1．精神分析の主張する真理や知識に対する批判：ポパー，チオッフィ，グリュンバウムその他

　心に関して精神分析が主張する内容の，真理値[訳注1]や説明する力については，いつも激しく議論されてきました。この背景として，フロイトの考えを直感的に受け入れられるかどうかはとても大きな個人差があるという点も関係していると，ガードナー（Gardner, 1995）は示唆しています。つまり，フロイトの考えがこじつけで相容れないと感じる人もいれば，自然に親しみを感じる人もいるということです。根本的な部分におけるこの直感の相違が，精神分析的思考を真面目に考慮すべきかどうかに関する理論的な議論を激しくしているのです。

　精神分析は自然科学の一部門であると，フロイトは主張しました。そしてこれは（現在でもそうですが）専門家としての尊敬を受けるための保証となるものでした。ここで直接問題になってくるのは，心理学という科学の一般的な性質です。その多くが本質的に観察不可能な無数の変数を伴ったオープン・システム[訳注2]を心理学では取り扱っています。そのためそのシステムにおいてある出来事相互の因果関係を確立するのは，非常な困難を伴うことになります。行動水準および神経科学水準の説明を除いて，人間の心理学は検証可能性に関する複雑な問題を呈します。少なくとも問題の一部は，精神分析家が研究の対象にしている素材の持つあいまいさであるにもかかわらず，物理学や科学をモデルとして用いる厳密な経験主義者は，精神分析家そのものがあいまいであると非難するかもしれません。したがって科学の定義を広く取らなければ，精神分析が非科学的であると非難するのは容易であり，何人かの科学哲学者はこれを行ってきました。

　精神分析は反証可能性がないため科学ではない，と特にカール・ポパー（Popper, 1969）とフランク・チオッフィ（Cioffi, 1970）は主張しています。精神分析は占星学や骨相学のような似非科学であり，それは故意に欠陥のある方法論を用いているからである，とまで二人は述べています。

　訳注1）論理学の用語で，ある命題の真偽のことを言う。
　訳注2）ここでは，人間の心理のこと。

一つの例は，精神分析が新しいデータを組み入れるとき，ある理論を放棄する代わりに，その理論に何かを付け足すという点です。そして精神分析家が自分たちの理論を検証するのは信頼できない，ともほのめかしています。つまり精神分析家にはバイアスがかかりすぎており，検証は偏りのない外部の観察者がしなければならない，ということです。

　コーズィン，フリーマンとフリーマン（Cosin, Freeman and Freeman, 1982）は，ポパーとチオッフィに対する詳細な批判の中で，科学知識がどのように発達していくかという点について二人は不思議な見方をしていると考察しています。すなわち推測に基づいて考えをどんどん積み重ねていく代わりに，自分の考えの誤りを指摘したりそれを解体したりするのにほとんどの時間を費やすべきだと科学者に対して期待するのは，例外なく非現実的で非生産的なことです。またポパーとチオッフィは，全体を支配する科学理論と，科学理論の構成要素となる仮説との区別をしていないという点も，彼らは示しています。精神分析は一元論的なものではなく，他の科学と同様，異なった水準においてその構成要素となる概念や仮説を伴った，複雑で変化する構造をもっています。これらの概念や仮説の多くは，その科学体系全体を無効にすることなく修正されることが可能であり，実際のところそうあらねばなりません。その理論が反証可能性において特に優れているとされる物理や化学においても，個々のデータにより良く当てはまったり，研究課題をよりよく生み出したりする代わりの理論が現れた場合のみ，古い理論を放棄するのです。

　ポパーの基準に従うと理論物理学さえも似非科学になってしまうと，ガードナー（Gardner, 1995）は指摘しています。というのも理論物理学は，一見うまく説明できないデータを調和させるための戦略を，常に見つけようとしているからです。精神分析の設定においてなされた発見は，その設定外で非分析家のみが信頼性をもって検証できると述べるのも意味をなしません。つまり結局は，理論物理学に対して同じ主張をすれば，おかしなことになってしまうからです。あらゆる科学は，その準拠枠と方法論においてのみ機能できますし，その検証はその分野の専門家自身が行います。他の分野に由来する考えは，補助的に支持，疑念，研究に対する刺激などを与えるだけです。また，理論とは無関係に事実が生じることも不可能で

す。周知のとおり，純粋な観察とは神話でしかありません。こう言った上でのことですが，抵抗，両価性，重複決定，反動形成などの現象はたしかに，分析家が「二股をかけたあいまいな捉え方をする」気にさせてしまう傾向を明らかにもっています。精神分析理論がこのように柔軟であるからこそ，それを適用するにあたって分析家は，並外れた訓練を受けなければならないのです。

　無意識の心的機能という概念は，科学批評家たちを怒らせるようです。本来的な性質として観察不可能なものを真に検証することなどできない，と批評家たちは言います。精神分析の側からすると，無意識的な信念や欲動という考え方は，夢，間違い，症状などの以前は説明できなかった現象を概念によって説明するために必要なのです。ホームズとリンドレイ (Holmes and Lindley, 1989) は，ガリレオの慣性の法則をニュートンが仮定したこととこれを比較しました。外部の力による作用を受けなければ，物体は直線状に動き続けます。この力はたとえ目に見えなくても，自明に存在していると仮定されています。そしてこの力を探求しなければならないのは，精神分析家が無意識的な動機によって生じた結果を観察し，無意識的な動機の正確な性質を探求しなければならないのと同じです。物理学において引力の性質はあいまいな部分が多いままですが，引力という概念は不可欠です。このような概念において最も重要なのは，妥当と思われる他の仮定や観察と組み合わせたとき，これらの概念が興味深いまたは有用な予測や説明をもたらすかどうかという点です。

　以下に，科学としての精神分析に反対する立場でなされた議論の実例をいくつか見ていきます。精神分析は心的世界のすべてを説明していると主張しているからこそ，本当は何も説明していないのだとポパー (Popper, 1969) は次のように申し立てています。「精神分析は物事をとてもあいまいに予測するため，ほとんどそれが外れることのない，その予測に反論しようがないという，典型的な占い師のインチキなのです。」(原書37ページ) ポパーはこのような主張を，自分自身が創作した実例という興味深い方法で以下のように裏付けています。「これは，二つのとても異なった人間行動の実例で示すことができます。一つは，溺れさせようとして子どもを水の中に押し込む男性の行動です。もう一つは，子どもを助けるために自分

の生命を犠牲にする男性の行動です。」アドラーは両者を，元通りの状況を取り戻すための自己主張としての行動と解釈するでしょうとポパーは書いています。これに対して「フロイトによれば，最初の男性は（たとえばエディプス・コンプレックスの一部の）抑圧に苦しんでおり，二番目の男性は昇華を成し遂げていることになる」のです (Popper, 1969)（原書35ページ）。どちらかと言うと奇妙な（フロイトやアドラーの記述したこととは全く関係のない）この実例においては，複雑な理論概念（昇華，エディプスコンプレックス）がその文脈から取り出され，表面的で空虚な専門用語として提示されてしまっていること，そしてこれらがフロイトの概念であるとされ，結果的にフロイトがばかげていると感じられるようにしていることを，コーズィン他 (Cosin et al., 1982) は指摘しています。ポパーとチオッフィは，このような根拠に乏しい議論をしばしば用いています。

　別の実例です。チオッフィは，精神分析がしばしば行う「二者択一における複数の説明」の有用性に対して，異論を唱えています。そしてフロイトの文献から異なった2箇所が引用され，次の様に並置されています。すなわち「もし父親が厳格，乱暴で残酷だとすると，超自我はこれらの属性を父親から受け継ぎます」と，「過度に寛大で甘やかす父親は，厳格な超自我の発達を助長します」です。チオッフィはこれを，「もし子どもがサディスティックな超自我を発達させているのならば，彼は厳しくて罰を与える父親を持っていたか，持っていなかったかのいずれかである」という形に圧縮して変形しました。そして，「子どもの性格と，子どもの超自我の厳格さとが無関係である場合に，まさにこのような所見が得られるでしょう」とコメントしています (Cioffi, 1970：原書484ページ)。このような形で，フロイトの説明は価値がないと結論付けられています。

　この議論については，いくつかの論点を指摘しなければなりません。まず，フロイトを注意深く読んで理解することなしに中間的な立場をすべて除外したチオッフィは，父親が*普通*に寛大または厳格である場合を無視してしまっています。精神分析家たちは確かに，極端に寛大すぎたり厳格すぎたりする育児は，厳しい超自我を生み出す一因となりうるのを見出してきましたが，これはおそらく「常識心理学」的視点（これについては後に議論します）から，多くの読者が直感的に納得できるものでしょう。臨床

場面においては，それぞれの超自我のもつ「雰囲気」が異なることになるようです。たとえば「寛大な両親」の場合，子どもの超自我はしばしば罪悪感を帯びているかもしれません。というのは，厳格な両親の子どもがもつと思われる不当に罰を受けたという感覚よりも，攻撃や非行を「うまくやりおおせた」という感覚を，患者がしばしばもっているからです。その上，それぞれのケースは唯一無二であり，厳格な（または寛大な）育児は，厳格な超自我の発達にとって，必要条件でも十分条件でもないのです。

　フロイトはしだいに，現代精神分析の考え方に到達しました。すなわち，特定の神経症的問題を生じる，特定のまたは一貫した決定因は存在しないという考え方です。ある人にとってある出来事がなぜ病因となったかを評価するにあたってフロイトは，その人にとってその出来事がもつ意味に関心を抱きました。とても不幸な子ども時代の状況は，多くの場合不幸な影響を与えるでしょうが，それがどのような影響であるかを正確に予測するのは不可能です。というのは，人生にはとても多くの変数があり，特に個人の生まれもった気質や，人がそれを通して環境と出会い解釈していく一連の幻想から成る信念などが存在しているからです。

　精神分析に関するこれらの事実を，チオッフィは根本的に誤解しています。「治ること」と，異常な性的出来事や子ども時代の衝動を想起することとの間には直接関係がないと示すために，彼はフロイトの著書を徹底的に調べました。それはあたかもこの点が，精神分析理論や治療の土台となっているかのようでした。コーズィン他（Cosin, 1982）は，ここでもフロイトの著作が曲解され，文脈から外れた形で使われているのを詳細に指摘し，いずれにせよチオッフィの努力は的外れであると示しました。ごく初期の著作（19世紀）を除いて，精神分析理論と臨床の本質を形作るのは，抑圧，抵抗，転移といった力動的な要素――チオッフィはこれを完全に無視していますが――であるとフロイトは強調しています。チオッフィが多大な精力を費やして破壊しようとしている単純な原因-結果モデルは，精神分析に属すると認められるものでは全くありません。心を，刺激と反応の間に存在する「ブラックボックス」とみなす時代遅れの行動主義モデルにも，同じことが言えるかもしれません。チオッフィとフロイトは，気づかずにすれ違ってしまっているようです。すなわちフロイトは，心の構造

や作用に関心をもっていました。それに対してチオッフィは,精神分析が生み出すと推定できるものにとらわれているのです。

アドルフ・グリュンバウム（Grünbaum, 1984）は,ポパーの論考が不完全でいい加減であるとして激しく批判し,ポパーとは反対に精神分析は科学的に評価できると主張しました。そして,フロイトを尊敬しているかのようにいろいろなやり方で装いつつ,フロイトは精神分析を科学的に評価するのに没頭していたとも主張しました。しかしながら精神分析はそれ自身の科学的検証に失敗し,妥当性に欠けるものとなってしまったと結論付けています。この結論を導くためにグリュンバウムは,フロイトの『精神分析入門』（1917a）中のある記述に依拠しています。この部分でフロイトは,洞察が単に暗示の結果かもしれないという議論に対して,以下のように反論しています。分析家の示唆は患者に対して,知的なレベルではいくらか影響を与えるかもしれません。しかし情緒的なレベル,および患者の病気という面に関しては「分析家から与えられた期待のもてるアイディアが,患者の中に本当に存在するものと一致した場合のみ,患者の葛藤がうまく解決され,抵抗が克服されるのです」とフロイトは述べています（Fred, 1917a）（原書452ページ）。

グリュンバウムは,この一文を用いてある仮説（いわゆる「一致論法」）をたて,精神分析全体がそれに準拠していると確信しました（そして彼は,フロイトもそのように確信していたという確信をもっていたようです）。すなわち,神経症は洞察を得ることによってのみ治癒し,精神分析のみが洞察,すなわち治療を提供できる。したがって治療のみが,精神分析理論の正しさを証明するというものです。そして精神分析は人々を確実に治癒させると証明できていないため,そして自然治癒を含むほかの方法でも治癒は起こりうるため,精神分析は誤っていることが立証されたと,グリュンバウムは推論していきました。

思想史家のポール・ロビンソン（Robinson, 1993）は,グリュンバウムがフロイトの記述のうちどちらかというと何気ない部分を選択し,「些細な説明から哲学的な大著を作り出している」（原著217ページ）と感じています。そして多くの人が,同様な感想を抱いています。フロイトをこのように詳しく研究したにも関わらず,グリュンバウムがこの点に関して狭

い視野しか持てていないという点に，ロビンソンは困惑しています。フロイトは治癒について，しばしば悲観論を表明していました。そして精神分析の考え方を支持するために，たとえば，夢，言い間違い，神話，冗談，詩など，臨床および非臨床領域の両方における治癒以外の証拠を多数用いていたのは明らかです。

ジム・ホプキンズ（Hopkins, 1988），リチャード・ウォルハイム（Wallheim, 1993），セバスチャン・ガードナー（Gardner, 1995）は3人とも哲学者ですが，グリュンバウム派の科学評論家達が見逃していた重要な議論を展開しました。それは，精神分析が「常識心理学」から生まれ，その上に築かれているという点です。「常識心理学」とは，私たち自身のもつ欲望，信念，感情，意図など，そして希望的観測や自己欺瞞などを，私たちが普通に説明するときのやり方のことです。症状，夢，言い間違いなど，これまでは不合理または不可解であった現象を説明することによって，そして常識心理学が準拠している背景となる心理的構造を描き出すことによって，精神分析は常識心理学をより広く深いものにするため貢献しています。常識心理学が科学的探索に適応するのは可能ですが，自然科学のような厳密な因果関係に適応するのは不可能です。ガードナーは，次のような例を挙げています。幼児が「ジュース！」訳注3）と言って容器に手を伸ばすとき，私たちは"この行為"と"ジュースを飲みたい願望"の因果関係を推測します。グリュンバウムの厳密な必要条件に従うと，【「ジュース！」という発声が，飲みたいという願望の印であること】と【飲みたいという願望が，容器に手を伸ばすという行為を引き起こしていること】を帰納的に証明するまでは，このような因果関係を推測できないことになりますが（Gardner, 1995訳注4）：原文108ページ），これはおかしなことでしょう。心理学における因果関係についての仮説は，暫定的で誤りやすいものにならざるを得ません。しかしだからといって，仮説を立ててはいけないということにはならない，とガードナーは指摘しています。

　自由連想法に対して，そして背後に存在する意味や原因を探求するため

訳注3）原文では，幼児が「Drink（飲み物）！」と言う行為と，「drinkしたい（飲みたい）」という願望の因果関係として記述している。
訳注4）原文は1984になっているが，著者に確認のうえ訂正した。

にフロイトがテーマによる結びつきを用いたこと全般に対して，グリュンバウムは強く反対しました。しかしホプキンズとウォルハイムは，この反対に含まれる論証の欠陥を明らかにしました。すなわち人間による日常的な理解の多くはこのような言語による結びつきに基づいており，フロイトは直感的論理的なやり方でこの方法を拡張し，自分の方法論としたのです。フロイトによれば，夢や言い間違いは連想という経路によって形成されますが，自由連想はその経路を逆にたどることによってそれを明らかにしていきます。グリュンバウムは，フロイトの思索のうちこの部分を全く理解していないようです。フロイトが考えた心の複雑な構造を，グリュンバウムは全体として正当に評価できていませんでした。代わりにチオッフィのように，子ども時代における症状の病因に関する議論という，精神分析にとって本質的には重要でない事柄に熱中しました。精神分析による発見を説明するためにグリュンバウムは暗示という概念を広く用い，患者は単に分析家が聞きたいことを言っているだけであると主張しましたが，ウォルハイムはこれにも異議を唱えています。グリュンバウムの考察においてこの暗示という過程がとても異様に強調されていること，また患者がとても無力でだまされやすいと仮定されていることを，ウォルハイムは指摘しました。そしてグリュンバウムに対して，なぜどのようにしてこれほど多くの暗示が生じるかについての，詳細で説得力のある適切な心理学的理論を提出するよう求めています。

　自己という概念は，自然に関する概念のような厳密さを達成することは決してできず，したがって精神分析は必然的に自然科学と人文科学の境界に存在するとロビンソンは示唆しています。彼は精神分析を，以下のようなダーウィン主義科学と比較しました。

　　（ダーウィン科学主義は）経験的かつ解釈的なものです。すなわち，隠された現実つまり自然淘汰の作用を明らかにするために，手がかり——たとえば滅亡した種の残存する化石——を解読して進歩していきます。無意識という隠された現実を明らかにするために，夢，言い間違い，神経症症状などの証拠を解読したフロイトは，まったく同じ方法で進んだといえます。実際のところ科学は連続体であり，精神分析はその中で，ダーウィン主義につながる名誉ある地位を占めてい

るのです（Robinson, 1993：原書262ページ）。

　科学としての地位に関する議論を完全に逃れる方法のひとつは，（フロイト自身の意見に反して）精神分析は，機序や原因よりももっともらしい意味や説明についての，解釈学という学問であると主張することです。しかしこの立場は，科学についてのポパーの狭い見方を暗黙のうちに受け入れており，主観に関する客観的な真実を発見するという目標を諦めることになる，とデヴィッド・ウィル（Will, 1986）は指摘しています。人文科学と自然科学とでは異なった探索技法が存在するべきであり，そのため*認識論的*な相違が生じるとウィルは指摘しています。しかしながら，人文科学と自然科学どちらの知識に対しても，真偽に関しては同じ検証が適応されるべきです。つまり*存在論的*な立場は同じなのです。したがって精神分析における仮説が真であるためには，それは現実の心的過程または心的出来事と一致しなければならないのです。解釈学的な立場は容易に相対主義へと陥ってしまい，精神分析は，ある人に対しその人自身の姿を明らかにして自己欺瞞を暴くという力を失うでしょう。たとえば，抵抗などの概念はすべて消滅します。自己欺瞞という概念，そしてついには真実と偽りという概念が消滅し始めます。最後には，人々がすでに知っているものごとに対してしか，精神分析はコメントできなくなるでしょう。

2．フロイトの業績と独創性に疑義を呈した批評家たち―いわゆる「文脈主義者たち」：ローゼン，エレンバーガー，サロウェイ

　アーネスト・ジョーンズ（Jones, 1953-57）による学術的なフロイトの伝記は，時に主人公を理想化していると言えるかもしれません。したがって，英雄を引きずりおろしたがるという現代の傾向から考えれば，この伝記に対してなされた数多くの挑戦は，それ程意外なことではないでしょう。ポール・ローゼン（Raozen, 1969, 1971）は，フロイトに対してジョーンズよりも批判的な見方をした伝記作家の一人ですが，フロイトの天分や独創性をひどく攻撃したりはしませんでした。これに対してアンリ・エレ

ンバーガーは，フロイトの業績をより過小評価する態度を取りました。「力動的精神医学」という長い伝統の後継者としてフロイトを描写する特定のやり方によって，エレンバーガーは陰に陽にフロイトの独創性を攻撃しました。アドラーやユングなどフロイトと同時代の人たちは，フロイトと同じかそれ以上に有名になる資格をもっていたのであり，単なる歴史のいたずらのためにフロイトほど偉大な人物としては記憶されていない，とエレンバーガーは示唆しました。三人目の伝記作家はフランク・サロウェイ (Sulloway, 1979) で，彼はもっとあからさまにフロイトに対して，「冷淡なほめ方をして，実際にはけなす」という態度を取りました。そして本当のところフロイトは心理学者ですら全くなく，一見創造的な思索のほとんどをフリースとダーウィンに負っている「口先だけの社会生物学者」であったという独創的な主張をしています。これらの批判者は皆，「文脈主義者」と言えます。なぜならば，フロイトの業績や独創性に疑義を差し挟むために，フロイトの人生や仕事という文脈，すなわち周囲にいた人々や周囲にあったアイディアなどを利用しているからです。

　何かの歴史を再構成する場合，細部に対してきちんとした反論がされたり，別の解釈が提案されたりするのは起こり得ることです。しかし時には，伝記に描かれている対象への理想化や敵意が目立つこともあり，サロウェイの伝記においては，フロイトに対する敵意がほとんどそのまま表れています。ローゼンに関しては，事情が異なっています。精神分析はとても新しい，そしてとても個人的な学問です。フロイトやそのごく親しい仲間たちを個人的に知り，愛し，あがめていた人たちの中には，20世紀の最後25年間というごく最近に亡くなった人もいます。したがって伝記を書くためのいかなる調査に対しても，その反応は複雑なものとなり，時には強烈なものとならざるを得ません。

　ローゼン (Rozen, 1971) は，フロイトの同僚，家族，友人，患者などの人たち，または別の形で初期の精神分析運動に関わっていた人たち100人以上に対するインタビューという素材を，主要な情報源の一つとして用いています。ある書評家 (Wolf, 1976) はイライラした様子で，「歴史的資料としてのインタビュー」と「噂話」の違いは，著者がある素材を学問的なやり方で扱っているかどうかによって決まると述べています。そして

ローゼンはフロイトに対して，意図的に敵意ある見方をしようとしている，と判断しています。ジョン・ゲドー（Gedo, 1976）も同じような意見をもっていましたが，同時にローゼンの著作には「真剣に注意を向けるべき一片の真実」があるとも認めています。ここで言う一片の真実とは，フロイトに対して従順な使徒のような関係を取りやすいという，精神分析運動のもつ不健全な傾向についてローゼンが示したという点です。

フロイトとヴィクトール・タウスクの悲劇的な関係についての物語をローゼンが提示したやり方（Roazen, 1977）について，クルト・アイスラー（Eissler, 1971）は激怒しました。その後ローゼン（Roazen, 1977）は，アイスラーの批判に対して熱心に反論しようとしています。すなわち，確かにローゼンはしばしばフロイトの問題や弱点に注意を向けましたが，ローゼンの著作においてフロイトは複雑で才気溢れる人物として描かれており，フロイトに対する攻撃は，全体から見ると精神分析の信憑性そのものを攻撃するために用いられてはいない，というものです。

過去2世紀にわたる力動心理学の発達をたどったエレンバーガーの業績は，その広範囲にわたる学識ゆえに広く尊敬を集めています（たとえばAbrams, 1974, Mahoney, 1974など）。その中心となる論題は，（エレンバーガーの意見では）同じくらいの才能と重要性をもった4人——ジャネ，フロイト，アドラー，ユング——が，歴史の中で何故これほど異なった評価を受けてきたのかという疑問でした。エレンバーガーは精神分析という方法論の斬新さを認めたものの，特に無意識が重要であるという発見など，フロイトによるものとされてきた業績の多くについて，そのオリジナリティという点から反論を加えました。「学派」の創設，すなわち「ギリシャ・ローマ時代の古い哲学学派を復活」したフロイトの斬新さに関してエレンバーガーはフロイトを賞賛していますが，これはいっそう良くも悪くも取れる賞賛です。

エレンバーガーは訓練分析を「入会儀式」，すなわちそれによって「ピタゴラス学派・ストア学派・エピクロス学派よりもゆるぎなく，弟子が組織に統合されること」「私生活や自分自身すべてを譲り渡すこと」にたとえています（Ellenberger, 1970: 原書550ページ）。エイブラムズ（Abrams, 1974）とマホーニー（Mahoney, 1974）はどちらも，歴史に

関するエレンバーガーの学識に感銘を受けましたが，精神分析の本質に関する彼の理解については，あまり感心しませんでした。そして手の届くところにあったアイディアという生の素材からフロイトが発展させたゲシュタルト[訳注5]またはパラダイム[訳注6]の非凡さを，瑣末的で断片的な文脈化を行ったエレンバーガーは理解できなかったと，二人は感じています。

　エレンバーガーとローゼンは，後に現れる根っからのフロイト批判者にとって重要な先駆者であったと，ロビンソン（Robinson, 1993）は述べています。そして，後のフロイト批判者の一人であるフランク・サロウェイについて詳細に記述しています。サロウェイは社会生物学者エドワード・O・ウィルソンと共同研究を行った科学史家ですが，ダーウィンからウィルソンへと到る進化論思想の伝統の中にフロイトを位置づけようと試みました。フロイトが心理学の思想家であると理解されてきたのは，根本的に誤りであったとサロウェイは論じました。そしてはっきりとした敵意をもって，「フロイト伝説」の評判を落とそうと試みました。サロウェイの主張は風変わりなものでしたが，他のフロイト批判者たちはそれを大いに利用してきました。フロイトの生物学的意見を隠して，彼が独創的な心理学者であったようなふりをしたのは，フロイト派組織の「すばらしい政治的戦略」であったというのが，この風変わりな主張の一部です。

「連想によって」フロイトをけなすこと，すなわちある種の思想家がフロイトに与えた影響を過大評価すること，そしてこのように他人を過小評価して自分の「生物学的な」主張にとって役立つものにしてしまうことが，サロウェイ自身の戦略であるとロビンソンは考えています。サロウェイの新解釈において鍵となる人物であるフリースは，フロイトに重要な知的影響を与えた人として描かれています。すなわち，歴史の記録においてはいつも，フロイトに対し感情面での影響しか与えていない，つまらない奇妙ですらある思想家として描かれているフリースは，大いに評価を回復しな

訳注5）もともとはドイツ語で，「形態，姿」の意味。構成要素それぞれの総和以上の意味をもった，全体構造のことを言う。

訳注6）アメリカの科学史家クーン（Thomas Kuhn, 1922‐1969）が提唱した概念。「一般に認められた科学的業績で，一時期の間，専門家に対して問い方や答え方のモデルを与えるもの」と定義されている。科学が進歩する過程では，既存のパラダイムが放棄され，新しいものに置き換わるという。

ければならない人として提示されています。サロウェイによるとフリースは、精神分析理論の隠された柱となっている、鍵となる進化論の考え方（たとえば、進化における鼻や両性性の重要さに関する考え方）をフロイトに提供したのです。

この点に関する証拠はぎこちなく説得力のないものであり、サロウェイはわずかな事実を自分の理論に当てはめるために、激しいこじ付けをしているとロビンソンは示しています。同時にサロウェイは、たとえば無意識そのもののように、精神分析の鍵となる心理学的側面をほとんど完全に無視しています。これはサロウェイの側に存在する強い反心理学バイアスを示しており、このためにたとえばエディプス・コンプレックスの重要性を見ることが出来なかったとロビンソンは感じています。エディプス・コンプレックスについてサロウェイは、ほとんどついでにという感じで、本質的には生物学に属する何かと「相補関係にある心理学的なもの」として述べています。

全体が部分の合計と同じであるかのように語る傾向については、エレンバーガーよりもサロウェイのほうがずっと強くもっています。すなわち、フロイトが同時代の進化論生物学者や性科学者などの影響を受けている以上、独創的ではありえないと言うのです。ここでもまた、すでに知られていることを新しい概念体系に組み立てたフロイトやダーウィンなど思想家の能力は正しく理解されていないようです。知の革命は何もないところでは起こりえず、トーマス・クーン（Thomas Kuhn, 1970）が示したとおりいつも豊かに準備されているという点を、ロビンソンは思い出させてくれます。

3. 精神分析に対する政治的イデオロギー的批判：ミレット、ティンパナロ、サース、ライクロフト

精神分析の理論と実践は、いろいろな見方をされてきました。いわく、解放してくれるもの、権力盲従主義で順応主義的なもの、社会において個人を表現する過激な方法、家父長的で女性差別主義的なもの、革命的なもの、反動的なもの、エリート主義的なものなどです。このような違いが生

じるのは，精神分析に対する捉え方が人によって違うからでもある，とスティーブン・フロッシュ（Stephen Frosh, 1999）は示唆しています。すなわち異なった方法で精神分析に接近すると，異なった社会的含意や政治的視点が生まれるのです。フロイトの著作に対する解釈が異なっていても，とても異なった結論に達するでしょう。たとえば，フロイトの業績が自分たちの理想にとって有害であると考えるフェミニストもいます。（たとえばMillett, 1970; Greer, 1971など）本質的にフロイトは仲間である，と考える人たちもいます（e.g.Mitchell, 1974; Chodorow, 1978）。理論や実践の内容そのものに対しては批判しないが，精神分析インスティテュートや精神分析協会が権威盲従的で反創造的であるとして，その政治問題を残念に思う批評家もいます。

　フェミニストによる精神分析批判は1960年代終わりから1970年代にかけて始まり，それは，女性が肉体面精神面において男性よりも劣っているというフロイトの描写に対する憎悪と反論という形を取りました。ここで言う女性の劣等性とは基本的に，女性特有の属性というよりもペニスの欠損によって規定されました。特に敵意をかきたてたのは，ペニス羨望という概念，そして女性は男性よりも劣っていると*感じている*という（フェミニストが受け入れて，そのように考えていくようになるかもしれない）考えではなく，異なった発達経路をとることになる生物として異なった生活史によって，女性は実際に異なった存在であるように運命付けられているという考え方を，フロイトが抱いていたためでした。実際に劣っている点とはたとえば，知性，倫理観，成熟した関係を作る能力などです。フェミニストの批評家たちは，ドラのような女性患者に対するフロイトの，時には高圧的な治療態度（Freud, 1905b）も問題にしました。

　これらすべてによって生じた怒りのために，フロイトによる著作の他の部分に存在する，急進的で女性および男性を解放する可能性を秘めたものの多くは，当初無視される傾向がありました。結局その当時の男性としてフロイトには限界があり，当時の男性の多くに比べれば，女性に対して尊敬と思いやりをもっていたのです。また精神分析も当初から女性を歓迎し，女性が独創的な貢献をするのが可能な数少ない職業のひとつでした。それに加えて，女性性についてフロイトとは異なったより説得力のある見解を

述べた他の精神分析家たち（たとえば，アーネスト・ジョーンズ，カーレン・ホーナイ，ヘレーネ・ドイチュ，メラニー・クラインなど）の著作を，初期のフェミニスト批評家はしばしば見逃していました。このように（父親に関するものに加え）女性，母親，赤ん坊に関する，新しくて興味深い考え方は無視されました。たとえばペニス羨望という概念は，母親の能力（いわゆる「母親のおっぱい」）に対する，そしてカップルとしての両親に対する羨望という考え方と並べてみると，それ程許せないものではなくなります。

　フェミニストが依拠してきた，女性の意識覚醒を目指す人道主義的な治療的接近に対する落胆のために，精神分析とその中に含まれる力強い道具としての概念──（たとえば）家父長制などの社会的規範がどのように内在化されるかを理解するための概念──に，再び頼るようになったというのが，フロッシュの意見です。フロッシュはこの点を，精神分析が一般的にもっている政治的な強さとみなしています。すなわち精神分析は，実社会の構造がどのように個人に入っていくかを分析できるのです。そして理解することによって，少なくとも変化の可能性が生じます。

　左派の思想家は，生物学的な本能や欲望を強調する精神分析理論に違和感をもつかもしれないと，フロッシュは議論しています。というのは，生物学的な本能や欲動を強調することが，人間の本質は変わらないという見方，したがって家父長制など社会における不平等は避けられないという見方を促進するかもしれないからです。マルクス主義者の批評家であるセバスチアーノ・ティンパナロ（Timpanaro, 1974）は精神分析を全面的に批判している訳ではありませんが，一節において次のように批判しています。「（精神分析は）ブルジョワの学説である……ブルジョワジーの階級的関心そのものによって決定された観念の限界を超えて見ることはできない。」（原書12ページ）ティンパナロの意見では，ブルジョワの家庭生活における人工物が，生物学的な要素であると誤って解釈されうるのです。しかしフェアバーンやコフートのように欲動を避けた理論は，イデオロギー上別の問題を生じるかもしれません。つまり母親からの提供を強調しすべての精神病理を環境による（本質的には母親による）失敗に帰することは，母親を理想化し，女性を容赦なく仕事場から家庭に引き戻してしまうかも

しれないのです。古典的な自我心理学も，社会に対する適応を強調することで政治的に妥協しており，それが順応主義を促進したかもしれないとフロッシュは見なしています。

　フロッシュとマイケル・ラスティン（Ruston, 1991）はどちらも，政治的な観点からポスト・クライニアンの概念構成の仕方に賛意を表明しています。つまり，コンテインメントというビオンの理論（13ページと79ページ参照）は，クライン理論に暗黙の形で含まれてはいたものの軽視されていた環境の動的な機能を回復し，個人と環境の間に弁証法的な出会いを生み出すことができるとフロッシュは感じたのです。より良い社会を求める気持ちを少なくとも可能性として残すための強力で楽観的な概念である「償い」を提供する一方で，反社会的で変化抵抗性をもった人間の攻撃性に対しても，このコンテインメントという概念は適切に注意を向けているとフロッシュとラスティンは見なしています。

　すべての不平等な治療関係は虐待につながるというジェフェリー・マッソン（Masson, 1989）の極端な意見については，後で議論します。国から提供されるあらゆる精神（心理）療法について，トーマス・サーズ（Szasz, 1969）は，似たような意見をもっています。すなわちそれが洗脳や国家による支配の手段となるのは不可避である，というものです。サーズによる「右派的自由意志論」の視点は，説得力に乏しく患者を全く子ども扱いしていると，ホームズとリンドレイ（Holmes and Lindley, 1989）は考えました。裕福な人が自費の精神（心理）療法を求めることにサーズは反対していないようですが，貧しい人には仕事とお金が，教育を受けていない人には知識と技能が必要なのであって，精神分析は不要であると議論しています。経済的政治的社会的自由を大いに享受している人たちにとってのみ，精神分析がもたらすような類の個人の自由は意味がある，というのがサーズの意見です。表面上興味深いこの反論は，一方で仕事とお金，他方で精神（心理）療法という誤った二分法に立脚していると，ホームズとリンドレイは力説しています。つまり個人は何故，両方を必要としてはいけないのでしょうか？　公的部門において精神（心理）療法家として働いている精神分析家たち[訳注7)]はしばしば，患者がより多く働く（そして稼ぐ！）だけでなく，あらゆる方向に自由に発展していくことに感銘を受け

ています。

　経済的に可能な比較的少数の人のみが受けられる精神分析はエリート主義である，というよくある批判は，質問の形で答えられるでしょう。つまり，ここ英国[訳注8]ではどうですか，と。北欧の国々では，国が提供する通常の精神科治療の一部として，頻度の高い精神分析的精神（心理）療法が含まれています。英国でもし，裕福な人だけが心臓バイパス手術を受けられて，それ以外の心臓発作に悩む人たちは表面的な痛み止めを与えられるだけだとしたら，世論からの激しい抗議が湧き上がっていたかもしれないと考えるのは，興味深い点です[訳注9]。また少なくとも英国においては，精神分析家はとても高収入の職業とは言えず，ほとんどの患者も豊かではないと言及しておく価値はあるかもしれません。患者たちは心理的生活の質の改善を求めるために，常にかなりの経済的利益を犠牲にしているのです。

　最後になりましたが，チャールズ・ライクロフト（Rycroft, 1985）などの異なった意見をもった精神分析家たちが，派閥主義になりやすい精神分析組織の傾向を批判し，組織の外で働く選択をしてきました。皮肉なことにしばしばこの問題は，新しい派閥という形で再現されるかもしれません。すなわち今度は，異なった意見をもった精神分析家自身の分析を受けたが，その分析家とは意見を異にした人たちのグループという形で。「良い精神分析協会などは存在しない」というフランソワ・ルースタン（Roustan, 1982）（原書34ページ）の挑発的なコメントはラカン派にとりわけ当てはまり，ラカン派は際立って狂信的でリーダー中心的であるとルースタンは考えました。しかしながらこれは，精神分析のように個人と感情

　訳注7）第9章で後述されるが，精神分析家とは，国際精神分析学会の支部である精神分析協会（たとえば英国精神分析協会，日本精神分析協会など）が認める資格である。しかし英国の医療システム（NHS）内で認められているのは，より少ない訓練で得られる精神（心理）療法家の資格のみである。そのため精神（心理）療法家の資格をもってNHSで働きつつ，精神分析家の資格ももっている臨床家は多数存在する。

　訳注8）英国の医療システム（NHS）は，基本的に無料である。したがって精神分析的精神（心理）療法も，ほとんどが週1回の頻度ではあるがNHSで提供される限り料金は一切発生しない。

　訳注9）心臓バイパス手術に関して英国のNHSでは，必要とするすべての人がそれを受けることができる。しかし精神（心理）療法に関してはほとんどが週1回であり，北欧のように頻度の高い精神（心理）療法を必要とする人がそれを受けられるわけではない，という違いについて述べていると考えられる。

に深く関係する学問分野を研究し実践する場合には，遭遇する可能性の高い困難であるといえるでしょう。

4．患者からの批判：サザーランド，サンズその他

マリー・カーディナル（Cardinal, 1975）などの患者は，人生を変化させた治療体験について好意的に書いています。誤解されたり虐待されたりしたと感じて，うまくいかなかった治療について記述している患者もいます。このような患者は常に自分の経験が典型であると仮定し，その治療者が採用していた治療モデルには根本的な欠陥があるという結論をひき出してきました。スチュワート・サザーランド（Sutherland, 1976）は，重い躁うつ病患者として本を書いています。彼はいくつかの異なった精神（心理）療法による治療を経験しましたが，どれもあまり助けになりませんでした。また，精神科病棟に何カ月もの間入院して，いろいろな薬物による治療も受けました。サザーランドはどうやら精神分析家だと自称していたらしい二人の人物から短い治療を受けましたが，その人たちの受けた訓練と所属は記述してありません。記述されている二人の行動はどちらかというと奇妙で，治療関係における境界にほとんど注意を払わず，乱暴な解釈をしています。また，重い躁うつ病を患った人に対する精神分析的な治療が，記述によればとても安易に不定期な形で行われているというのも不思議です。このような治療は，精神科の適切な支持がきちんと存在する状況で，経験をつんだ専門家が普通は行います。

サザーランドの「分析家」が，正式な訓練を受けたかどうかは不明です。しかし，ワイン・ゴッドレイ（Godley, 2001）が，英国の精神分析家マ

訳注10）マスド・カーン（Masud Khan）は，英国精神分析協会の訓練分析家であった。しかし専門家としての境界を守らなかったと判断され，1988年に英国精神分析協会のメンバー登録からはずされた。被分析者であったワイン・ゴッドレイ（Wynne Godley　男性の経済学者）によるとカーンは，個人情報をもらしたり，夫婦単位でのつきあいを求めたり，自分の女性患者をゴッドレイに紹介したりしたという。また，ゴッドレイをカーンに紹介した分析家と分析セッション中に電話で話したり，カーンの妻がゴッドレイの家を訪れたりもしたという。カーンに関しては，女性患者と肉体関係をもったり，女性候補生に対して性的ハラスメントを行ったりした疑いももたれている。Sandler, A—M and Godley,W. (2004) Institutional responses to boundary violations:The case of Masud Khan. International Journal of Psychoanalysis, 85:27-43.参照

スド・カーンから受けた体験は明らかに，上級メンバーによる専門家としての不法行為という事件でした[訳注10]。最終的にカーンは英国精神分析協会のメンバー登録からはずされましたが，これは彼の行為によって数人の被害者が出た後初めて行われました。これは精神分析家という職業にとって有益な経験となり，倫理面および臨床面における管理手順の向上（第9章参照）につながりました。

　アンナ・サンズ（Sands, 2000）は，対照的な二つの精神（心理）療法体験について，実感をこめて書いています。最初の治療者は自分の立場を「精神力動的」と自称しており，サンズは彼が厳格で鈍感だと感じています。サンズもこの低頻度の治療をしばしば「精神分析」と呼びますが，これは正確ではありません。そして彼女はこの男性治療者との苦痛な体験に基づいて，精神分析そのものに対して反対する結論を出しています。最初のそして次の治療者が，実際にどのような訓練を受けたかは記述してありません。最初の経験による傷つきを癒すための助けになったとサンズが感じた二番目の治療者は，暖かく鋭敏で友好的で，有益に自己開示したと描写されています。（異なったやり方の精神《心理》療法に関する議論は，第8章を参照。）社交的な態度を取らない治療スタンスは，うまく柔軟な形で用いなければ，そしてその時生じる可能性のある強い陰性転移に対してとても能動的で鋭敏な注意を払っていなければ，患者の中に傷つきや疎外感という著しく強烈で苦痛な感情を生み出してしまうという点を，サンズの本は全く的確に示しています。

5．あらゆる面に対する批判：ウェブスター，クルーズ，マッソンその他

　精神分析のあらゆる面に対して，広範で強烈な攻撃を仕掛ける批評家達がいます。そしてフロイトの研究方法論，治療に関する主張，考え方全体と同様に，その性格や誠実さについても疑いを挟んでいます。ポスト・フロイト派精神分析についても，限られた例外を除いて同じように扱っています。すなわち，過去と現在における精神分析という職業やその組織全体を，陰に陽に価値のないものとしてしまっているのです。

ここではこのように分類される批評家のうち，主に三人の議論についてのみ考察します。というのは他にもいくかの批評家（たとえばEysenck, Fish, Gellnerなど）がいますが，リチャード・ウェブスター，フレデリック・クルーズ，ジェフリー・マッソンの業績が，考慮すべき重要な問題を網羅していると考えられるためです。ウェブスターとクルーズは退職する前どちらも，それぞれ東アングリア大学とカリフォルニア大学バークレイ校の，英文学の教官でした。ウェブスターは緻密で長い「Why Freud was wrong（何故フロイトは間違っていたか）」(1995)を一人で執筆しましたが，ほとんどのフロイト批評家による仕事を大いに利用しています。クルーズは自分の意見を示すと同時に，他の批評家たちの仕事を集めて編集しています。彼は特徴的な皮肉っぽいやり方で，これらの仕事を紹介し関連付けています。「The Memory Wars（記憶に関する戦い）」(1997)は，クルーズが「The New York Review of Books[訳注11]」に書いた敵意に満ちた二本の記事に基づいており，その記事によって引き起こされた精神分析賛成派と反対派による生き生きとした投書によるやり取りが含まれています。「Unauthorised Freud（正式に認められていないフロイト）」(1998)は，フロイトと精神分析に対して程度の差こそあれ敵意をもつか批判的な著者20人を集めています。

　これらの批判はあらゆる面に関するものですが，著者それぞれにおいて中心となっているテーマまたは先入観は，大なり小なり常にはっきりしています。興味深いことに，精神分析についてクルーズが最も心配している点は，三人目の実例であるマッソンが心配している点の正反対です。すなわち二人とも，精神（心理）療法の過程で明らかになるひどい虐待，特に性的虐待の記憶について心配していますが，心配の仕方が異なっています。トロントで精神分析の訓練を受けた，サンスクリット語の研究者であったマッソンは，著しく幻滅して精神分析家の組織を離れました。『The Assault on Truth（真実への攻撃）』(1984)と『Against Therapy（反セラピー）』(1989)という自著の中で，臆病さとずるさのために初期の「誘惑理論」をフロイトは押さえ込んでしまったとマッソンは捉え，フロイトを

訳注11）書評，記事，エッセイ，投書などを載せた，隔週発行の雑誌。紙質などの外見は，日本の新聞に近い。

厳しく非難しています。この結果,虐待は空想であるとみなす精神（心理）療法家が,両親その他に子どもの頃ひどい虐待を受けてきた多数の成人の話を信じなくなり,その人たちは何十年にもわたって傷ついてきた,とマッソンは感じました。マッソンの言う「誘惑理論の放棄」のために,フロイトのすべての知的達成は無に帰してしまった,とマッソンは考えたのです。マッソンの本には,さまざまな「世話をする」専門家による,無力な成人や子どもに対する,生々しくて恐ろしい虐待の実例がとても多いという特徴があります。

　これに対してクルーズは,ヒステリー患者が両親からの虐待を受けたと示唆したことに対して,同様にフロイトを激しく非難しています。後にフロイトはこの考えを修正しましたが,すでに大きなダメージが与えられてしまったとクルーズは感じています。クルーズの意見では,当時のフェミニスト治療家集団（「記憶回復療法[訳注12]の治療家集団」）がフロイトによる初期の放棄された仮説に回帰したため,その治療を受けた騙されやすい患者に対し自分が親から虐待されたという考えを暗示によって植え付けてしまい,その結果多くの無実の両親が迫害されることになってしまったのです。精神分析ははっきりと非難されるべきであり,人が外傷的な出来事を抑圧したり解離したりできるという精神分析の考え方はとても疑わしいとクルーズは感じています。クルーズとマッソンはどちらも,精神分析の権威を完全に失墜させるのが自分の使命だと捉えていますが,一人は両親を守るため,一人は患者を守るためにこれを行っています。そしてクルーズは,次のように書いています。「精神分析理論の言い表しにくさそのものゆえに,読者は,自分の中に生じ,または復活した多くの強い感情に理由付けをするため,その理論の一部を繰り返し組み合わせるということが出来てしまう。したがって精神分析理論の徹底した批判によってのみ,『抑圧された』内容と称するものを暴こうという無謀な試みを防ぐのが可

訳注12）「記憶回復療法（Recovered memory therapy）」とは,幼児期の性的虐待による外傷の抑圧が現在の精神症状を生み出しているという前提に基づき,催眠などの技法によってその記憶を思い出させようとする治療法。フェミニスト運動の一部とも結びついて特にアメリカで盛んになり,その結果虐待した親に対する子どもの側からの訴訟が多発した。しかしこの治療法によって,実際にはなかった幼児期の虐待があったという誤った記憶を植えつけられている（「偽記憶症候群 False memory syndrome」）という批判が生まれ,この治療法,訴訟ともに下火となった。

能となるのです。」(Crews, 1998, 原書xiページ)

　マッソンがどれほど「道徳に基づく憤慨に満ちた言葉で書いているか，そして歴史に関する問いに対する議論が，いかにたやすくそしてしばしば個人的な見解や個人攻撃に置き換わってしまうか」ということを，ロビンソンは述べています (Robinson, 1993) (原書103ページ)。臆病にも仲間の圧力に屈してしまったフロイトというマッソンの描いた図式は，きわめて不自然で信じがたいとロビンソンは考えました。そして「誘惑理論の放棄」に関する記録による証拠を公正に調べ，この捉え方が単純化されすぎており，事実を誤って伝える神話になってしまっているのを示しました。これは確かにマッソンによるものですが，後期にはフロイト自身によっても行われていました。実際のところフロイトは，ヒステリーの疫学に関する見方をしだいに変化させました。しかし同時に，子どもへの性的虐待は心理的ダメージを与えるもので，初期に考えていたほど広範にではないがある程度は起きているのだと確信していました。フロイトが「誘惑」を信じなくなったのが，エディプス・コンプレックスに関する考えを発展させる必要条件であった訳でもありません。すなわち，今日の精神分析家が認識して臨床活動の前提としている，幻想と（時には外傷的な）現実との密接な相互関係をしだいに発見していくに伴って，子ども時代の性に関するフロイトの考えは，どんどん複雑になっていったのです。

　クルーズの「Memory Wars (記憶に関する戦い)」および外傷と記憶に関するフィリップ・モロンの学術的な著作 (Mollon, 1998) も対象として含んだ，ジョアン・スタブリィ (Stubley, 2000) による思慮深く公正な展望論文も，マッソンとロビンソンに対する有用な回答となります。記憶に関する議論においては，偽りの知識であると言える極端な視点や立場を取りたくなる誘惑を避けて，錯綜した不確実さやあいまいさに耐える必要があると，スタブリィは強調しています。

　ウェブスターが精神分析に反対する主な理由は，前二者程明確に述べられてはいません。しかし密度が高くて論証的な彼の著作を読むと，中心となる複雑な論点が浮かび上がってきます。ウェブスターの考えによると，フロイトの業績の大部分は独創ではありません。(ウェブスター自身の専門分野に属する) 作家や詩人といった人達の考えを自分のものであると主

張し，フロイト自身の理論に強引に当てはめただけなのです。「文学においてチラッと目にした『詩的な』洞察を，フロイトは自分の似非科学の中で繰り返し押しつぶしてしまったのです。」(Webster, 1995：原書xiiiページ) ウェブスターは書いています。フロイトは「恐れ知らずの逸脱者」と自己宣伝していますが，実は頑固な権威主義者で，自己を理想化するカリスマ的な人物であったと。そして精神分析は，宗教が力を失った時代にこっそりと現れた宗教であり，多くの知識人を騙すのに成功したのだと。知識人は本来「順応主義者」の傾向をもっており（原書9ページ），このように豊かなアイディアがフロイトのものであると考えることで自分自身の価値を下げてしまう傾向があると，ウェブスターは述べています。

　自分と同様にフロイトを批判する批評家のほとんどすべてに対してウェブスターは反対しており，フロイトのカリスマ性を本当に振り払って自由になっていないと評しています。たとえばマッソンに対しては，フロイトについて「堕落する前」という視点をもつ点が両価的であると，そしてグリュンバウムに対しては，基本的に精神分析を真面目に受け取ろうとしている点が両価的であると評しています。ウェブスターは自分が，現存する数少ない本当の「恐れ知らずの逸脱者」の一人だとほのめかしていますが，ウェブスターの本を注意深く評したクロッカットによれば，その主張は時に尊大になります（Crockatt, 1997）。フロイトは性に抑圧的な態度をとっており，人々を「清めよう」と試みたという珍しい意見を，ウェブスターはもっていました。そしてこの意見の根拠として，特定の一次資料を文脈から離れた紛らわしいやり方で彼が繰り返し使用しているのも，クロッカットは指摘しています。

　「批判的伝記」と呼ぶ部分でウェブスターは，フロイトの行動を説明するために，子ども時代について（それまでの伝記的研究では主張されていないような）珍しい見方も提示しています。つまりフロイトは，深い非安全感をもたらした有害な期待を両親からかけられた「条件付きで」愛された子どもであったと示唆したのです。そしてこの結果生じたフロイトの人格における欠陥を示していると感じられるエピソードを，ウェブスターは次々と並べ立てたのです。具体的にそれは，（ウェブスターの意見では，偽の診断分類である）ヒステリーに関するシャルコーの考え方への興味，

コカインの擁護，フリースに対する「のぼせあがり」，証拠は無いがあったとされているフロイトの患者をいじめる態度，そして自分の娘に対する分析などです。これは，文脈の中で議論して理解していこうという学術的伝記作家として通常のやり方ではなく，容赦なく否定的な形で提示されています。

　他人の豊かさを盗み取り善良で悪意のない多数の人々を隷属させてしまう，鈍感で堕落した人物というテーマが，ウェブスターの本ではしばしば繰り返し現れます。そしていろいろな場面でウェブスターは，支配者フロイトのコントロールを逃れ，重要で独創的な貢献をしたある種の「反抗的な」フロイトの仲間（たとえば，フロム，ホーナイ，エリクソン，コフートなど）に対し，肯定的に語っています。ウェブスターの熱烈な調子や反論し続ける態度を見ると，このテーマが彼個人にとってどんな重要性があるのだろうか，と思わざるを得ません。無意識的動機，投影，理想化，否認，両価性などの精神分析概念を，ウェブスターは批評の中で自由に用いています。そしてこれらの概念は常に文学に属してきたと主張し，反論を前もって封じています。以上のように意見を述べていますが，これらの概念を攻撃したり，これらの概念は自分の分野のものであると主張したりとぎこちなく揺れ動くウェブスターの態度は，複雑で両価的な感情の存在を示唆します。

　これらの「あらゆる面に対する批判」においては，偶像破壊的な生き生きとした調子が特に目立ちます。クルーズは，次のように書いています「フロイトは心の深淵にパイプを通したのでしょうか？……それとも心に関するわれわれの概念を，取り付け不良のパイプという迷路で閉塞させ，彼自身のおかしな空想という排出物を，医学領域および文化領域に還流させただけなのでしょうか？」(Crews, 1998)（原書xxiiページ）「……無意識についてのわれらが偉大な探偵は，最初から無能だったのです──ピーター・セラーズの，へまをしがちなクルーゾー警部と同じくらい本当に鈍かったのです。」(Crews, 1998, 原書xページ)「果てしなく気まぐれで自己顕示的なフロイト。」そして最後には，次のように書いています。「プロメテウス[訳注13]」のように創造的なフロイトの自己分析について以下の部分では無視しますが，これはコカインに浮かされて熱狂したフロイトが，自

分の見た一連の矛盾する夢と幻覚に対して過剰に解釈を加えたものに過ぎませんでした。」(Crews, 1998)（原書7ページ）ウェブスターからの実例です。「フロイトは，実体のある知的発見を何もしませんでした。彼は西洋文明における最大の愚行のひとつに数えられるべき，複雑な似非科学の創造者でした。」(Webster, 1995)（原書438ページ）「排出物」というクルーズのテーマは，アーネスト・ゲルナーの著作にも現れています。ゲルナーも「あらゆる面に対する」批評家であり，クルーズの本（Crews, 1998)に一章を寄稿しています。自由連想への誘いは「心の肛門括約筋を緩めること」への誘いであり，「ひどく汚れた下着をつけている日に服を脱ぐ」様なものではないかと，ゲルナーは不安をもっています。このような言説は，無意識的な身体的幻想というフロイト派の考え方が心的に真実であるという点を，骨の折れる知的な議論を行うよりもずっと容易にはっきりと明らかにしてくれているのかもしれません。

　これらのあらゆる面に対する批判を行う著者たちは，陰に陽に多くの精神分析概念を受け入れているのが分かります。実際のところ，それらの概念を自由に使って精神分析を攻撃しているのです。クルーズは，無意識の精神機能という考え方について「異論の余地がない」(Crews, 1998：原書xxiiiページ）と言及し，「投影，同一化，否認などの『防衛機制』が，心の産物に影響を与えるという提案は，容易に却下できない」と同意しています。ウェブスターは，気のない褒め方によってフロイトをけなしていますが，「どちらかというと行き当たりばったりのやり方ではありますが，彼（フロイト）の業績には，人の性質に関する真の洞察が多数あります。」と認識しています（Webster, 1995：原書12ページ）。マッソンも元精神分析家として，多くの考え方そのものに対しては，異論をもってはいません。

　しかし三人の著者は皆，安心して精神分析家に心を委ねられないという点を心配してもいます。無力な患者に及ぼす分析家の力，特に分析場面での示唆が洗脳になってしまう危険性を，とても懸念しているのです。分析治療は，一種の新人採用過程と支配であると，クルーズは示唆しています。

　訳注13) 土人形に生命を与え人類を創造したとされる，ギリシャ神話に登場する神。

患者は依存させられ，批判的な判断力を取り払われ，最後には精神分析に対する熱烈な確信にあふれて，エリート集団に受け入れられます。「あらゆる表現を文字通りとるべきか，それとも願望または空想に対するあれやこれやの無意識的防衛によって形作られた妥協形成と取るべきか」を，精神分析家はどうやって知ることが出来るのか，クルーズは疑問に思っています（Crews, 1998：原書xxvページ）。これはまるで，一人の人間が直感によって別の人を理解するのは絶望的だと言っているかのようです。クルーズの意見では，重複決定という概念が特に危険です。と言うのもこの概念のおかげで解釈を行う精神分析家は，患者の提供した素材を自分のソーセージ製造機でより自由にすりつぶす，すなわち「無計画に選んだ調で，短いフレーズを演奏する」ことができるようになるからです（同書：xxvページ）。自由連想は，自分の理論に当てはまるよう，分析家がどのようにでも使える「万能札」なのです。

　分析にやってくる前に多くの患者が，このような心配を訴えるのを分析家はよく耳にします。結局のところ患者は，権力と責任という点から見れば，本質的にとても不均衡な関係に入るよう求められるわけですから。しかしながら，誤ったあるいはあいまいな解釈によって引き起こされた，何の効果ももたらさないような生気のなさを経験したことのある分析家や患者は，暗示の危険性が実際的というよりも理論的なものでしかないとほぼ確信できるでしょう。また，これらの批判が表明している心配の程度から考えると，権力と知識が不均衡な場合に良性で実現可能な人間関係がいったい存在しうるのか，と思えてくるかもしれません。このような悲観論は，保育や医療など多くの専門家との関係，そして多くの非専門家との関係，特に両親と子どもという基本的な関係を妨げるでしょう。ヒンシェルウッド（Hinshelwood, 1997）は，このテーマを詳しく研究しました。そして精神分析が当初促進するかのように見える「不平等」そのものを，いかに変えようとしていくかを示しました。すなわち患者は，自分ではなく他の人に属するとしてきた自己の一部を取り戻すことによって，最後には新たな独立を達成するのです。

　もし精神分析的な研究や治療技法に欠陥があるのならば，その代わりに何を用いるべきでしょうか？　クルーズは，何もない方が良いと示唆して

います。ある種の心理社会的ダーウィン主義が最終的にすべての思考する人間を解放し，精神分析のような新興宗教儀式に置き換わっていくというウェブスターの本の後の章は，より希望があります。マッソンは，「精神（心理）療法という考えそのものが誤っている」(Masson, 1989：原書24ページ) と捉えています。その本質から言って正式な精神（心理）療法は，虐待や搾取につながってしまうため，最も役に立ちそうなのは犠牲者同士によるリーダーのいない自助グループであると考えたのです。「われわれに必要なのは，もっと親切な友人と，より少人数の専門家なのです。」(同書：30ページ) ここには，絶望（すべての「平等でない」人間関係は，うまくいかない運命にある）と理想主義的な無邪気さ（犠牲者は「良い人たち」であり，お互いに誤解したり虐待したり搾取したりはしない）の，奇妙な混在が示されています。おそらく最も重要なのは，そうすることによって私たちは，無意識，転移，抵抗などの概念をなくしてしまうことになり，それらすべてをもう一度発見しなおさなければならないという点です。

結 論

フェルサム (Feltham, 1999) が指摘しているとおり，精神分析家を含むすべての精神（心理）療法家は，批評家に対して敬意をもって接し，何かを学ぶ心構えをもっていなければなりません。しかしながら，フロイトや精神分析に向けられる批判には少し変わった点が存在しているようで，それを現象として理解しようとするのは意味があると考えられます。何故精神分析は20世紀最後の数十年間に，このような栄光からの没落を経験したのでしょうか？ ずっと心の奥底に抱いていた自分自身に関する信念を侮辱するものの代表として，フロイトはいつも捉えられます。しかし精神分析家が独りよがりに，あらゆる批判を「抵抗」のせいにするのは，明らかに不適切です。フロイトに対する初期の理想化からの反動が重要な要素であるという点は，一般に合意されています。たとえば当時の男性らしく，時には女嫌いで権力主義だったらしいなどの欠陥を英雄フロイトがもっていたと分かるや否や，中傷者はフロイトという獲物を仕留めにかかったのです。

（フロイト自身は決してそうではありませんでしたが）過度に熱心な初期の信奉者たちは精神分析が万能薬であると願い，そのように吹聴してきました。しかし精神分析はそのような万能薬でないと判明し，私たちの期待を裏切ってきました。これに関連していますが，脳科学や気分を変える薬剤における最近の進歩は，人間に幸福をもたらす新しい万能薬への期待を高めています。脳に対する現代科学技術の限界が妨げになっているだけなので，もはや心にこだわる必要はないと感じている人もいます。

　精神分析に対する1980年代の甚だしく敵意にあふれた態度は，より深いレベルから見ると，フロイトが支持したモダニズム的な心の捉え方への反抗と，実証主義による確実さへの回帰の両方を表象していると，ロビンソンは仮定しています。そしてフロイトに対する反対者の多くに共通する「保守的な雰囲気」と，1980年代の保守的な政治との間における「興味深い共振」にも，ロビンソンは気づいています。同様にリアも，現代のわれわれの文化は「人生の複雑さ，深さ，暗さを無視したがっている」という類似した感想をもっています（Lear, 1998：原書27ページ）。精神分析による接近の代わりに，認知行動療法が熱烈に歓迎されている最近の状況はおそらく，同じような文化潮流の存在を証明していると思われます。

第6章　精神分析と研究

　研究とは，事実を確立したり新しい結論に到達したりするために，系統的批判的に探索することです。精神分析という方法は，それ自体が心を探索するための研究道具です。この道具を用いた研究によって，精神分析*理論*の大部分は生み出されてきています。また精神分析という方法は*治療*でもあり，もっとも重要な発見は，精神分析の内部で独自の方法論によってなされています。しかしながら全体像を明らかにするためには，精神分析という方法論とそれが生み出す理論を，外部の視点から見ることも必要です。そのためには，（たとえば行動学，認知心理学，発達心理学，神経生物学，遺伝学などの）関連する学問分野が役立つ場合もあります。治療としての精神分析を，実証的に調べることも重要です。このような研究は，**帰結**と**過程**の両方に関係するでしょう。すなわち，治療としての精神分析には効力があるか否か，そしてもしそうであれば，なぜどのように効力があるのかを詳細に調べることが必要なのです。

　この章ではまず，研究としての精神分析そのものについて述べます。次に，精神分析家が精神分析理論や実践を研究するために使える，いくつかの実証的な道具について議論します。それから，隣接する領域を含む，学際的な研究を見ていきます。最後に，精神分析治療の帰結に関する研究の実現可能性という疑問を提示し，長期間にわたる複雑な治療法に対して，一般の帰結研究における方法論を適用しようとする挑戦について見ていきます。

1．臨床研究としての精神分析

　精神分析という方法そのものの性質に由来しますが，臨床場面における分析家の観察——たとえば，洞察が患者にある種の安堵感をもたらす——

そのものが，無意識に対する研究を構成しています。外からの「雑音」を減らすため注意深くコントロールされた環境の中で，分析家の訓練された心を使って患者の内的世界は探索されます。分析家の理解は常にかりそめのものであり，いつでも変化または深化可能です。解釈は仮説であり，患者の即座の反応やその後分析に表れることによってテストされなければなりません。関与しながらの観察者として分析家は，患者に対する自分の反応について客観的であろうと努め，その関係に参加する一方で観察するという心的態度を維持しようと努めます。理論は考えるための枠組みとして必要ですが，観察をゆがめるという影響を与えるべきではありません。

　もちろんこれらは，期待される理想像です。精神分析家は人間であり，個人分析やスーパービジョンを通して克服しようと最大限に努力しても，先入観や盲点が残ります。これはすなわち，分析家の心という研究のための道具が不完全であるのは避けられない，という意味です。しかしながらこの道具を向上させる過程——「修正」し「有効なものにする」過程と言っても良いですが——を，良い分析家は常に維持しようとしています。

　患者には見ることのできない多くの点を，分析家は観察できます。しかし分析家も治療者－患者関係のある面については見ることができず，時により深い観察という手助けが必要となります。そこで，スーパービジョンや仲間内でのグループ討論などが行われます。このため分析家は，他の臨床家に提示するため言語的非言語的に何が起きたかという**経過記録**を，自分の記憶に基づいて出来る限り詳細につけます。

　理論または技法，あるいはその両方のさまざまな側面を発達させる目的で，治療中のある種の患者たちについて議論するため，治療者のグループが定期的に会合をもつという形で臨床研究が行われる場合もあります。この結果ある一人の患者における発見が，他の患者にも一般化できると判明するかもしれません。このような研究を行うにあたってはもちろん，精神分析やそれに関する領域の文献を読む必要があります。すべての精神分析家または精神分析家のグループは，並存する精神分析理論や概念化についても知っておく必要があり，自分たちになじみのある理解の仕方のみに固執するべきではありません。

　外科医や音楽家と同様精神分析家は日々その技能を向上させており，こ

の技能は世代間で伝達されています。したがって臨床家の日常業務にとってもっとも役立つのは，技法を扱ったりある心理的問題への詳細な理解を扱ったりする「技法に関する」種類の文献です。この種の文献を勉強したり研究したりするために役立つものとして最近，相互に参照している精神分析に関する巨大なデータベース，精神分析関連電子出版（Psychoanalytic Electric Publishing）（PEP）CD-ROM（2001）が出版されました。

しかしながら「技法に関する」論文には，いくつか問題があります。臨床的な理論構成は常に演繹的ではなく帰納的であると，フォナギー他（Fonagy et al., 1999）は指摘しています。現存する理論の構成概念を用いて，自分が患者と行っている作業にうまく当てはまるようなパターンを見つけ出そうというのが，臨床家のとる戦略です。この結果，それぞれの考え方が置き換わらずに重なり合ったままの，断片的な精神分析理論が蓄積されていきます。私たちはある程度，曖昧で境界のはっきりしない理論に耐える必要があります。しかし現在では，精神分析概念がより明確に作動できるよう精神分析家が目指していく必要性もあるのです。

2．概念に関する研究

精神分析の概念は，臨床所見，すなわち一連の症例研究をまとめた結果仮定される一般原理から導き出されています。理論は，一群の概念が集まって構成されています。理論およびそこに含まれる概念が発展するためには，専門用語の発展が常に必要です。精神分析という分野が発達するに伴って，そこで用いられる概念に付随した困難の一つは，用語が同じであるにもかかわらず，その概念の意味が変わっているかもしれない，という点でした。理論が発展すれば，ある一つの概念の正確な意味に関して，精神分析家の間でも不一致が生じているかもしれません。そして何かの概念が注意深く明確に定義されていなければ，それが異なったふうに理解されているという事実がすぐに明らかにならないという事態が時に生じるかもしれません。精神分析における概念に関する研究は，概念とその定義，そして理論が構築された臨床上の証拠に対する系統的で詳細な検討をとおして，理論を発展させようとします。個人のバイアスを忌避するために，概念に関するこ

のような研究はしばしば，一緒に働いている同僚のグループによって行われます。

　ハムステッド児童治療クリニックで，アンナ・フロイトとドロシー・バーリンガムが始めた「ハムステッド指標プロジェクト」は，概念に関するこのような作業グループの重要な例です。それぞれの臨床家は，防衛機制，超自我，対象関係などの概念区分に従って，終結症例の1週ごとの記録すべてに指標をつけるよう求められました。この結果それぞれの症例に対して，概念とその概念を例証すると考えられた，その症例から得られた臨床場面での実例を含むような1組の指標カードが作られました。指標付けを手助けするための，定義を含んだマニュアルも作られました。その結果，定義そのものについて，またはある与えられた臨床素材をどのような概念で理解すべきかについて，同意するのは容易でないとすぐに判明しました。この経験が，個々の症例から得られた臨床場面での証拠に関連したさまざまな概念を，研究し洗練していった一連の研究グループを生み出しました。この作業によって，プロジェクト長であったジョセフ・サンドラーとその同僚たちは，精神分析理論にとって意義のある進歩をもたらした多数の重要な論文を発表しました（Sandler, 1987参照）。

　このように同僚たちと作業する中でサンドラー（Sandler, 1983）は，次のような点に気づきました。すなわち精神分析家は時々，それぞれが矛盾するさまざまな理論，または部分的な理論を自分の中にもっており，しかもこの事実にしばしば気づいていないのです。このような暗黙で融通性のある理論は好ましくないどころか，しばしば分析家の臨床指針として役立ちうること，そして探索的で刺激的なグループ討論によって，分析家が理論に対する確信をより深められるよう援助すると，臨床と概念の両面における発展に結びつくことを，サンドラーは示唆しました。このアイディアはたとえば，サンドラーが客員教授を勤めたフランクフルトのジークムント・フロイト協会における，外傷に関する概念の研究プロジェクトの方法論として用いられました（Sandler et al., 1991）。

3．臨床場面以外における精神分析概念の評価

　精神分析の構成概念を，つまらないものにしたり過度に単純化したりせずに，面接室の外でそれに対する実証研究を行うのは不可能だ，と確信している精神分析家がいます（e.g. Green, 2000）。しかしこのために，精神分析を専門としないある種の学者（たとえばグリュウンバウム：第8章参照）は，精神分析概念が検証不能で，真理値はほとんどないのではないかという疑念を抱いてきました。精神分析の概念や臨床場面における現象は，面接室の外において再現可能なやり方で測定し評価することができるのでしょうか？　たとえば私たちは，精神分析家を満足させるほど洗練されてはいるが，精神分析家以外の評価者が使用できるほど安定性のある，心的機能の評価尺度をデザインできるのでしょうか？

　最近は幾人かの精神分析の研究者たちが，この問題に取り組んでいます。ロンドンのモーズレイ病院で働いていたホブソン他（Hobson et al., 1998）は，30項目からなる**個人の関係性プロフィール**を開発しました。この尺度は，どのように対人関係をもつかという，精神分析家にとって関心のあるとても複雑な現象を捉える目的で作成されました。この尺度を検討する過程でホブソンらは，二種類の患者グループに対する精神力動的診断面接のビデオを，研究素材として用いました。一つ目のグループは，当時標準的なアメリカの精神疾患分類であったDSM－Ⅲを用いて，**境界性パーソナリティ障害**と診断された患者たちでした。この状態は，極端な気分変動，自己破壊的な行動，乏しい自己感，対人関係の持ち方の障害を特徴とします。二つ目のグループは，うつ病の軽いものである**気分変調性障害**と診断された，より病理の浅い患者たちでした。ホブソンらは，診断を知らない精神分析的精神（心理）療法家の評価者がビデオテープを見て，話の内容と面接場面で実際に観察される患者のやり方という両方の形で示される，対人関係の持ち方を評価するよう求めました。

　これら二つのグループが評価結果に基づいて，再現可能な形で鑑別できるだろうという仮説は，確かめられました。しかもこれらの評価結果は，二つのはっきりとしたグループに分かれました。そして妄想分裂ポジショ

ンと抑うつポジションという，2種類の心の状態および関係の持ち方に関するクライン理論の分類に基づいて（2章参照），二つのグループは区別されたのです。境界性パーソナリティ障害の患者は前者の得点が高く，後者の得点が低くなりました。そして気分変調性障害の患者は，その逆になりました。妄想分裂ポジションを示す評価項目は，「万能的で，他人がいる必要がないという感覚」「強烈で黒か白かだけの，たとえばすばらしいか全くひどいかだけのやり取り」などでした。抑うつポジションを示す評価項目は，「両価性に対する能力，すなわち参加者が関係の複雑さに取り組んでいる」「純粋で適切な参加者間の思いやり」などでした。このように，全く異なった文脈，そして主観的描写と客観的描写という正反対の極から発展したにもかかわらず，精神分析における参照枠の一つと精神医学における参照枠の一つは，有意な相関があると示されたのです。

　コロラドのデンバー大学では，ジョナサン・シェドラーとドルー・ウェステンをリーダーとするグループが，類似した研究をより広範に行いました。そしてシェドラーの論文（Shedler, 2000）で議論され，シェドラー－ウェステン評価手順（SWAP－200）として知られる評価手技を発展させました。個人の関係性プロフィールと同様SWAP－200は，研究に役立つデータを提供できるのと同時に，性格や病理に関する豊かで複雑な精神分析の構成概念を捉えることができます。SWAPは，さまざまな精神分析理論に基づいてはいるものの，その理論に関連した専門用語を使わずに患者を描写している，200の文章を含んでいます。各項目は何年にもわたって改良され，ある患者に関して重要な心理的問題と考えられる点すべてをSWAPが捉えていると臨床家が確信するまで続けられました。200の文章それぞれが評価される患者をどれほどうまく描写しているかを，評価者は判定しなければなりません。その患者をよく知っている臨床家であれば，患者にどれだけうまく当てはまっているかいないかという点に基づいて，これらの文章を8つのカテゴリーに分けるのが可能でしょう。

　この評価手段は，Q分類法[訳注1]に基づいています。Q分類法は評価者に点数よりも順番をつけるよう求めますので，精神症状を評価する上で大きな利点となります。そしてSWAPを発展させてそれを用いること自体が，価値ある訓練となります。というのは，それを使うことで精神分析家は，

より正確な観察を行うようになるからです。SWAPの用途は幅広く、精神分析的臨床診断の評価者間信頼性を検討するためにも用いられました。精神分析的診断に何らかの意味があるとすれば、ある一人の患者について、複数の熟練した臨床家は同じように記述し診断すると期待できるでしょう。これは、ある一枚のX線写真について、複数の熟練した放射線科医が同じような解釈をすると期待できるのと同様です。SWAPを用いた精神分析家間の評価者間信頼性係数は確かにとても高かったと、シェドラーとウェステン（Shedler and Westen, 1998）は示しました。そしてそれは、標準的な精神科診断手段を用いた報告の典型的な評価者間信頼性係数よりも高値でした。精神分析の構成概念は信頼性をもって評価できないという、それまで研究者間に広く共有されていた意見が誤りであると、この研究は示したのです。

精神分析療法の帰結を研究する際に、患者の変化を測定するのにふさわしい精巧な手段としても、SWAPを用いることが可能です（160ページ参照）。SWAPはある患者を、その人にしか当てはまらない形で記述できます。（数学に詳しい人であれば、SWAPの200項目を並べ替えるやり方は、200の階乗通りもあると分かるでしょう）そして同時に、より正確で複雑なパーソナリティ障害の分類を可能にします。この分類は、DSMという標準的なアメリカ精神医学における分類法（APA, 1994）の、将来の版に含まれていく可能性があります。

4．学際的な接近

神経生物学、実験心理学、認知神経科学、発達心理学などの心の科学と、主観性を客観的に研究する精神分析の間には、伝統的に興味深い「断層線」（Whittle, 2001）が存在してきました。精神分析が、感情、思考や心的

訳注1）Q分類法（Q-sort method）とは、英国の物理学者・心理学者William Stephensonが量的研究と質的研究を結びつけるため、1953年に創案した研究技法である「Q研究法（Q methodology）」の基礎となっている手段。具体的には、一定数のカードそれぞれにある事柄（たとえば自分の性格、ある人に対する評価など）に関する肯定的な文章から否定的な文章までが記述されており、そのカードを最も良く当てはまるものからもっとも当てはまらないものまで、グループ分けしていくという方法である。

内容の理解に関係しているのに対し、断層線の反対側にある研究法は、いわば感情や思考を生み出す機械装置に関係しています。心の研究には、二つの文化が存在しがちでした。フォナギー（Fonagy, 2000）は、次のように述べています。「この二つはお互いにそれ程対立しているわけではありませんが、広い共同住宅内の近所同士のように、長年の間お互いの名前も知らずすれ違うのに慣れきってしまったのです。」

1）母親と赤ん坊に関する視点：行動学と発達心理学

　精神分析的発達理論の見解を検証するためには、それを親と赤ん坊に対する実験的な研究における発見と比較するというのが一つの方法です。初期の精神分析理論において赤ん坊は、心が未成熟で自分の考えに閉じこもっており、主に快感だけを求めているとみなされていました。そして外界との交流は徐々に、必要に迫られていやいや行うと考えられていました。しかし現代発達心理学の発見によると、赤ん坊は最初から驚くべき程豊かに知覚し、学び、表象する能力を備えており、他の人に対する密接で特別な関係を求めているのです（たとえばStern, 1985；Gergely, 1992参照）。このような発見は、現代精神分析の**対象関係理論**と、ずっとよく一致します。これは精神分析的研究から独自に発展した理論で、現在世界の精神分析家たちのほとんどすべては、何らかの形でそれを受け入れています。

　親子関係が重要であるということと、障害が世代を超えてどのように伝達されるかということを、精神分析は発見しました。親と赤ん坊に対する研究は、これらの点を支持する、実験に基づいた証拠をどんどん生み出しています。これらの研究のうちいくつかは、**アタッチメント理論**の領域で行われました。この理論は行動学研究から強い影響を受けており、ジョン・ボウルビィの研究が元になっています。メアリー・エインズワースが考案したストレンジ場面法という重要な実験では、1歳の赤ん坊とその母親（あるいは時に父親）の関係を観察します。短い観察時間の間に、母親（あるいは父親）と見知らぬ人が、一定のやり方で実験室に入り出て行きます。母親（あるいは父親）との分離と再開、見知らぬ人との遭遇に対する赤ん坊の反応は記録され、この反応をアタッチメントにおける4つの大きなカテゴリーに分類できるとわかりました。これらのカテゴリーは、

「安定型」「回避型」「両価型」「バラバラ型」と呼ばれています。

　幼少期のこのパターンによって，後の心理・社会・認知的適応に関する多くの側面を予測できるのが判明しました。同じことを精神分析は，重要な他者の内的表象または内的対象関係が，このような側面を調節していると表現するでしょう。重要なのは，赤ん坊が自分の苦痛を緩和してくれる母親からの援助に，うまく頼れるかどうかという点です。そうする代わりに赤ん坊が，苦痛に対処するため防衛的な戦略に頼らなければならない場合，赤ん坊は表面的に苦痛を感じていないように見える（回避型）か，そうでなければ母親と再会しても泣き止むことが出来ないでしょう。

　その後メアリー・メインの研究グループが，ストレンジ場面法における行動の測定から，それに関連した主観的体験の測定への移行を主導しました。メインの研究グループは，成人アタッチメント面接（Adult Attachment Interview：AAI）を考案しました。この面接において被験者は，幼少期の対人関係や経験を描写して評価するよう求められます。面接記録は過去に関する内容ではなく，その人が過去を思い出してじっくり考えるときの話し方に基づいて，訓練を受けた評価者が点数化します。そしてこの結果は，アタッチメントに関連した心の状態という観点から，4つのカテゴリーに分類されます（安定／自律型，軽視／分離型，没頭／錯綜型，未解決／無秩序型）。

　フォナギーら（Fonagy et al., 1993）は，最初の子どもが生まれる数カ月前の両親の集団に成人アタッチメント面接を施行しました。そして両親自身のアタッチメント・カテゴリーによって，その後に生まれた子どものストレンジ場面法におけるアタッチメント・パターンが予測できるのを発見しました。この研究は，不安定さや防衛的な戦略といったある種のパターンが，両親から子どもに伝達されるのを示しています。自分自身や他人の心についてじっくりと考える能力（FonagyとTargetはこの能力に対して1996年，「熟慮する自己機能」という用語を当てました）は，強烈な感情の取り扱いを自分で管理するために，また子どもを育てるために不可欠です。赤ん坊の心の状態について熟慮し，その考え方に慣れそれを解読するため母親または主養育者には，子どもや自分自身に関する「心の理論」をもつ能力が必要です。成人アタッチメント面接の語られた内容を再検討し

たフォナギーのチームは,「熟慮する自己機能」をもつ能力という観点から, この内容が点数化できるのを発見しました。すなわち熟慮する自己能力の高さは, 両親自身そしてそれを伝達された子どもの両方におけるしっかりとしたアタッチメントと, 強く相関しているのです。

アタッチメント研究におけるこの発見は, 精神分析分野での二つの臨床研究と結びついています。そしてこれらの臨床研究を, 重要な形で補足しています。一つ目の臨床研究は, ピーター・フォナギーが行ったある純粋な精神分析的研究です。彼は, 実験心理学者であり精神分析家でもあるという特異な存在です。精神分析家としてフォナギーは, 境界性パーソナリティ障害 (Borderline Personality Disorder：BPD, 145ページ参照) をもった患者群を研究しました (Fonagy, 1991)。フォナギーの患者たちは子ども時代, 両親からひどく虐待されたり放置されたりしていました。そして彼らの「心の理論」機能は, 障害されていました。両親が自分に対し残酷で敵意に満ちた感情や衝動をもっていたということを「知らないでおく」ために, 防衛として患者たちは, 他人の心に関する知識を制限したのだとフォナギーは示唆しました。

二つ目の臨床研究はブリトン (Britton, 1989) が行い,「上述したような, 自分や他人について熟慮する能力の欠如」と「子どもを心の中にとめておくことのできる, 協力する両親カップルという内的概念または作業モデルの欠損」との結びつきを示しました。暖かい三者関係の一部としての自分を思い描けないためこれらの患者は, 内的な「三角空間」を欠いていると考えられます。そのため彼らとの分析作業は, 困難で荒れたものに成り得ます。そして自分や他人について「第三のポジション」からじっくりと考える能力は, ひどく障害されています。すなわち, 思考過程そのものに根本的欠陥が存在していると考えられるのです。このようにフォナギー, ブリトン, そしてアタッチメント理論家たちの業績は, 精神分析内部と外部の見方をつなぎ, 精神分析における研究と実験心理学における研究を結びつけるものとみなせるのです。

これらの障害された人たちは, 精神分析の用語でしばしば, 母親による十分な**コンテインメント**が欠けていたと表現されます。すなわち赤ん坊や子ども時代に自分の苦痛な状態を母親に伝えられず, 慰めと意味付けを与

えるという形で母親に反応してもらえなかったのです。これらの患者が母親からの病的な投影にさらされていたという状況も、しばしばありえることです。赤ん坊が正しく機能する心を形成し、自分自身の心的状態に意味を与え調整することが出来るようになるためには、両親によるこの種の情緒的交流と反応が必要であると、とりわけビオン（Bion, 1967）とウィニコット（Winnicott, 1960）は精神分析臨床を通して直感しました。これらの洞察はずっと最近になって、ガーグリーとワトソン（Gergely and Watson, 1996）が実験的に実証しました。二人は自分たちのモデルを、バイオフィードバックとして馴染み深いメカニズムと結びつけることによって、コンテインメントという過程がいかに機能するかを発達心理学の観点から詳細に検討しました。

2）神経生物学からの視点

最近は、発達精神分析学と神経生物学という世界の間で、いくつかのつながりが作り出されてきています。2000年には、この分野における指導者の一人マーク・ソルムズが、「神経精神分析」という新しい雑誌を創刊しました。カプラン－ソルムズとソルムズ（Kaplan‐Solms and Solms, 2000）は、脳卒中または脳腫瘍に由来する局所的な脳損傷に引き続く感情障害をもつ数例の患者を、精神分析的に探索しました。そして神経学領域と心理学領域は、一方が他方に還元できるというよりも、お互いに補完しあう形で現実の異なった側面を表象していると示しました。心的機能を生理学的に相関するものに還元しようとする試みは、詩をその構成物である一つひとつの文字に還元しようとするようなものなのです（Solms, 1995）。

アラン・ショー（Allan Shore, 1994）は、神経生物学、発達神経化学、進化生物学、発達心理学、発達精神分析学などの領域を結びつけました。そして、子どもの人生最初の2年間という重要な時期における、普通に良い母親の情緒的反応性が、子どもの脳の「配線」を実際どのように決定していくかを示すために、さまざまな研究による発見を統合しました。親密で直接的な身体接触を繰り返すという形で、母親が赤ん坊の苦痛、興奮、喜び、怒りなどに調律して反応するに伴い、赤ん坊の脳ではホルモンや神経伝達物質が放出され、それが情動の調節に関連し、脳の右眼窩前頭皮質

に至るかそこから発する重要な神経回路の形成をしだいに促していきます。以前から精神分析がもっていた直感的知識——圧倒的な感情に対処するため，赤ん坊は最初母親に依存し，その後自分のためにこの機能を内在化する——は，化学的および解剖学的な意味で実際に存在していると，ショーは示したのです。

　前述したような異なった種類の不安定なアタッチメントをもたらす母親と赤ん坊の関係における問題が，神経化学的および解剖学的に仲介されているという点も，ショーは示しました。（単純に図式化された）二つの例を挙げます。10カ月の赤ん坊が行う喜びにあふれたコミュニケーションに対して生き生きと反応しない抑うつ的な母親は（これは「情緒的ミラリング」というコフートやウィニコットによる精神分析の考え方と関連していますが），赤ん坊の脳におけるエンドルフィンやドーパミンの産生を抑制し，ストレスホルモンであるコルチゾル産生の増加をもたらすでしょう。そして，眼窩前頭皮質を刺激する経路における神経細胞や接合の脱落が生じ，相補的な抑制性経路との釣り合いが取れなくなるでしょう。母親の抑うつはある意味，赤ん坊の脳に組み込まれることになるのです。

　二つ目の例は，赤ん坊の２年目前半の時期に見られます。この時期の正常な経過をたどる母親は知らず知らずのうちに，1歳児の興奮や歓喜を増幅して照らし返すのと同じような頻度で，活発によちよち歩きをする子どもの，いまや危険性や破壊性を秘めるようになった探索を禁止するようになります。承認せず禁止する顔に出会ったときの「恥じ入らせる」効果は，感情表現の抑制に関連した右大脳皮質における副交感神経抑制性経路の形成に役立つと，ショーは示しました。（精神分析の用語を用いると，これが超自我の形成に関連していると考えられるかもしれません。）そして，邪魔されて怒った赤ん坊と再び情緒によって結びつくことをとおし，慰めるという形でこの恥じ入らせる効果を修復するという母親の行為が，とても重要なのです。これが子どもに対して充分に行われない場合，母親との嫌な経験は和らげられず，やはり子どもの脳における化学的解剖学的不均衡をもたらします。このような状態における子どもは母親から目をそらしてしまい，怒りを適切に自己制御する能力をしばしば形成できなくなります。内的な母親表象が人を見下して恥じ入らせるような性質のものとなり，

それが子どもの後の対人関係に悪影響を与えるようになったためこのような状況が生じたと，精神分析家は考えるかもしれません。

　ショーは，母親と赤ん坊の関係がいかに脳の構造を決定するかを示す研究を集めました。これはおそらく，遺伝子発現の仕方に対する影響によってもたらされるのでしょう。そして早期の経験は発達上重要ですが，人はある程度の可塑性を保持しており，後の人生における親密な対人関係を通して変化する能力をもっています。精神（心理）療法そのものが，遺伝子の発現を変化させることを通して脳内の神経解剖学的変化をもたらしているかもしれないと，カンデル（Kandel, 1998）は最近，議論しています。

5．治療帰結に関する研究

　精神分析の**心に関する理論**が妥当であるかどうかは，精神分析的治療が有効かどうかという点とは直接の関連をもちません。すなわち治療の有効性に関する研究は，これまで議論してきた研究とは異なった領域に属しているのです。過程研究に対する動機は，精神分析内部から生じます。これに対して帰結研究は，「根拠に基づく医療（evidence-based medicine: EBM）」を求める公的な保険支払い基金や民間保険会社など，外部からの力によってより促進される傾向があります。残念ながらEBMが求められる背景には，患者に最良の治療を提供する願望と同じくらいの程度で，コストを制限して削減する必要性が存在している場合があるようです。

　1952年にハンス・アイゼンクは，いくつかの精神（心理）療法の大規模研究を展望し，治療の有効性は，自然寛解によって得られる有効性よりも高くはないと結論を出しました。この主張はその後の研究によって繰り返し反論され，アイゼンクのデータそのものが再検討された結果（McNeilly and Haward, 1991），彼の結論には根本的な欠陥があると示されました。すなわち彼のデータを正しく再解釈したところ，そこに含まれる短期療法は，統計的臨床的に有意な有効性を示したのです。しかしながら悪評は残り，アイゼンクの論文は結果的に，系統的な精神（心理）療法研究を活性化するきっかけとなったのです。

1) 無作為割付比較試験 (the randomized controlled trial: RCT)

　精神分析の帰結研究，すなわち治療後に患者が良くなったかどうかという点に関する研究には，いくつかの技術的問題があります。援助を求めるに至った問題は明確に同定されなければなりませんし，測定の方法を見つけなければなりません。測定は治療の前と後の両方に，そして変化が一時的なものではないと確かめるために，できれば長期間後のフォローアップとともに行われなければなりません。そして変化をもたらしたのは時間の経過や注意を向けられたことによる非特異的な効果などではなく，この治療そのものであることも確認されなければなりません。たとえば，心理的な問題をもって精神分析を受けた人たちのグループと，同じような問題をもって治療を受けなかったか行動療法や薬物療法を受けた人たちのグループを比較するところから始めると決めるのは可能でしょう。しかしながら異なった人が異なった治療法を選ぶ以上，意味のある比較が出来ているとはっきりいえるでしょうか？　治療期間が大きく異なっている可能性もありますので，治療法の特性以外の要因が作用しているとも考えられます。

　これらの問題点は，さまざまな研究手法によって解消することができます。類似した群を比較していると確信するためには，患者を**治療群**と対照群に，無作為に割り付けなければなりません。科学の世界において無作為割付比較試験は現在，帰結研究手段の「最も基準となる判断基準」と考えられています。新しい薬物は普通このように，古い薬物またはプラセボ（薬物に見えるように作られた，薬物活性のない物質）と比較してテストされます。無作為割付比較試験においては，研究に同意した患者のうち半数が，まったく無作為に治療Aに振り分けられ，半数が治療Bまたは無治療に振り分けられます。そしてそれぞれのグループで何人が改善したかを調べるため，全員を追跡します。結果が偶然によるものではなく統計的に有意であるかどうかを知るためには，十分な数の患者が必要です。グループ間で検出された違いが小さければ小さいほど，その違いが有意であると示すためには，より多くの患者が必要です。

　精神（心理）療法研究においては，これらの条件を満たすのが困難です。精神分析的精神（心理）療法のように，人間の相互関係による複雑な治療では，人間の相互関係における多数の変数が重要になってくるでしょう。

たとえば年齢，性別，問題のタイプと重症度，社会的サポートの度合い，勤務状態，社会経済的な区分などの変数に関して，二つのグループの構成は似通っているのでしょうか？　統計的に意味のある結果を得るためには，より多くの変数が含まれるほど，より多くの患者数が必要となります。そうでなければ，とても狭く限定された患者群を選択しなければなりません。たとえば，短期精神（心理）療法に関するある一連の研究においては，中等度のうつ病にかかった，中年の働いている専門職の男性たちが対象となりました（Shapiro and Firth, 1987）。しかし対象をこのように厳しく限定した場合，その結論が社会全体に当てはまるとは期待できないでしょう。そして，治療者という変数を考慮に入れるのはどうでしょうか？　治療者の受けた訓練やその経験の長さを，考慮に入れるべきでしょうか？　治療者のパーソナリティという変数さえも考えるべきでしょうか？

　無作為割付比較試験という研究法におけるもうひとつの大きな問題点は，無作為割付の必要性です。特に精神分析は，患者の協力を必要とする侵襲的で不安をもたらす治療法です。苦痛を取り除いてくれるものとしてこの治療法を歓迎する患者もいれば，行動療法のようにより非侵襲的で教育的な接近法を好む患者もいます。希望していない治療に患者を割り振ったり，それどころか何も治療しないという対照群を用いたりするのは，現実的または倫理的なことなのでしょうか？　そして日々の臨床実践に役立つ，どのような結論が本当に導き出せる，と言えるのでしょうか？

　投与している薬物を特定するのは容易です。しかし精神（心理）療法研究においては，その研究を行っている治療者が，検討の対象となっている治療を本当に行っているのを明確にしなければなりません。行われている治療の正確な性質を特定するには，どうすればよいのでしょう？　もしある研究の試みにおいてある精神（心理）療法をテストしているのであれば，その治療法を特別詳細に記述しなければなりませんし，その記述をマニュアルに記載しなければなりません。精神分析のように複雑な治療を，その内容を歪めることなくマニュアル化するのは困難です。もちろん，それに向けての努力はなされていますが。それに加えて，その治療がマニュアルにしたがっていると確かめるためには，セッションをテープ録音またはビデオ録画する必要があります。治療空間に対するこのような侵襲は，測定

しているものを変質させる危険があります。

　これらすべての点を考え合わせると、非常に限られた範囲の患者に対し、注意深くマニュアル化された、おそらくとても短い治療を行うという無作為割り付け比較試験をデザインするのは、それ程難しくないといえるでしょう。そして治療法Aと治療法Bを比較する試みという条件下においては、このような試みがより高い有効性を示すかもしれません。しかし、これらの治療法を一般人に適用した場合の臨床的有用性の評価という点においては、ほとんど役に立たないかもしれません。薬物Aと薬物Bを比較するのに適している無作為割付比較試験という研究デザインを、このような無数の変数を含んだ複雑な対人関係過程に対して無理に適用するのは、実際のところその限界を超えているのかもしれません。

　精神分析そのものよりも、期間の短い治療を研究するほうが明らかにずっと容易でしょう。実際のところ毎日の精神分析に対して、方法論としては確実な無作為割り付け比較試験を施行するのは不可能かもしれません。現実的には、より自然経過に近い種類の研究に由来する、統計学的説得力が比較的乏しいやり方による証拠を集積しなければならないでしょう。たとえば、通例長期にわたる症状や苦悩を伴い、全体として定型的な精神科治療にあまり反応しないと考えられているパーソナリティ障害をもった患者群がいます。この患者群に治療的介入を行う前後を調査し、彼ら自身に「自分自身の対照群」という役割を果たさせる[訳注2]のは可能です。またたとえば、典型的な市中のクリニックで、中間的な長さの精神分析的精神（心理）療法を受けた患者のグループがあるとします。ある別の地域には、そこで働く治療者が認知行動療法の訓練を受けていたために、その治療者から認知行動療法を受けた、上記のグループと似通った患者のグループがあるとします。その場合、これら二つのグループを比較するのも可能です。

　定義によるとこのような研究は、厳密な対照群ではなく**比較群**を用いていることになります。そして学術研究という世界においてこのような研究

訳注2）これらの患者群は、「定型的な精神科治療」という介入によってあまり変化しないと予測できる。したがってある「治療的介入」がより変化をもたらせば、その「治療的介入」は「定型的な精神科治療」に比べより有効であると推定できる、という意味だと思われる。

から得られた証拠は，より説得力のないもの——または「付随的な」と言っても良いのですが——と見なさざるを得ません。しかしながらこれらの証拠が，さまざまな系統的臨床経験やより過程に準拠した研究と結びついたときには，よりはっきりとした示唆を与えてくれるでしょう。また，より実行しやすい短期や中期の精神分析的精神（心理）療法に対する研究の結果を見ることによっても，精神分析の帰結そのものに関する有益な情報を得ることができます。

2）短期間の精神分析的精神（心理）療法の帰結

普通最大で16セッション程度というとても短期の精神（心理）療法に対する研究は，中期や長期の治療に対するそれと比べずっと容易です。対照群の設定や無作為割り付けは，倫理的そして論理的に容易となります。問題となるのは，短期間の精神分析的治療によって精神分析家は普通，いくらかの症状変化以上の期待をしていないという点です。精神分析という作業の重要な側面は，治療者との転移関係において**徹底操作**を繰り返し，歪められた関係性のパターンをゆっくりと減少させるという点と，治療者の心で繰り返しコンテインされることによって，治癒と統合という効果が次第にもたらされるという点にあります。発達そのものと同様どちらも時間のかかる過程であり，心の根本的な構造に永続する効果をもたらすと期待されています。

8章で**認知行動療法**などを精神分析的な治療法と比較しますが，この治療法は，患者が欠点のある思考パターンを同定し新しいパターンを学ぶことを通して，症状の早期軽減を目指します。認知行動療法の効果に関する研究のほとんどは，症状スコアや簡単な評価尺度などである程度その帰結を測定しています。2種類の治療法（認知行動療法と精神分析的療法）の効果は，しばしばそれらの形式や目標を考慮することなく比較されています。

施行が比較的容易であるため，発表された精神（心理）療法の無作為割り付け比較試験の大部分は，とても短期間の治療形式に関するものです。そしてこの治療形式は，精神分析的な治療よりも認知行動療法を行うのにより適切であり，より典型的です。認知行動療法は神経症と精神病の患者

両方に対して，特に症状緩和という側面そして短期間のフォローアップという側面において，ある程度のしかし有意な効力を示しました。しかしながらエンライト（Enright, 1999）などは，標準的な市中の外来患者に対する臨床的効果はまだ明らかに示されていないと論評しています。また，長期間のフォローアップはまれです。

　現在，短期の精神分析的精神（心理）療法に関する良質な研究が多数発表されています。認知行動療法の無作為割り付け比較試験に比べ，これらの研究の数が比較的少ないという事実は時に，精神分析的精神（心理）療法に対する不利な証拠であるかのように，誤ってとらえられます（Parry and Richardson, 1996）。しかし実際のところ行われた研究においては，短期の認知行動療法ととても良く似た結果を示しています。短期の精神分析的精神（心理）療法と認知行動療法を比較する，いわゆるメタ・アナリシスによる展望が行われてきています。メタ・アナリシスとは，多数の研究から得られた複数の結果を比較するという意味の統計学的用語です。このような比較によって，広範な心的障害に対する治療における，これら二つの短期治療法の間での有意な効力の相違は示されませんでした。どちらの治療法も，ある程度のしかし臨床的には有意な効果の大きさで，対照群より優れていました（Luborsky et al., 1999）。技術をもった専門家が関心を向け，患者が物事を理解できるよう患者の話に耳を傾け援助しているという事実の方が，短期間の治療においては治療者の理論的立場よりも重要なようです。そしてこれは，多くの精神分析家が予想していたことかもしれません。

3）中期間の精神分析的精神（心理）療法の帰結

　中期間の精神分析的精神（心理）療法に関する臨床研究は，一般には英国の公的部門において，他の精神科的介入にほとんど反応しなかった多様な患者——しばしば重篤に障害された患者——に対して行われています。このような研究は，上で議論したようなあらゆる方法論的問題を引き起こします。少ない予算で運営されている英国国営医療機関（NHS）の小さな部門ではいずれにせよ，精巧な研究を行うための人手や予算をめったに獲得できません。したがって統計的にはあまり有用でないにもかかわらず，

自然経過に近い研究が外的妥当性を補わざるを得ないかもしれません。しかしこのような方法論的困難にもかかわらず，最近は有望で良質な無作為割付比較試験が現れてきています。

いくつかの例を挙げます。重篤な人格障害の患者に対してデイホスピタルで行われている精神分析的精神（心理）療法は，抑うつの評点，自傷行為，入院期間という点において，通常の精神科治療に比べ有効であると示されました（Bateman and Fonagy, 1999）。アルコール依存症の患者では，認知行動療法を受けている群に比べ，精神力動的集団療法を受けている群のほうが，15カ月の時点で高率に禁酒を継続していました（Sandahl et al., 1998）。頻繁に精神科を受診する患者のうち，短期間の精神力動的精神（心理）療法を受けた群は，通常の外来治療を受けた群に比べ，症状，社会機能，医療機関の利用頻度という尺度において改善していました（Guthrie et al., 1999）。

ロンドンうつ病介入研究では，慢性でもつれたうつ病に対する3つの治療法を比較しました。すなわち，システム的または力動的夫婦療法，抗うつ剤による薬物療法，そして認知行動療法です。夫婦療法を受けた群は，抗うつ剤による薬物療法を受けた群よりも改善しました。受け入れてくれる患者数が少なかったため，認知行動療法を用いた研究部分は放棄されました（Leff et al., 2000）。

子どもにおいては，I型糖尿病患者に短期間，高頻度の精神分析的治療を行うことで，血糖コントロールが有意に改善されると判明しました（Moran et al., 1991）。学校で落ちこぼれつつある神経症的な11歳男子の群に対しては，週1回の精神分析的精神療法よりも週4回の精神分析のほうがより有効であると示されました（Heinicke and Ramsey-Klee, 1986）。子どもの精神（心理）療法の後には繰り返し，重要な「スリーパー効果[訳注3]」が観察されました。すなわち，治療後における全体としての心的発達は，治療前に比べより急激に生じるのです（たとえばKolvin, 1988を参照）。

訳注3）説得的コミュニケーションによる意見の変化が，コミュニケーションの接触直後よりも，一定の時間が経過した後のほうが大きくなる場合がある。この現象をHovlandは「sleeper effect（スリーパー効果）」と呼んでいる。

慢性的に再発するという経過が予測できるため，患者自身の改善を対照群からの変化と考えてもよさそうな条件下においては，対照群をおかない自然経過に近い研究も許容できるものとなるでしょう。DSM－Ⅲで境界性パーソナリティ障害があると診断された患者を，外来受診，薬物内服，暴力行為，自傷行為，入院，精神症状という観点から追跡しました。すると，外来で1年間週2回の精神分析的精神（心理）療法を受けた患者は，治療1年前に比べて，1年後の時点で有意な改善を示していました。その内3分の1は，もはや境界性パーソナリティ障害の操作的定義を満たしていませんでした（Stevenson and Meares, 1992）。また，重篤なパーソナリティ障害のためにヘンダーソン病院の治療コミュニティに入院した患者群は，治療されなかった比較群に比べ，よりよく改善していました。改善の程度は，治療期間に関係していました（Dalan et al., 1997）。

4）精神（心理）療法研究における帰結測定尺度

良質の研究は，症状や機能に関して，異なった視点や異なった領域に由来する，広範囲にわたる帰結測定尺度を用います。したがってある研究は（たとえば標準化された質問紙による「抑うつスコア」など）症状の変化を測定するかもしれませんし，やはり標準化された質問紙によって測定される，対人関係の質や仕事を行う能力の変化を測定するかもしれません。または，（たとえばGPの受診，入院期間，薬物の使用，公的扶助の利用など）医療や福祉サービス利用度の変化を測定するかもしれません。そして最後に，内的世界の構造の一部を変えようとする治療法に対しては，このような変化をとらえるためにデザインされた，洗練され臨床的に意味のある尺度を採用する必要があります。この章の最初の方で議論しましたが，このような尺度の例としては，個人の関係プロフィールとSWAP－200があります。

5）精神分析そのものの効果に関する研究

1950年代以来，精神分析的精神（心理）療法と正式な精神分析に関するいくつかの大規模研究が，主に（英国に比べずっと多くの患者と予算が獲得可能であった）アメリカで行われ，その経過と帰結の多くの側面につい

て包括的統計的なやり方で検討する試みがなされました。これらの研究は，多数の治療例におけるさまざまな変数を研究しようと手を広げすぎる傾向がありました。たとえばコロンビア・レコード・プロジェクト（Bachrach, 1995）では，1945年から1971年にかけコロンビア大学精神分析クリニックにおいて，主に訓練生が行った1,575例の成人を対象にした精神分析について，詳細に研究しました。逆説的ではありますが（非常に多数の多彩な症例に対して，多変数の研究を行うという）この方法論が実現可能かどうかという点に関して，現代の視点から疑義を呈したというのが，この研究の主な長所であったと著者たちは述べています。いわゆる多変量解析という統計手法を採用すると所見が統計的に平坦化されてしまい，症例それぞれの特性が犠牲になり，精神分析の本質である質的相違といったものが失われてしまうのは避けられません。

アメリカの4つのセンターで行われた550人の神経症およびパーソナリティ障害患者に対する治療を対象とした，精神分析における臨床的定量的な初期の6つの系統的研究に対しても，同じ著者たちは批判的に検討しています（Bachrach et al., 1991）。これらの研究には大きな労力が費やされたにもかかわらず，その結論はあいまいで一般的な形に要約されてしまうようでした。すなわちそのほとんどは有効であり，その程度は治療の長さときちんとした終結とに関連していました。治療の解釈的要素同様，支持的要素の価値も強調され，最初の診断面接から治療がうまくいくかどうかを予測する困難さも強調されました。

現代の視点から見ると，このような研究計画が，現実的に統制可能で相互作用のない変数による単純な直線的システムを暗黙のうちに仮定しているのが分かります（Galatzer-Levy, 1995）。患者および分析家という多くの変数を伴った長期にわたる精神分析という過程は，「決定論的カオス理論」などのモデルによってよりうまく描写できる，フィードバックを伴った複雑な相互作用システムにより似ているのかもしれません（Moran, 1991; Spruiell, 1993）。自然界にはこのような非線形のシステムが広く存在していると，今日では知られています。このシステムはたとえば，初期状態におけるわずかな変異に対する極度の過敏性，多くの変数間における複雑な相互作用，周期的反応とカオス的反応の間における変動などを示し

ます。たとえば英国で、数日間以降の天気を正確に予測するのは不可能ですが、1月よりも7月のほうが平均するとより暖かくなるというのはほぼ確実です。これと同じように、大まかに言えば「精神分析には効果がある」ことや、より長期にわたる終結した治療がよりいっそう役に立つことは（上で結論を出したように）断言できます。しかし誰が最も良く反応するかについて私たちは、あまりうまく予測できないのです。

これ以上興味深いかまたは具体的なことを言うためには、上述のうまくいかなかった研究モデルよりもより焦点を絞ったモデルを用いなければなりません。このようにして研究の流れは振り出しに戻るようになり、1970年代や80年代の科学研究の潮流に脅かされることなく私たちは、厳密に行われた臨床研究に再び目を向けるようになり、たとえば従来の単一症例研究という方法を見直しています（Hillard, 1993; Kazdin, 1992; Moran and Fonagy, 1987）。また、特定の帰結および経過という変数に関する研究に対して私たちは、より謙虚に集中しなければならないとも考えています。

1999年の概説でフォナギーら（Fonagy et al., 1999）は、終了したか進行中であった55件の精神分析の帰結研究に対し、広範囲にわたる批判的検討を加えました。そして同時に、背景となる有用な認識論的方法論的な議論を行いました。彼らは方法論的限界をかなり指摘しつつも、これまで提示されてきた証拠に基づき、精神分析の帰結に関して慎重ながらも楽観的な態度を取っています。暫定的な主要所見には、以下のようなものが含まれています。(a) 集中的な精神分析療法は一般に、精神分析的精神（心理）療法よりも有効である。このような違いは、治療が終結した後何年も経ってから始めて明らかになる場合があり、これは特により重篤な障害において当てはまる。(b) より長期にわたる治療はよりよい結果をもたらし、終結した精神分析も同様の結果をもたらす。(c) 精神分析および精神分析的精神（心理）療法は費用便益があり、おそらく費用効果もある点、および精神分析は他の医療システムの利用や医療費の減少をもたらしうるという点を示唆する所見がある。(d) 精神分析療法は、働く能力や境界性パーソナリティ障害の症状を改善するようであり、重篤な心身症に対する有効な治療となりうるかもしれない。

6）精神分析の帰結に関する最近の研究3件

　ここでは自然の経過に近い精神分析の帰結研究のうち，最近行われた3件の実例を提示します。1996年にフォナギーとターゲット（Fonagy and Target, 1996）は，ロンドンのアンナ・フロイト・センターで40年以上にわたって行われた763例の児童分析と児童精神（心理）療法の症例に対して，後ろ向き研究を行いました。どのような因子が良い帰結をもたらすかを調べるために彼らは，治療に入る前の詳細な診断面接時の記録や，治療中にかかれた毎週の報告書を用いました。そしてさまざまな精神科疾患，とりわけ不安を伴った疾患をもった重篤に障害された12歳以下の子どもに対しては特に，完全な形での精神分析（1週間に4回または5回）が有効であると，この研究は示しました。重篤に障害されたこれらの子どもたちは，週に1～2回までの精神（心理）療法ではあまりうまくいきませんでした。しかし青年期の患者に対しては，このような精神（心理）療法がより有用なようでした。しかし自閉症など重度の発達障害の子どもたちは，集中的で長期にわたる治療でさえうまくいきませんでした。

　2000年にロルフ・サンデル他（Sandel et al., 2000）は，「ストックホルム精神分析精神（心理）療法帰結研究（STOPP）」について報告しました。これは1993年に始まった，4－5年以上の治療を受けた400人以上の患者を研究したものです。長年にわたる苦痛を抱えて精神科での治療を受けてきた人がほとんどでしたが，それらの患者たちが，無作為割り付けの代わりに，熟練した治療者によって集中的治療または集中的でない治療に振り分けられました。そしてこのグループは，重要な変数に関してほぼ比較可能であると証明されました。帰結としては，症状，社会における対人関係，全般的な健康度，実存的な態度，医療システムの利用度，働く能力などについて包括的な評価がなされました。追跡調査は，まだ終了していません。これまでのところどちらの治療法もかなり有益なようですが，精神的健康を改善するという点において精神分析は一般に，より集中的でない治療法よりも有効なようです。次の研究と異なりこの研究では，医療システムに対する利用度の減少はまだ示されていません。

　ロイツィンガー－ボールバーとターゲット（Leuzinger-Bohleber and

Target, 2001）の本には，ロイツィンガー－ボールバーと同僚が行った研究について報告されています。この研究には，ドイツ精神分析協会の会員から精神分析または精神分析的精神（心理）療法を受けた129名の患者が含まれています。そして精神分析家のグループが，自分たちとは面識のない別の地域出身である精神分析家の治療を評価しました。包括的な帰結測定が行われ，そこには症状と診断，社会および仕事領域における機能，医療システムの利用度，心的機能に関する精神分析的に特化された観察などが含まれていました。精神分析的な方法論を用いるという点が，この研究では印象的でした。たとえば研究グループメンバーの逆転移が，臨床的な帰結データを理解するために考慮されました。測定された範囲の結果では，長年にわたり重篤な心的障害に悩んできた大部分の患者群に対して，これらの治療は著しく有効でした。自分の改善について患者自身が，評価者よりも高く点数をつける傾向があったのは注目に値します。他の医療施設を利用することによる高額な費用が治療によっていかに減少するかという点を，この研究は示しました。そしてこれは，最近長期間の治療に対してあまりお金を出したがらないドイツの保険会社に対する重要なメッセージになっています。

結　論

　精神（心理）療法の帰結研究全体を眺めてみると，技術に優れた臨床家が行うごく短期間の精神（心理）療法は，どのような種類であれ控えめにではありますが有意に役立つという結論が出せるでしょう。またこのような短期間では，認知療法と精神分析療法におけるやり方の違いは，有意差を認めないようだとも言えるでしょう。中期間の精神分析的精神（心理）療法と精神分析における質の高い臨床研究が過去10〜20年の間に増加していますが，その結果，神経症やいくつかのパーソナリティ障害患者に対して臨床的有効性が高いという証拠が提供され始めています。また，他の治療法に対して難治であるパーソナリティ障害をもった患者に対し，長期間にわたる複雑な精神療法による接近が有効であるとも示唆されています。これは将来の医療計画にとって，大きな意味をもっています。精神分析そ

のものは骨の折れる仕事ですが，このような患者に対してより広く適用されるようになれば，費用効果があると証明されるかもしれません。そしてこの点は将来の研究にとって，有用な焦点の一つとなるでしょう。

第7章　面接室外での精神分析

　この章では，精神分析的探究が，面接室外の状況に対してどのように適用できるかを見ていきます。この章は，精神分析的コンサルテーションと，学問の世界における精神分析という2つの部分に分かれています。人間関係における転移と逆転移についての精神分析的な理解を母体として，研究とコンサルテーションに用いられるあるモデルが生み出されてきました。このモデルは，対人関係を包含するあらゆる設定に，実際的な形で適用可能です。また精神分析それ自体がひとつの学問分野であり，社会学，哲学，文学など多様な分野に影響を与えてもいます。

1．精神分析的コンサルテーション

　精神分析的コンサルテーションは，商業・製造業・公共事業施設と，GP[訳注1]・看護師・ソーシャルワーカー・教師などの専門家集団の両者に対して行われています。コンサルテーションの目的は，組織そのものについてまたは専門家とある特定の患者や生徒との間で何が起きているかについて，そこに所属している人の理解をより深めるための援助をすることです。精神分析的コンサルタントは，その仕事をどのように行えばよいかという助言はしません——その仕事に従事している人たちこそが，その分野の専門家であるからです——代わりに，その仕事を行っている状況で作用している無意識的要素に関する視点を提供しようとします。
　この部分では，組織と専門家の両方に対するコンサルテーションの予備知識について議論した後，3つの実例を検討します。第一に，GPに対するもの，第二に看護職（組織）と（専門家としての）看護師に対するもの，

　訳注1）英国の一般開業医。第1章訳注2）参照。

そして最後に、保育施設とそこに預けられる年代の子どもたちの面倒を見る保育士に対するものです。

1）組織に対するコンサルテーション

ロンドンにあるタヴィストック・クリニック（第8章参照）の隣に別組織として存在していたタヴィストック人間関係インスティテュート（the Tavistock Institute of Human Relations: TIHR）は、1948年に設立されました。これは、終戦後の低い生産力に対する英国政府の懸念を背景に生まれたものです。そしてスタッフの多くは以前、士官の選抜など軍隊のプロジェクトで働いていました。タヴィストック人間関係インスティテュートの研究課題は、職場における無意識のグループ過程を探索することと関連しており、精神分析および社会科学——特にシステムズ理論——の視点を含んでいました（Mosse, 1994; Roberts, 1994参照）。

8年間継続された初期の実地研究プロジェクトは、新たに国有化された炭鉱業における労働者集団に関するものでした（Trist et al., 1963）。このプロジェクトの結果もたらされた重要な変化のひとつは、「混成作業」でした。これは、ひとつの炭層で働く班のメンバーすべてが多技能を持ち、各自がさまざまな作業に従事することで全体の仕事を完成させるというシステムです。この結果それぞれの班は自分達の意思で働くようになり、共通の目標に向かっていると感じられるようにもなりました。そして、生産性、仕事への満足度、労使関係が著しく改善されました。

政府から資金を確保するのが困難となるにしたがいタヴィストック人間関係インスティテュートは、助成金による研究から、顧客である組織より直接依頼されたコンサルテーションへと力点を移動しました。たとえばロンドンのグレイシャー金属という会社は、出来高払い制から時給制への移行をうまく乗り来るための援助を求めました（Jaques, 1951）。何カ月にも渡りコンサルタントは、さまざまな階層の会議——職人の会議、管理職の会議、両者の会議——に参加しました。コンサルタントの職務は、移行過程そのものの一部となることではなく、移行過程において生じる問題に注意を向けることでした。そして対立や膠着をもたらしていたこれらの問題について、職人と管理職のどちらも完全には気づいていませんでした。

このコンサルテーションは，大成功でした。あらゆる点で満足のいく新しい賃金制度が導入されただけではなく，賃金の問題とそれによる悪い影響をしっかりと解決した結果，新しい「職場協議会」が設立されました。この協議会によって，将来規約を定める場合，構成員がよりしっかりと関与できるようになりました。

　1960年代半ばにロンドン消防隊は，採用に関する援助を求めました。このコンサルテーションは，消防隊組織における実際の変化には結びつきませんでした。しかしその記録（Menzies Lyth, 1965）に軽く目を通すだけでも，コンサルタントによる介入の仕方がいくらか分かります。そして，どのような要素が欠けていたため変化が生じなかったかについても，明確になります。現場で働いている消防士に対して大いに敬意を払いつつ二人のコンサルタントは，ロンドンのいろいろな消防署で一緒に時間を過ごしました。当局はあまり多くの消防士を採用したくないのだと，現場の消防士たちは暗黙のうちに信じていました。そして実際に行われていることを見ると，そう思うのも無理はないとコンサルタントは考えました。実際の労働状況についてコンサルタントは，いくつかの複雑な問題を同定しました。たとえば勤務時間が長いにも関わらず，いくつかの消防署では長期間にわたり定員割れが続いており，そのため消防士たちの自尊心は低下しているようでした。定員割れがいくつかある状態の時こそ，実際には消防隊の要員配置はうまく行われており，労働意欲の低下は見られるもののシステムはより良く機能しているという認識を，管理職が暗黙のうちにもっているとコンサルタントは考えるようになりました。

　たとえば，勤務表と待機時間の編成や昇進のための選抜方法などについて，コンサルタントはいくつかの提案をしました。これは，労働意欲の著しい向上や，消防士定着率の改善をもたらしたことでしょう。しかし残念ながらロンドン消防隊は，この結論を受け入れませんでした。これはおそらく組織が大きすぎて，コンサルタントが報告書を提出した地方当局が，問題の焦点やその問題に本当に関わっている人たちと離れすぎてしまっていたからであろうと著者は記述しています。この結論の意味および何ができるかという点について考え始める手助けのための議論を，意思決定に直接関与していた人たちとコンサルタントが一緒に行うことは出来ませんで

した。

　1957年にタヴィストック人間関係インスティテュートは，レスター大学と協力してグループ内関係訓練カンファレンスを立ち上げ，これは現在も続いています。レスター・カンファレンスとしても知られる泊り込み形式によるこの行事には，世界各地から他職種の参加者が集まってきます。このカンファレンスは学ぶための一時的な組織となるよう企画されており，グループ過程や組織過程そしてその中で自分の果たす役割に関して，自分自身の経験から学ぶ機会を参加者に提供します。始まって以来約50年となるレスター・カンファレンスに加え，同様のモデルに基づいたグループ内関係の訓練を目的としたおびただしい数の行事が，英国その他多くの国々において開催されています（Obholzer, 1994参照）。

　コンサルテーションの専門技術は，タヴィストック人間関係インスティテュートだけでなくタヴィストック・クリニックその他によっても，用いられ発達し続けています（Obholzer and Roberts, 1994; Menzies Lyth, 1989参照）。コンサルテーションは産業界に対しても行われてきており，たとえばユーロトンネルの安全手順の作成には，ある精神分析家が関与しています。また託児所，病院，学校，問題を抱えた青年用の居住施設など多様な場面に対しても行われ続けています。

2) 援助する専門家に対するコンサルテーション

　6人の看護学生と精神分析的コンサルタントによるミーティングの，最初の部分を記述します。この記述は，看護学生による経験のありのままの生々しさと，それがコンサルタントに与える衝撃の質についての印象を伝えてくれます。コンサルタントによる記述です（Fabricius, 1991a: 原書97-108ページ）。

> 　ミーティングが始まるとアリソンは，疲れたことについて陽気に話し出しました。どうやら昨日は19回目の誕生日で，お祝いするために外出していたようです。この時私は，ここに参加している多くの看護師が属する年齢層をいやおうなく思い出し，19回目の誕生日と，看護師としての日常業務のへだたりを強く感じました。短い沈黙の後ブリ

ジットが,「ああ,この1週間は本当にひどかったわ。」と言いました。どういう訳かこれは,他の参加者の耳に届かなかったようでした。アリソンは「リサの部屋の天井,塗った？」と尋ね,その後は看護師宿舎の部屋をペンキで塗ることについての議論となりました。しばらくして私はブリジットに,「あなたのコメントは,埋もれてしまったみたいね。」と伝え,皆は少し笑いました。それはまるで,その問題を避けたと参加者が気づいているかのようでした。

　それからブリジットは,昨日3人亡くなったと言いました。その内1人はエディスという患者さんで,ブリジットの意見によると,それは予測されていました。もう一人のブラウンさんはとても重症でしたが,亡くなるとは予測されていませんでした。勤務にやって来たブリジットはエディスさんの周囲に引かれたカーテンを見て,たぶん亡くなったのだろうなと思いました。でもその時,ブラウンさんが午前6時に亡くなったと言われたのです。介護の仕方が良くなかったと医師に批判された職員看護師のスーザンは,とても動揺していました。その後脳卒中のために意識を失っていた女性患者が,3番目に亡くなったのです。その女性が呼吸していないと最初に気づいたのは,ブリジットでした。その人がたった一人で亡くなってしまい,誰も気づいてさえあげられなかったため,彼女はひどい罪悪感にさいなまれました。ブリジットはこの女性の安置を手伝いましたが,それは初めての経験でした。こんな経験はしたくないと思いました——遺体の顔に布をかけ,まるで肉の塊ででもあるかのように死体運搬車に移動するのは,ひどい気分でした。それぞれの遺体が運び去られる間,すべてのベッド周囲にはカーテンが引かれていました。何をしているかを他の患者には誰も伝えませんでしたが,皆気づいているようでした。その日は午前中ずっと他の患者に対しておざなりになってしまい,2時間おきの排泄が必要なある患者さんに対しては特に申し訳なかったと,ブリジットは言いました。彼女は,平静を装おうとすることにとらわれすぎてしまっていたのです。

　ほとんど間を置かずにクリスチンが「うちでも連続して,3人の死亡があったのよ。」と言いました。この時私は,「もう嫌,また3人の

死亡なんて。」と感じました。1時間のグループとしてはもう大変過ぎて，これ以上は本当に耐えられないとも感じました。またこの時クリスチンが「3人の死亡なんてなんでもないわ——うまくやれるわ。」とでも言うように，少しさりげない調子で語ったのにも気づきました。そこで私は，おそらく参加者全員がここで平静を装おうとしているようであること，そしてそれが，圧倒されないための唯一のやり方だと感じられているようであることをコメントしました。このコメントがブリジットの経験に関する議論につながり，どうやったら他の患者に対してよりうまく対処できるかなどが話し合われました。

　この議論の間中私は，昨年心臓発作で亡くなった父について以前ブリジットがグループで語ったのをはっきりと思い出していましたが，誰もそれを言いませんでした。しばらくして私は，ブリジットの話してくれた父の死を皆が思い出しているだろうけど，きっと何を言ったらよいか悩んでいるのでしょうとコメントしました。いつも静かなフィオーナがこれを受け継ぎ，こういう話題について触れるべきかどうか分からなくて，とても居心地が悪かったと言いました。その後ブリジットは，この出来事が父を思い出させたと語りました。そして父が同じようにくるまれたかどうかを尋ねるため，母に電話をしたと言いました。母親は，違うと答えたそうです。その後私たちは，ブリジットの父親について話す困難さと，亡くなった患者について他の患者に話す困難さを結びつけることができました。ブリジットの父の死について他の人が沈黙を守り，彼女が一人放って置かれてしまった状況よりも，おのおのの考えを話し合った状況のほうが，ブリジットにとって実際のところもっと安らぐものだったとグループは理解しました。そのため他の患者に対しても同様に，率直な情報を提供し，死に関する感情を共有する機会を与えるほうが，より役に立つだろうとも考えるようになりました。

　子どもや高齢者，慢性疾患や障害を抱えた人を相手にする医師，看護師，ソーシャルワーカー，教師，介護福祉士などはすべて，対人関係の中で働いています。そしてその仕事の多くは，対人関係そのものを通して行われ

ます。たとえば教師はクラスを管理し，学ぶという体験が生じるために協調的な好奇心を引き出さなければなりません。医師は，患者が無防備に露出するという危険を冒せるような信頼関係を構築しなければなりません。そして看護師は，患者が見ず知らずの人との親密な身体的接触を許せるようになるために，気遣いつつも節度を保った関心を伝えなければなりません。人間関係に対する日々の研究を通して精神分析家は，多くが無意識的である多数の情緒的要素が，対人関係に作用して影響を与えるのを知っています。さらにこの影響は，子どもが親に対して抱くのと類似した依存という感情を活性化させる傾向のある関係において，著明に認められます。

　専門家個人や専門家集団に向けてのコンサルテーションを通して，援助を求めてやって来る人や援助を与える人に影響する情緒に関する理解を，精神分析家は提供できます。第 2 章で記述したとおり，転移と逆転移に関する理解によって精神分析家は，援助を行う専門家がしばしば遭遇する辛かったり腹立たしかったりする状況について，理解と支持をもたらすことが可能です。精神分析家は人間の発達に関する知識をもっており，子どもや青年や大人が直面するであろう主な不安について，専門家が考えられるようになるための手助けもできます。たとえば魅力的な若い女性の先生に性的な言葉を吐いてクラスを崩壊させている 10 代の男の子は，混乱をもたらす自分の性的感情から身を守っているのかもしれません。不安とそれに対する防衛を理解すれば（防衛については，29 ページ参照），その先生はあまり防衛的になることなく，その子がどうやったらクラスに溶け込む手助けが出来るかを考えられるようになります。

　専門家を援助するための精神分析的コンサルテーションは常に，小グループの形で行われます。60〜90 分行われるこのミーティングでは多くの場合，参加者の一人がある患者の治療経過について報告します。その参加者と患者との関係について，参加者全員が観察し仮説を提示し議論ができるような雰囲気を，コンサルタントは作り出そうとします。仮説という刺激を受けて，報告者はしばしばより詳細な報告を行い，それが仮説を裏付けたり，代わりの仮説形成に結びついたりします。上の例のように，一緒に学びまたは働いているグループが，仕事から受けた情緒的衝撃を処理する手助けを行うために，より一般的な議論をすることも時にあります。このような

作業をするためには，参加者間に，そしてコンサルタントと参加者との間に，相当な信頼関係が必要です。そのためこのような作業は，何カ月間や何年間以上継続する安定したグループで行われます。ある専門家の実務が正しいか誤っているかを判断したり，どうしたらよりうまく出来るかを教えたりするのではなく，一人がもう一人に対し専門家としての関係をもっているという人間関係における相互作用の意味を探索し発見するのがグループの目的である，と受け入れられるようなグループの文化を築けるようコンサルタントは努力します。

　この作業の経過中しばしば，ある専門家の抱いた感情が探索されたりしますが，これはあくまでも*ある患者に関連した感情*なのです。コンサルタントとグループは，*仕事に関するコンサルテーション*と*精神（心理）療法*をはっきりと区別する必要があります。この作業の目的は，これらの専門家が*仕事に関連して起こした反応*について考えることであり，その専門家に個人精神（心理）療法を提供することでは*ありません*。上記の例はおそらく，とても若い看護学生が自分の経験を処理する援助をしたという点で，やや非典型的かもしれません。しかしそれにしても焦点は，参加者個人の困難にではなく，仕事に関連した感情に当てられているのです。

3）GPに対するコンサルテーション

　GPに対するコンサルテーションは，この種の仕事においてもっとも初期のもののひとつで，1950年代にタヴィストック・クリニックでマイケル・バリントが始めました。バリントは1957年にこの仕事に関する報告を『プライマリケアにおける心身医学』（Balint, 1957）として出版し，これは今でも広く読まれています。GPと患者の関係はしばしば長期間継続し，ある家系の二世代以上に及ぶことさえあります。GPは，さまざまな問題を抱えた人にとって最初に相談する場所なのです。GPとの作業を通してバリントは，議論された患者の多くがいつも不幸であり，軽い病気の形でそれを医師に伝えているのに気づきました。このような場面に遭遇したGPが，この訴えを文字通りとってしまう場合があります。そうなると，多くの専門家に紹介されただけで何も解決されなかったため患者は満足せず，長く続く訴えだけでなく患者そのものを憎むようになってしまったGPは

イライラを募らせる，という結果に終わってしまいます。このような患者に対し，「どこも悪いところはありません」と伝えるのは役に立ちません。というのは，たとえそれが腰，頭，胃その他の問題となった臓器ではないにしても，明らかに「どこか悪いところがある」からです。上で述べた方法によってバリントは，GPがこれらの患者について考え始め，その苦悩を探索する新しいやり方を見つけられるよう手助けしました。この方法は，純粋な心理的問題や生きていく上での苦悩を抱えている患者についてだけでなく，急性または慢性の身体疾患に罹患した患者の心理的反応について考えるのにも使用できます。

　GPとのこのような作業の仕方はバリント・グループとして知られるようになり，現在も行われています。それに加えてこの作業から得られた洞察の一部は，GPになるための訓練に組み込まれています。したがって最近のGPはすべて，1950年代のGPよりも，心理的要因の影響についておそらくより詳しく知っています。以下に例として，あるバリント・グループの最近の様子を描写します。

　　精神分析家のコンサルタントが部屋に入って来た時7人のGPメンバーはすでに集まっており，仕事が恐ろしいほど多いと話し合っていました。この医師たちは小さな町のあちこちにある診療所[訳注2]で働いており，この安定したバリント・グループの枠組みで毎週90分間集まっていました。話題は，受け持ち患者を増やさなければならないという状況に集中しました。たとえば2つの診療所の受け持ち地域には難民センターがあり，通訳を手配するのが困難なため，診察は大変で時間がかかりました。診療時間はいつも延長し，昼の業務会議の時間は削られ，それでも往診はこなしきれない程でした。患者は長い待ち時間に文句を言いましたが，どうしようもありませんでした。皆がひどい重荷にあえいでいるようだと，コンサルタントはコメントしました。B先生が，今日は自分が報告する順番だと前置きして，これから

　訳注2）英国の医療制度においてGPは一つの診療所に属し，その診療所それぞれが担当地域を持っている。住民は担当地域内に住んでいればどの診療所にでも登録可能であり，その登録者数に応じて公的機関から診療所に医療費が支払われる。

第7章　面接室外での精神分析　*175*

話すAさんは本当に重荷で心配の種だと語りました。Aさんは68歳の寡婦で，B先生はAさんの血圧をうまく管理できないようでした。どんな薬を処方しても副作用が出てしまう，というのが問題でした。B先生はあらゆる方法を試しましたが，Aさんは毎週来院し，B先生は自分が本当に役立たずだと感じました。

　B先生は医学面の情報をより多く，そして家族面の基本的な情報を少し提供し，それに続いて血圧の治療に関する活発な議論が長時間にわたって行われました。参加者全員が投薬について有用で賢明な助言をしましたが，B先生はあまり元気が出ないようでした。そこでコンサルタントは，Aさんとの典型的な診察場面を具体的に描写するようB先生に勧めました。Aさんは気の毒にも薬に対してとても敏感で，それが主な問題だと描写の途中でB先生は説明しました。文字通りすべてのものが，Aさんの気分を悪くするか口の中にひどい味覚を生じさせるかでした。参加者はしだいにこれらの症状に対してイライラし，次のようにそっけなく扱うようになりました。たとえば，B先生は現在しているように診療所で週に1～2回もAさんに会うべきではないとか，B先生はAさんに対し，最後に出された薬をもう少し我慢して飲みごちゃごちゃ文句を言わないよう伝えるべきだ，などのようにです。

　この時点で，コンサルタントは介入しました。そして，グループの反応から考えるとAさんは，多くの心配と医学的治療か，イライラしたそっけなさのどちらかを引き起こす人のようであり，これがAさんの重要な一面を表しているかもしれないとコメントしました。B先生は，Aさんに対して皆が少し厳し過ぎると言いました。先生の時間を自分が無駄にしてしまっているに違いないとしばしばAさんが言うこと，またAさんが大変な思いをしながら長い間血圧を放置して来たことを，B先生は説明しました。「じゃあAさんは，どちらかと言うと犠牲者なんだね。」と，S先生は言いました。「えっとね，つまり罪悪感なんだよ。」とB先生は言いました。「今わかったんだけど，診察予約表でAさんの名前を見ると，いつもひどく罪悪感を感じるから，今日この話をしたんだと思う。Aさんの血圧をまだきちんと治療できてい

ないのは，自分の責任だと感じるんだ。できていないのがおかしいんだ。Aさんはもう十分に苦しんだし，息子たちは心配もしていないし。大体ずっと遠くに住んでいて，顔を見せもしないんだ。」

D先生は笑って，「じゃあなたは息子代わりなのね，デレック[訳注3)]」とB先生に言いました。「それにひょっとしたら，Aさんはデレックのお母さんに似ているかもしれないね。」と，S先生は言いました。また一段と笑いが起こり，B先生は笑いながらやや反対するような表情を見せましたが，反論はしませんでした。M先生が急に言いました。「ちょっといいかい，デレック。この患者さんは，君が去年の秋に話してくれたのと同じ人かい？ 足の潰瘍がひどくて，ずっと往診し続けないといけないと君が思っていた人だけど。」「いや，違うよ。Aさんの足に潰瘍ができたことはないよ。」と，デレックは言いました。「私には，同じ人の話みたいに聞こえるね。いいかいデレック，君は少しばかり優しすぎるかもしれないね。」とT先生は言って，続けました。「どっちにしても，高血圧の薬を変更し続けるのは，あまりいい考えとは言えないだろう？ 君は毅然とした態度をとって，一つの薬を最低でも1カ月間試すようAさんを説得すべきだと思うよ。それまでには，初期の副作用はなくなっているかもしれないし。」B先生はより自信をもって，「うん，まったくそのとおりだと思う」と答えました。

いつもはとても活発なメンバーであるP先生が，これまで何も言ってないとコンサルタントは気づき，その点をコメントしました。P先生は実感をこめて，B先生の話したことは本当によくわかるといいました。そして，「私も同じことをしてしまうのよ。申し訳なく感じて，一生懸命何かしようとして。でも罪悪感があると考えられなくなるし，医学的に正しいとわかっていることができなくなってしまうのよ。」と言いました。

グループはAさんの話題に戻りましたが，今度はもっと落ち着いて

訳注3) この部分から急に，「B先生」の個人名である「デレック」が用いられるようになる。おそらくこれは，「GPであるB先生」と「患者であるAさん」の関係から，「デレックという名前をもつ一人の人間であるB先生」と「一人の人間であるAさん」の関係へ，B先生を含む参加者全体の関心が移動した，という雰囲気を伝えるためだと考えられる。

> まじめな雰囲気で話し合われました。コンサルタントの助けを借りて参加者は，Aさんが不安そうな様子で頻繁に受診する本当の意味について考え始めました。3年前にご主人が亡くなってから，Aさんはどのような形で物事に対処してきたのでしょうか？ 亡くなったご主人やAさん夫婦の関係について，B先生はどんな情報をもっているのでしょうか？ B先生がもう少しいろいろなことを話題にして，血圧以外の心配について話すように仕向けるのは，Aさんの援助に役立つでしょうか？ 診療所カウンセラーとのコンサルテーションを，Aさんに勧めるべきでしょうか？

　患者であるAさんがB先生に与えた影響を理解するため，このグループがどのように共同作業をしたか，そしてB先生の中に生じた子どもとしての罪悪感をどのように気づかせることができたかを，この例は示しています。このような感情に気づいても，Aさんに対するB先生の同情は損なわれませんでした。逆に，Aさんの血圧とAさん自身を治療する最適な方法は何かという判断と，Aさんに対する同情とを，より明瞭に区別できるようになったのです。

4）看護実践と看護師に対するコンサルテーション

　タヴィストック人間関係インスティテュート（上述）に所属していたイザベル・メンズィズ・リスは，看護実践に精神分析的コンサルテーションを導入しました。メンズィズ・リスは1959年に，看護組織で職務を遂行するための新しい方法を立案する援助を求めていた，ロンドンのある医大付属病院から依頼を受けました。その結果生まれてきた報告書（Menzies Lyth, 1959）は，看護組織の構造に組み込まれた看護の実際を描写しています。たとえばスミスさんやジョーンズさんの世話をするなどの*患者*という観点ではなく，病棟内にいるすべての患者の体温を測るなどの*職務*という観点から仕事の配分がなされており，その結果個々の看護師が個々の患者と親密になれなくなっているなどの点が，メンズィズ・リスの描写には含まれていました。「看護師さん，12番ベッドの胆嚢に，小型ポータブル便器を持って行って。」というひどい表現は，この結果生じる類の非人格

化を示しています。

　組織の文化が，感情に対する無関心や否認をいかに促進していくか，そして規制，チェックリストの照合，再照合などを通して，個人の意思決定がいかに排除されていくかという点に，メンズィズ・リスは気づきました。そして看護という仕事に特有な，極度の肉体的心理的親密さの結果生じる耐え難い不安から看護師を保護するため，これらの戦略が発展したというのがメンズィズ・リスの仮説でした。つまりこのようなシステムのおかげで看護師は，自分と患者の両方に生じている強烈な感情から目をそらしたままでいられますが，そこでは感受性豊かな看護を行うという能力が犠牲になっているのです。

　メンズィズ・リスの報告書は，賛否両論を巻き起こしました。「Nursing Times」の論評（Menzies Lyth，1988参照）においてこの報告書は，「看護サービスに対する痛烈な批判」であると記述され，拒絶されました。この観察が興味深いと感じた人もおり，現在までこの論文は，いろいろな看護師の論文に引用され続けています。しかしよくあることですが，認識は必ずしも現実の変化にはつながっていません。この論文が描写している組織化された無意識的防衛の強烈さを考えれば，これは驚くべきことではないといえるでしょう。つまり，多数の看護師がこの論文を読んだとしても，看護師集団のような組織における大きな変化にはつながらないのです。

　しかし専門家としての実務という面に関して言うと，精神分析家（および精神分析的精神《心理》療法家）は，看護師に対するコンサルテーションを行ってきました。たとえばファブリシアスは，看護学生（Fabricius，1991b）や看護指導者（Fabricius，1995）に対するコンサルテーションという仕事を引き受け，看護実践や看護師組織に含まれる無意識的要因についていくつかの論文を書いています（Fabricius，1991a，1996，1999）。上述した看護師グループの例においてそこに参加したとても若い看護師の大部分は，情緒的体験に対して率直で敏感でした。これまでに述べた防衛は病棟職員の行動様式として明らかに存在していましたが，これら若い看護師は，個人としてそのような防衛をまだ身に着けてはいませんでした。この結果若い看護師は，組織的防衛を獲得するかほとんど耐えられない不安を感じるかの，いずれかしかありませんでした。このようにして組織的

防衛は永続化され，より感受性豊かな専門家候補は，ストレスや燃え尽きによって看護専門職から失われてしまうのです。専門家として機能する能力を維持しつつ感受性豊かであり続けるためには，特殊な才能を必要としますが，幸運にもこのような才能の持ち主は存在しています。精神分析的コンサルテーションは，感受性豊かな専門家としての実践を続けていけるようにし，苦悩を扱うやり方を発展させる手助けをしようとする試みなのです。ダーティントン（Dartington, 1994）とモイラン（Moylan, 1994）も，この領域に関する仕事をし，論文を書いています。

5）保育園児・幼稚園児と働く専門家に対するコンサルテーション

ハムステッド託児所（第3章参照）には，精神分析的な指導者の理解に基づいて子どもたちの日常活動が行われるという特徴がありました（A. Freud, 1944）。その後1950年代には，後にアンナ・フロイト・センターとして知られるようになったハムステッド・クリニックで小さな保育園といくつかの親子教室が始められ，精神分析的コンサルタントの援助を受けて運営されました（A. Freud, 1975; Zaphiriou Woods, 2000）。結局1998年にこの保育園は閉鎖されましたが（親子教室は，それを手本にした米国の教室いくつかとともに，現在も続いています），とても小さな子ども向けの保育園など施設に対して精神分析的コンサルテーションを提供するという考え方は，今も英国に存在しています。初めの数年間に最適な養育が行われるかどうかが子どもに重大な影響を与えるという証拠が増えるにつれ（第6章参照），一人の子どもへの個人精神（心理）療法よりも，より多数の子どもの養育に影響を与えられる，保育の専門家に対するコンサルテーションは，児童精神分析家の時間を有効利用する方法として，可能性を明らかに秘めています。

幼児保育の実際に大きな影響を与えた組織的研究の一例としては，ジェームズ・ロバートソンによるものが挙げられます。ロバートソンはハムステッド託児所に勤務していたソーシャルワーカーで，後に精神分析家となりジョン・ボウルビィと一緒に働きました。ロバートソンは，病院に入院した子どもの反応を研究しました。1950年代の初め，両親の訪問は入院した子どもを不安にしてしまうと信じられており，ほとんどの病院は週末に数時間

の訪問を許可していただけでした。両親から短時間離れた子どもはひどく悲しみますが、その期間が長くなるにつれ無気力と無関心に移行していくのを、ロバートソンは発見しました。そして最終的にほとんどの子どもがとにかく近くの大人に対して表面的で見境のない接触をもつようになり、病院職員は安堵します。しかし退院後しばらくの間、両親との関係は障害されたままでした。

子どもの面会時間に関するやり方を変えるよう病院管理者を説得しようとして1951年にロバートソンは、『2歳児病院へ行く』という映画を製作しました。これはロバートソンが述べた過程を描写していますが、現在見ても痛ましいものです。この映画は当初激しい憤りを引き起こし、その発見は受け入れられませんでした。このような反応は、子どもの情緒的な苦痛に気づかないための防衛が破綻する恐れである、とロバートソンは理解しました（Robertson and Robertson, 1989参照）。しかし精神分析的な理解に基づいたこの研究は、病院の運営方針および看護師とソーシャルワーカーに対する訓練に影響を与え、最終的には子どもの福祉に大きな影響を与えました。

さまざまな枠組みにおいて子どもの世話をする専門家に向けたコンサルテーションについて、いく人かの著者が記述しています。コンサルタントの仕事は上述したとおり、職員との共同作業をしばしば含んでいます。それは発達という問題に関するある種の観点から行われ、両親や子どもとの共同作業を伴うこともあります。ここで言う枠組みとは、保育園だけではなく、未熟児センター（Fletcher, 1983; Cohn, 1994; Kerbekian, 1995）、診療所の育児相談所（Daws, 1995）、おもちゃの図書館（Bowers, 1995）なども含みます。

2．学問における精神分析

米国の精神分析は、ほとんどが精神医学の中で発展してきました。それに対してたとえばフランスなどのように、大学と強いつながりをもって始まった地域もあります。しかし英国の精神分析は、大学からも公的医療制度からも独立して発展してきました。訓練、臨床実践、学術研究という観

点において英国精神分析協会とインスティチュートは独立した組織であり続けたため，利点と欠点が生じました。すなわち一方では，政府による医療制度の方針や制約から自由でいられましたが，他方では知的に孤立してしまう危険性があったのです。英国精神分析協会は，他分野の有識者としばしば対話を行っています（たとえば，第9章の最後を参照）。たとえば2003年には「フロイトの世紀」という大きな会議が開かれ，精神分析家とさまざまな学術領域からの発言者が集まり，20世紀の知的文化的生き方に対してフロイトの考えが与えた衝撃というテーマに取り組みました。

医療従事者に関して言えば，英国精神医学と心理学では行動主義的器質的伝統が強かったために，臨床精神分析は長い間これらの分野の辺縁にとどめられてきました。これに加えマイケル・ラスティン（Rustin, 1991）の指摘によれば，このように厳密な経験主義的伝統のために文化領域における精神分析の擁護者たちは，経験主義からできる限り離れた思考様式，すなわちラカンの考え方に目を向けてきました。この結果，英国臨床精神分析の際立った強みであるとラスティンが見なす点，すなわち人間関係に内在する情緒的体験に対する注意深い観察が基盤になっているという点を，心理学や精神医学の主流派の人々および学者たちが比較的軽視する，という状況が過去に生じてきました。

フロイト初期の著作を特に限定して読むラカン派のやり方と，フロイトの仕事全体から生じてきたポスト・フロイト派の伝統との大きな相違を，ラスティンは議論しています。無意識の言語に関し夢の研究を通してフロイトが示した点に，ラカンは的を絞っています。すなわち，象徴化，圧縮，置き換えといった機制です。基本的に心は，言語，そしてそれにしみこんでいる文化によって構造化されていると主張するために，ラカンはフロイトの業績を用いています。この主張は，言語と文学に関する構造主義理論に収斂し，ラカン派の支持を受けた，文化の全分野に適用可能な理論を生み出すこととなりました。

初期フロイトの古典的な文献に関するラカンの理解を中心に精神分析を学んだ人は，何十年にも及ぶ臨床精神分析の進歩から取り残されてしまっている，という点をラスティンは心配しています。この人たちが勉強した精神分析は身体の問題を奇妙に避けており，対人関係における情緒的体験

をほとんど考慮に入れていません。しかし最近，英仏両国の学問分野における精神分析の内部で，精神分析の知識は臨床実践から生まれたものであるため臨床から離れた形ではうまく教えられないという認識と理解がよりいっそう深まるにつれて，大きな隔たりは縮小しつつあります。

さて以下の部分では，学問の一分野としての精神分析そのものについて簡単に述べ，その後他の学問分野との関係について議論します。これらの説明はとても限定的で不十分にならざるを得ず，各領域への導入でしかありません。しかし他分野との間で精神分析がどのように知識を豊かにし合っているかについて，いくらかでも伝えられればと思います。

1）精神分析研究学科

精神分析研究学科は，大学院レベルにしか存在していません。精神分析は芸術分野に属するとか，科学分野や臨床分野に属するなどの異なった主張がなされてきた結果，これはさまざまな学部に配置されることになりました。たとえば，健康学部（ケント大学，シェフィールド大学など），社会科学部（ブルネル大学，リーズ・メトロポリタン大学など），そして時には独立した学部（ロンドン大学，エセックス大学）などのようにです。

精神分析研究の教育課程が異なれば，重視する点も異なります。2002年度版大学院案内書に記載されている概略を，例として挙げます。ブルネル大学とリーズ・メトロポリタン大学の修士課程では，臨床理論の基礎知識を得た後，文学，映画など現代における文化現象およびフェミニズム論や政治理論に対する精神分析的接近を中心に学びます。それに対しケント大学やシェフィールド大学では，全体として臨床実践をより重視しており，理論重視の課程に加えて，英国精神（心理）療法協議会認定の精神（心理）療法家資格の取れる臨床重視の修士課程も提供しています（第9章参照）。

ロンドン大学精神分析部門とエセックス大学精神分析研究センターには，上級スタッフすべてが現役の精神分析家，または分析心理学者（ユング派の分析家）であるという特徴があります。これらの施設では，臨床教育よりも理論教育を行っています。しかし臨床に精通している教員の講義には独特の雰囲気があり，臨床精神分析の訓練における中間地点として，これらの学位が役に立ったと感じる学生もいました。

最後に，臨床と学問が再接近している重要なしるしの一つとして，学問上の資格と臨床上の資格の統合を可能にする，長い歴史をもつ臨床訓練の一部と大学との最近の提携も挙げておきます。たとえばロンドンのタヴィストック・クリニックにおける児童精神（心理）療法家になるための訓練は現在，イーストロンドン大学と結びついています。また，アンナ・フロイト・センターの児童精神分析家になるための訓練は，ロンドン大学と学問的に結びついています。

2）精神分析と哲学

　哲学と精神分析はどちらも，それぞれのやり方による広義の対話である，と哲学者のジョナサン・リアは指摘しています（Lear, 1998）。この二つが共通してもっている関心を描写するためリアは，ソクラテスの有名な言葉「探求のない人生は，生きている価値がない」と，彼の根源的な問いである「いかに生きるべきか？」を引用しています。このような視点から見ると，精神分析が科学か否かという論争でどちらに与するかという点以外で，精神分析の考え方が多くの哲学者の関心を引くようになったのはわずか20年前だというのは，驚くべきことでしょう（第5章参照）。

　リチャード・ウォルハイムなど現代の哲学者は，人間であることや生きることとは何かについて哲学的に思索する出発点として，精神分析の視点が有用だと考えています（たとえばWallheim, 1984など）。精神分析に関連した現代の重要な哲学論文の選集を編纂したマイケル・レビン（Levin, 2000）は，フロイトを非難したり弁護したりするためではなく，哲学的思索の中で精神分析理論を実際に利用することに哲学者のエネルギーが向けられるようになったという最近の変化を歓迎しています。

　たとえば精神分析は，愛，憎しみ，良心などの研究を通して，倫理学に関する議論への貢献が可能です。精神分析家であるロジャー・マネーカイル（Money-Kyle, 1955）と哲学者であるリチャード・ウォルハイム（Wollheim, 1984）はどちらも，抑うつポジションと妄想分裂ポジションというメラニー・クラインの考えを利用しています（第2章参照）。この理論的枠組みでは，現実を知ろうとし，無分別や憎悪のため自分にとって必要な対象に与えてしまった損傷を修復しようとする動きが想定されてお

り，これは発達的で愛を原動力としています。そしてこの動きとともに，必要な対象を否定し破壊したいという憎しみあるいは恐怖，またはその両方に満ちた願望が並存しています。このような力動は，私たちが人間として他人の力を必要とする両価的な状況にあるというだけで，倫理性や倫理的葛藤を自然に抱くようになった基盤を提供します。

　精神分析はある意味，デカルトとは対極の人生に関する考え方を提供します。デカルトの考えによると中心となる主体は，完全に意識的で合理的な精神をもって，時間を越えた空間に一人で存在しています。たとえ現在の社会は平等であるとしても，以前の思想家の多く——たとえばトマス・ホッブズなど——は，お互い対等な関係にある完全に合理的な男性市民たちというモデルにはっきりとまたは暗黙のうちに基づいて，心，倫理，社会，政治などに関する理論を作り上げました。そして議論するという目的のためには，ホッブズ（Hobbes, 1651）の表現によると「まるでたった今地面から生じたかのように，そしてお互い何の関与もせず突然成熟する茸のような」存在として，これらの男性がみなされるのは全く問題ないと考えられました。フェミニスト哲学者で社会理論家のセイラ・ベンハビブ（Benhabib, 1992）は，母親に対する普遍的依存で始まる私たちの複雑な相互依存を否認する実例として，これを引用しています。それはまるで，人間が赤ん坊として生まれ出たり他の人に依存したりすることなく，社会を生み出せるかのようです。

　人間関係の複雑さと非対称性に再び目を向けるべきだというベンハビブの主張を支持するために精神分析がどのような形で役立てるかを，エミリア・ストイアマン（Steuerman, 2000）は議論しています。モダン主義とポストモダン主義の間の論争を分析するためストイアマンは，フロイトとクラインの考えを利用しています。対象関係論の長所は，他の人との関係を経由してどのように私たちが生まれ出るかを示している点だと，ストイアマンは考えました。そしてこの関係は，母親に対する絶対的な依存で始まります。したがって研究の対象とすべきものは，一人の心だけではなく，二つの主体間で進行している対話的なプロセスなのです。

　社会理論家で政治理論家のマイケル・ラスティン（Rustin, 1999）と精神分析家のデヴィッド・ベル（Bell, 1999）は，モダン主義的で実証主

義的な哲学上の立場を守るために，対象関係理論を用いています。二人の見方によると心的事実は，発見されるためそこに存在しています。つまりある人の内的世界は，単に自然界の別の部分であるに過ぎないのです。但し転移‐逆転移の相互作用がとても複雑なため，他の人がそれを研究しようとする場合，とても複雑で専門性を帯びたものとなります。そして患者に関する知識は常に近似値でしかなく，分析家の（記述的な意味での）主観的体験を通してのみ得られます。しかしながらこれは，認識論的な意味における客観的な手段によって，つまり自分自身の主観に対し第三者的に観察する立場を取るという手段によって，このような知識を得るのは不可能だという意味ではありません。

3）精神分析，文学，芸術

　精神分析と芸術は相互に関係をもっており，お互いに知識を広げあっています。フロイトが心に関する洞察を得られたのは，文学を愛しその知識が豊富だったからでもあります。そしてしばしば，ゲーテなど偉大な作家を引用しています。作家，文芸批評家，精神分析家は共通して，言語，象徴，共鳴，連想による結びつきなどに深い関心をもっています。芸術作品の内容は，抑圧された幼児的願望を表象しているというのがフロイトのもともとの考え方であり，芸術作品の創造を白昼夢と結びつけました（Freud, 1908）。たとえばレオナルド・ダ・ヴィンチの研究（Freud, 1910）など，「心理学的伝記」のジャンルをフロイトは創始しました。しかし，美学に関する精神分析理論，すなわちあるものがはかなく消えてしまわずに真の芸術となるための条件は何か，という点に関する精神分析理論を考え出してはいないと，フロイト自身も気づいていました。したがって多くの芸術批評家や文芸批評家が，フロイト初期の研究には限界があると考えたのは当然でした。

　しかしベル（Bell, 1999）は，芸術に関する最近の精神分析的論文を集めて編纂した選集において，次のような指摘をしています。人生の無常さを思い知らされるという理由で，周囲の美しさから目をそらした散歩友達について描写した「無常ということ」（Freud, 1916）という論文がありますが，それを読むとフロイトは，美に対する感受性と喪を行う能力との

関係について直感的に何かをつかんでいたようであるというのがその内容です。

　フロイトのこのような直感をスィーガル（Segal, 1952; 1957）は拡張し，喪と抑うつポジション，そして喪を行う能力に関するクラインの考え方（第2章参照）を用いて，美学と象徴形成についての理論を作り上げました。芸術は修復する機能をもっており，内的損傷を修復しようとする創造者の苦闘を表現しているとスィーガルはみなしました。たとえ悩んだとしても，また実際に悩んでいる場合は特にですが，芸術的才能があれば，陰鬱で苦痛に満ちた問題を表現して徹底操作することができるのです。スィーガルの考える深みを伴った芸術作品は，美しさと醜さの両者を含んでいます。そしてギリシア悲劇は，内容に人生の恐怖と醜さが反映されており，形式に美しさが表現されているため，これに当てはまります。芸術的創造性における深みという現象をブリトン（Britton, 1998）はいっそう探求し，願望充足的な白昼夢や心的錯覚に基づいて現実逃避の作り話が生じる道筋と，心的現実に基づいて真面目な小説が生じる道筋とを区別しました。そして後者は，白昼夢にふけることよりも夢を見ることにより近い過程です。すなわちそれは，真実の回避ではなく，本能的な心的真実の探求なのです。

　マリオン・ミルナー（Milner, 1957）は異なった精神分析用語を用いて，類似した問題に取り組んでいます。創造的活動においては，夢想，キーツのいう「負の能力」，意識のコントロールの緩和などが必要であると，ミルナーは強調しました。ミルナーの考えは，遊ぶ能力が創造性にとって最も基本となるものだとみなしたウィニコット（Winnicott, 1971）の考えと似ています。移行空間または可能性空間を発達させるため，早期の環境は子どもにとって十分に良くて信頼に値するものでなければなりません。この空間は「自分」でも「非自分」でもないその間のどこかにあり，内的世界と外的世界の間にあります。そしてこのパラドックスについてウィニコットは，解決できないもので，解決してはいけないものだと強調しています。子どもの移行対象は最初この空間に所属し，この空間において，遊びが最終的に文化的な世界へと広がっていきます。

　精神分析家は，文芸批評や芸術批評に貢献したり，精神分析理論を描写

するためにいろいろな文学作品を用いたりしてきました。またベルが編纂した選集が示しているとおり，時にはその両方を同時に行ってきました。学術領域の文芸批評家も，精神分析理論を広く利用してきました。ライト（Wright, 1984）は，過去何十年以上にわたり芸術作品を研究するために用いられてきたさまざまな精神分析の考え方について，包括的な記述をしています。フロイトは当初，芸術家のパーソナリティに対する解釈を強調していました。しかししだいに，架空の登場人物，作家と読者の関係，創造的過程そのものなどが分析されるようになりました。

　フェルディナン・ド・ソシュールの構造主義的言語学の影響を受けたジャック・ラカン（彼の考えについては，第4章でも短く議論しています）は，夢や神経症症状における，隠されて分かりにくい言語に関するフロイトの発見を拡張しました。そして私たちがその中に生れ落ちた言語が，私たちの存在自体を構造化し制限するという考えを発展させました。私たちの自己同一性は錯覚であり，私たちは言語の中で言語を通して構造化されると，ラカンは主張しました。フロッシュの表現では，「言葉を通して自分を表現することを学んでいく，もともと存在する主体性があるわけではない。というよりも，もともと存在している意味システムの中で位置を占めることを通して，最初は『空の』主体が具体化していくのである。」となります（Frosh, 1999: 原書140ページ）。ラカン自身は，「ものの世界を創造するのは，言葉の世界なのである」と表現しています（Lacan, 1953: 原書65ページ）。

　ラカンの考え方は，家族や学校といった組織の文化や言語を通した社会的同一性の形成や社会的イデオロギーの伝達に関するアルチュセールの理論に，影響を与えていきます。またラカンの業績は，1970年代に新しく生じた，文芸理論における精神分析的構造主義的接近法にもつながっていきました。この接近法は，作品の原文そのものに含まれた心的過程に焦点を当てます。その結果，作品の原文は内容を伝達する媒体であると当然のようにみなされることはもはやなくなり，原文そのものが詳細な探索，または「脱構築」にさらされるようになりました。読者と作者はどちらもお互いに，そして作品の原文に対して転移を起こしているとみなされました。極端な場合には，読者と原文の作者とを区別する意味があるかどうか，疑

問に付されるようにもなりました。

　性同一性そのものが，子どもの生れ落ちた言語の世界から押し付けられたものだというラカンの考え方は，フェミニスト文芸理論の発達において重要な役割を果たしてきました。しかしフロッシュ（Frosh, 1999）が指摘しているとおり，このような言語決定論は，個人としての女性（または男性）という存在の価値をなくしてしまうかもしれないという問題を生じます。また，すべての文化が家父長的な父の法であるというラカンの主張は，女性を文化の外側という奇妙な立場に追いやってしまうようです。

4）精神分析と映画

　1895年のウィーンで，ブロイアーとフロイトの『ヒステリー研究』が出版されて精神分析は生まれましたが，その年にパリでリュミエール兄弟が世界で最初に映画を上映しました。『精神分析的探究』という雑誌の，精神分析と映画に関する特集号に，ダイアモンドとライ（Diamond and Wrye, 1998）は序文を書いています。過去100年以上にわたって精神分析と映画はどちらも，心的現実に深く関わってきたと二人は指摘しています。すなわち心的現実を理解し，深く考え，それを形作ってきたのです。映画はしばしば，無意識の言語を用います。精神分析と映画はどちらも，私たちの自分自身に関する認識を変化させてきましたし，お互いに影響を与え合っても来ました。

　映画製作者は，無意識についての考え方や分析過程などに引き付けられ，刺激を受けてきました。そして精神分析の描写（時には誤った描写）を通して，それを大衆化してきました。精神分析家の側も映画に魅了され続けており「国際精神分析誌」は1997年以来，映画の展望記事を定期的に掲載しています。この企画を紹介しているギャバード（Gabbard, 1997）の招待論説は，たとえば観客の分析，映画製作者の無意識に関する考察，根底にある文化に特有な神話の詳細な説明など，映画に対するさまざまな精神分析的接近についての有用な概説となっています。精神分析家と映画の研究者は，創造的な協調関係を築きあげて来ました。そしてたとえば，毎年行われる精神分析的映画祭や，映画が上映され議論される企画などにおいて協力してきました（第9章参照）。

5）精神分析と社会問題

　精神分析理論の社会学的政治学的適用については，第 5 章の政治的イデオロギー的精神分析批判に関する議論の中でも触れました。個人の自由を尊重し受け入れがたい真実を表明するという特徴があるため，第 4 章で見たとおり抑圧的な体制下では禁止されてしまうというのが，精神分析の特筆すべき点です。

　個人と社会の関係に関するフロイト（Freud, 1930）の立場は，社会を守り文化という仕事にエネルギーを向けるため人間の本能はコントロールされなければならない，というものです。社会による制約と，抑圧という内的な力による制約は，エディプス・コンプレックスを徹底操作し，手に入れられないものを断念し，超自我を発達させなければならないという必然性によって結びつきます。クラインなど後の思索家多数と同様フロイトも，葛藤と争いは人間の避けられない一部であり，社会はそれを管理しなければならないと考えました。

　精神分析の「自己心理学」学派の創始者として第 3 章で記述したハインツ・コフートなどのように，より理想主義の色彩を帯びた精神分析理論家は，人間の「本質」が善良であり，葛藤と無縁ですらありうる，とみなす傾向があります。コフートによると私たちは，両親や社会の欠損ゆえに変形させられており，理想的な社会であれば少なくとも理論上，完全な存在となりうるのです。これを示すため，コフート晩年の論文のひとつから，その一部を引用します。

> 　世代間の争い，殺し合いの願望，（発達上の正常なエディプス段階とは区別される）病的エディプス・コンプレックスなどは，人間の本質と関連しているのではなく，どれほど頻繁に起こるとしても，それは正常からの逸脱であるという点を，伝統的な精神分析の見解を支持するより多くの人に対して納得させられないのはなぜでしょうか？　……発達していく子ども時代の動きは楽しいと経験され，純粋な形で生じるのはまれですが，それこそが正常な状態なのです。……これに対し親の世代は，誇り，自分を豊かにする共感，喜びに満ちた映し返しなどで次の世代に反応し，若い世代が自分らしく発展していく権利を肯定するのです

(Kohut, 1982: 原書403ページ)。

これとは正反対の理論としてメラニー・クライン（Klein, 1960: 原書271ページ）は，母親（他者）に向けられた愛情と憎悪による生まれながらの葛藤を強調しています。

> 母親に対する，そして母親の提供する食物，愛情，養育に対する良い関係は，赤ん坊が安定して情緒を発達させる基礎となります。しかしながら……とても望ましい状況下においてさえ，愛情と憎悪による（またはフロイトの用語では，破壊的な衝動とリビドーによる）葛藤は，重要な役割を果たしています。……ある程度は避けられない欲求不満が，憎悪と攻撃性を強めます。赤ん坊が欲するときにいつも授乳されるわけではない，ということだけを欲求不満と呼んでいる訳ではありません……母親がいつもそばにいて，自分だけに愛情を注いで欲しいという無意識の願望が存在しているのです。貪欲に，最も恵まれた状況でさえ満たせない程求めるというのは，赤ん坊の情緒的な活動の一部です。破壊的な衝動とともに赤ん坊は，羨望という感情も経験します。羨望は貪欲さを強め，手に入る分だけで満足して楽しむ能力を妨げます。

現実にはこれらの理論のどちらを支持していようが，この本の中で見てきたとおりすべての精神分析家は，生まれついての気質と養育環境とが複雑な形で絡み合っていると考えています。しかし政治学や社会学という文脈である一つの理論を支持するということは，良い社会に関する構想が異なるということを意味するでしょう。社会心理学者のスティーブン・フロッシュ（Frosh, 1999）と社会学者のマイケル・ラスティン（Rustin, 1991; 1995）はどちらも，その起源が何であれパーソナリティにおける破壊的な力の存在は避けられないという見方をする傾向があり，より良く「コンテインする」社会という自分たちの構想にその力を組み入れています。

もし愛情，憎悪，羨望などが，内側や外側から複雑な形でどのように生じているかを理解できれば，私たちは心の中の状態を真剣に受け止められるようになり，それを相手に投影したり過酷に報復したりする代わりに，しっかりと考えていくことが可能になります。この結果，対人関係を促進

させるような形で，学校，病院，工場，監獄などの施設を設計しやすくなると，フロッシュとラスティンは述べています。このようなやり方は，組織の中でうまくやっていくために，精神分析的な考え方を導入したこの章の前半と類似しています。

　社会で行われたある実験がなぜ成功または失敗したかという点に関して精神分析は，そこから知識を得たり，その理解を助けたりすることができます。精神分析と関連が深く関心も高かった成功例の一つとしては，南アフリカにおける「真実と和解委員会[訳注4]」の仕事が挙げられます。これに関しては，英国精神分析協会で毎年行われているアーネスト・ジョーンズ記念講演の中で，リチャード・ゴールドストーン判事（Goldstone, 2001）が，他の類似したプロジェクトの経緯と合わせて議論しました。

　最後に，社会における暴力や不寛容の問題に対する精神分析からの貢献について述べます。ハンナ・スィーガル（Segal, 1987; 1995）は，核戦争の脅威に関する研究に貢献しました。良いと思うものを救ったり守ったりするために戦争を遂行する心的状態と，何者も生き残れない種類の戦争と結びつく万能感に満ちた破壊的な心的状態を区別するという興味深い仕事を，スィーガルは行いました。ファクタリー・デイヴィズ（Davids, 2002）は現在，人種差別に対する精神分析的研究に貢献しています。スィーガルとデイヴィズはどちらも，人格の「病理構造体」という概念を用いて考察しています。これは，残酷で全体主義的な構造が，人々の性格や対人関係様式に組み込まれているという考え方です。この領域についてはジョン・スタイナー（Steiner, 1993）が，「心的退避」の研究において記述してきました。そして2002年から2003年にかけて英国精神分析協会が開催した公開討論シリーズのテーマは，「抑圧と全体主義の様相」でした。

　訳注4）「真実と和解委員会」とは，1995年南アフリカに設立された，一種の法廷のような組織。人種隔離政策（アパルトヘイト）の間に行われた暴力行為や人権侵害行為を裁くために設置された。

第8章　精神分析と精神（心理）療法

1．談話療法の多様性

　20世紀初頭に精神分析が生まれて以来，驚く程さまざまな異なった精神（心理）療法が出現してきました。しかしよく調べてみると，それら精神（心理）療法の異なった名前はしばしば，いくつかの基本形というとても限られた範囲内における異なった「銘柄」を表しているに過ぎないのが分かります。この章では最初に，精神（心理）療法における5つの大きな流れの影響をたどり，概念図の提供を試みます。次に精神分析的な接近法に焦点を当て，より頻度の少ない精神分析的個人精神（心理）療法として，いかに精神分析を適用できるかについて見て行きます。また，グループや治療コミュニティ，そしてカップルや家族に対してどのように用いられるかについても見ていきます。そして最後に，精神分析的ではない他の精神（心理）療法のごく一部について，それぞれの元になっている流れをたどりつつ短く説明します。それぞれの治療法について，精神分析との相違，特に治療関係を利用するやり方についての相違について，概略を述べます。

　精神疾患は「変質」に由来すると言う19世紀の考え方に対しては，精神分析の出現以前からすでに異議が唱えられていました。米国のアドルフ・マイヤー，少し後になって英国のヒュー・クライトン―ミラーなどは，精神医学におけるより人間的な接近法を提唱した最初の人たちでした。その接近法では，社会的要因と生まれつきの要因が相互に作用しているとみなされていました（Pilgrim, 2002）。そしてこの精神医学モデルは，身体治療を併用し，共感，支持と説得を組み合わせた形の，形式にとらわれない折衷的な精神療法モデルを生み出しました。フロイト自身も初期には，このモデルに従って治療していました。そして，正式な精神分析モデルに

代表される外国から輸入された接近法よりも，英国生まれの実用的で折衷的な接近法の方が，全体として英国精神保健サービスの本道として残ってきたと，ピルグリム（Pilgrim, 2002）は指摘しています。精神分析の考え方は，ロンドンのタヴィストック・クリニックなど少数の精神保健サービス機関に根付いたものの，英国の精神医学や心理学の流れにおいては，辺縁に留まって来ました。

　上述した折衷主義からの影響と精神分析からの影響に加え，精神（心理）療法における第3の大きな流れとして，学習理論やパブロフ，スキナー，ワトソンの業績に基づいた行動モデルが挙げられます。英国における厳密な行動モデルの全盛期は1950年代から1970年代にかけてであり，獲得された不適応行動という観点から精神障害が分類されました。そしてこれらの不適応行動は，古典的条件付けやオペラント条件付けといった原理に従い，再訓練によって矯正可能だと考えられました。心という有用な概念は，避けられました。すなわち，一連の正しい刺激が一連のより適切な行動反応をもたらすことが出来れば，心という「ブラックボックス」の中で起きていることは不問にされたのです。

　しかし最近数十年間はブラックボックスが再び開かれ，主観の重要性が見直されています。そして，辛い感情や行動を引き起こす，誤って獲得された「認知」の探索，および再教育の試みが行われています。この結果行動療法の厳しさは和らいで認知行動療法へと変化し，後で見る通り精神分析的な治療法とは全く異なった大きな精神（心理）療法の流れとなっています。認知行動療法モデルは英国合理主義とうまく適合するため，英国の臨床心理学において常に最も強い影響力をもってきましたし，精神保健領域において現在，最も確固たる存在となっています。

　精神（心理）療法における4つ目の流れは，システムズ・モデルによるものです。その理論的基盤は，人類学すなわちグレゴリー・ベイトソンの業績と，生物学と力学における自己調節システムに関する研究の両方にあります。1950年代のアメリカ西海岸で，統合失調症患者やその家族を援助しようとする臨床家による苦闘の中から，システムズ・モデルは生まれました。システムズ理論は，すでに存在していた精神分析的な考え方に対する有用な付加物になると示されています。というのはそれによって，内界

や外界における問題をさまざまなレベルで同時に研究できるようになるからです。

　最後に考察する5つ目の流れは，精神（心理）療法における人間主義運動です。この流れは，特にフェミニスト運動や反精神医学運動そして実存主義哲学などの影響を受けて，1960年代の反権威主義的な反体制文化の中で生まれました。この時代に広く行われだした精神（心理）療法は，さまざまな形で記述されています。たとえば，実存主義的，人間主義的，体験的，または感情免責的，自己表現，思考・分析・理解を超える活動などです。これらの治療法を提唱した人々はその時代の風潮に影響を受け，人間の可能性について楽観的な見方を共有し，悪い面や葛藤を過小評価していました。そして，反復と徹底操作，境界に対する注意深さ，分析者と患者という役割の非対称性などを含む，精神分析の遅々として慎重な性質を，耐えられないものと感じました。このような人間主義的方法は，精神分析や行動主義と結びついた形で，または単独で行われました。

　正統派に対するこのような異議申し立ての多くは米国で生じましたが，その背景には，精神分析にも影響を与えた権威主義的な医学による主導がありました。（第4章参照）当時盛んになった新しい接近法の例としては，カール・ロジャーズ（1902−87）の**人間中心療法**，フリッツ・パールズ（1893−1970）の**ゲシュタルト療法**，ジョージ・ケリー（1905−67）の**パーソナル・コンストラクト療法**などが挙げられます。1960年代の英国では，R. D. レインの業績と，統合失調症患者の治療的退行に関する彼の実験とが，治療における反体制文化の実例と言えます。

　1970年代以来，おびただしく多種類の名前がついた治療法が生まれ，精神（心理）療法を受ける可能性をもった人をとても混乱させてきました。理論や技法のわずかな不一致のためにある人が所属組織から脱退し，異なった名称と専門用語をもった新しい精神（心理）療法学派を設立するという歴史については第4章で見てきましたが，これは現在でも起きています。以下に述べる**認知分析療法**（cognitive-analytic therapy: CAT）のように，異なった接近法を組み合わせた人が，新しい学派を設立する場合もあります。またそれぞれの精神（心理）療法そのものも，時間とともに発展し続けていきます。面接室内での新たな発見の結果，過去100年の間に精

神分析がさまざまな面においていかに変化したかは、すでに明らかになっていると思います。またたとえば**認知行動療法**（cognitive-behaviour therapy: CBT）がどのように発展しているかも、以下の部分で見て行きます。具体的にはたとえば、治療期間をより長くする抵抗や転移を（再）発見したり、治療関係に対してより注意を払うようになったりしています。

2．精神分析的精神（心理）療法

1）精神分析と，個人に対する**精神分析的精神（心理）療法**の関係

　精神分析は、精神分析に基づいたさまざまな治療法の「母体」です。これらの治療法はすべて、理論の基礎やある種の面接態度を、精神分析と共有しています。精神分析そのものは、研究のための重要な基礎資料を提供し続けています。というのは、心や治療関係を詳細に研究するためには、週に4～5回の個人療法という集中的な枠組みのなかで行うのが最も容易であるからです。面接が毎日連続している場合には、間に休みがある場合に比べてより深い関与が可能となります。そして、月曜から金曜まで途切れずに連続した完全な形の分析という経験の中では、安心して分析に没頭し危険を犯せるようになります。セッションの間に一昼夜しかない場合にはしばしば、分析の中で夢という活動がとりわけうまく利用されるようになってきます。

　高頻度の治療関係においては、神経症的問題がよりすばやく完全な形で賦活される傾向があり、その結果治療外の対人関係における負荷は軽減されます。逆説的に思えるかもしれませんが、面接の頻度が高ければ高いほど患者は治療外の生活でより自由になり、神経症的問題にとらわれたり、無益な形で自分の考えにとらわれたりする頻度が減少するというのがしばしばです。そして一度面接が始まると、問題はすばやく再出現するようになり、分析家と患者は分析の作業をどんどん進められるようになります。

　このように週に1～3回の治療はある意味、より難しいと言えますが、多くの患者にとってはしばしば、特に初めの頃はより実行可能でより不安が少ないと感じられるようです。精神分析家と精神分析的精神（心理）療法家の両方が、このような治療を行います。第9章では、包括的な専門家

の統制団体である英国精神（心理）療法家連盟（the British confederation of Psychotherapists）（BCP）を含む，精神分析家と精神分析的精神（心理）療法家の，専門家としての関係についていくらか述べます。精神（心理）療法家を統制するもう一つの団体として英国精神（心理）療法協議会（the United Kingdom Council for Psychotherapy）（UKCP）があり，BCPとUKCPの歴史と両者の関係についても，第9章で議論します。UKCPはより一般的な団体で，やり方の異なった多数の精神（心理）療法を代表しています。UKCPの精神分析部門には，BCPの厳格な必要条件をまだ満たさない訓練しか提供していないさまざまな組織が含まれていますが，その中には条件を満たそうとして活発に動いている組織もあります。

　精神分析的精神（心理）療法における設定や分析的スタンスの原則は，精神分析と同じです。BCPによる精神分析的精神（心理）療法の訓練は，カウチを用いた週3回の治療モデルに基づいています。もし3回の面接が連日行われた場合には，その後4日間の別れと折り合いを付けなければならないものの，患者の受ける経験の強烈さは，特に真ん中の日において，週5回の精神分析と類似したものとなります。これに対して，面接の前後に休みを挟んだ場合には，これとは異なった，よりコントロールされたリズムを生み出します。

　週に1回または2回面接を受ける患者は，必ずしもカウチを使わないでしょう。これはつまり，目に見える治療者の存在が邪魔者として働く可能性があり，転移という経験をより狭くより浅くしてしまうかもしれないということです。たしかに，次の面接まで1週間も待たなければならないこのような低頻度の治療において，カウチを使用して深い経験を促進しすぎるのは，ある種の患者に対して正しくないかもしれません。高頻度の治療という支持構造がない場合，内的な騒乱をある限度内に留め置くために現実世界の確かな支えを必要とするような心理的に脆弱な患者に対しては，これが特に当てはまるでしょう。

2）精神力動的カウンセリング

　この本はカウンセリングという広大な分野を網羅できていませんが，マ

クラウド（McLeod, 2003）はこれを詳細に著述しています。「精神力動的」という言葉は，精神分析が関与する意識的無意識的な心の動的な力を言い表しています。実際のところ，精神分析的精神（心理）療法と，精神力動的カウンセリングと呼ばれるさまざまなカウンセリングの間にはいくらかあいまいな領域があり，治療の質は，その臨床家が受けた訓練と臨床経験によって決まります。（カウンセリングと精神《心理》療法の境界の曖昧さは，最近英国カウンセリング協会が英国カウンセリング・精神《心理》療法協会に名前を変更したという点に反映されています。）精神力動的カウンセリングを振興した中心人物は，マイケル・ジェイコブズです（Jacobs, 1999参照）。

　精神力動的カウンセラーは，クライエント（普通，患者よりもクライエントという言葉が使われます）と対面で，必ずというわけではありませんがしばしば，どちらかというと短期間の面接を行います。そして現在の外的課題と問題解決に焦点を当てますが，転移と逆転移にも注意を払い，時にはそれに基づいて解釈します。カウンセラーになるための訓練は，英国精神（心理）療法家連盟の精神（心理）療法家になるための訓練よりも短期間で負担がより軽く，典型的には2～3年間で，訓練のため高頻度の治療を受ける必要は必ずしもありません。ある人がどのような頻度と深度の治療を欲し必要としているか，そしてその時点でカウンセリングと精神（心理）療法のどちらに紹介するのが最も良いかは，適切な診断面接によってしばしば明らかになります。現在GP[訳注1]の診療所にはしばしばカウンセラーが雇われており，その中には精神力動的な志向性をもっている人もいます。より高い教育を受けたカウンセラーの中には，精神力動的な立場で仕事をしている人もたくさんいます。たとえば，人間主義的，認知的，折衷的など，異なった志向性をもったカウンセラーもいます。

3）児童や青年に対する精神（心理）療法

　成人と同様児童や青年に対しても，週4～5回の正式な精神分析や，週1～2回の精神分析的精神（心理）療法は行えます。治療作業の基本原理

訳注1）英国の一般開業医。第1章訳注2）参照。

や，治療関係を利用するやり方などは成人の分析的な治療と同じですが，その枠組みにはいくつかの修正が必要です。より幼い子どもの場合，言葉と同程度に遊びが表現手段として用いられるため，面接室には遊び道具と適切な強度が必要です。両親は，大人の治療作業には存在しない重要な要因となり，幼い子どもが治療にやって来られるかどうかは結局両親に掛かっているという意味で，特に大きな問題となります。子どもが治療を受けている期間中，普通両親には何らかの援助と話し合いの場が提供されます。そして治療者と子どもの守られた治療関係への侵入を最小限に食い止めるため，治療者の同僚がしばしばこの役割を引き受けます。児童に対する精神（心理）療法や精神分析の提供は大人に比べてより込み入ったものとなり，より複雑な枠組みを必要とするため，個人の相談室よりもきちんと運営されている診療所という設定のほうが，うまく行える可能性が高くなります。児童や青年に対する精神（心理）療法が，成人に対するものと比べ，英国国営医療機関（NHS）の診療所や慈善団体などの公的枠組みで行われることが多いのはこのような理由にもよります。

　英国において児童精神（心理）療法家になるための訓練は，児童精神（心理）療法家協会が管理しています。児童精神（心理）療法家になるための学校は英国に5つあり，3つはロンドンに，1つはバーミンガムに，1つはエディンバラにあります。児童精神（心理）療法家は，両親や子どもの世話をする専門家に対して援助をするとともに，児童や若者に対して個人精神（心理）療法を提供します。このような訓練の大部分は臨床家自身の費用負担で行われますが，最近は英国国営医療機関（NHS）が有給の研修ポストを提供する場合もあります。

4）精神分析的集団精神（心理）療法

　グループを精神分析的に利用し始めるようになる大きなきっかけとなったのは，第二次世界大戦中に行われた兵士に対する精神科リハビリテーションの実験でした。ウィルフレッド・ビオン，S. H. フークス，トム・メインの3人が主要な人物であり，それぞれがグループの精神分析的研究において独自の考えを発展させました。精神分析的集団精神（心理）療法では，中立的規則的で時間を限定した空間をグループのために設定し，その参加

者をほぼ一定にすることで個人精神分析の原理をグループに当てはめています。そして個人に対する分析的治療と同様に，前もって議題を決めずに構造化されない議論を自然に生じさせます。「コンダクター」または「グループ分析家」と呼ばれる場合もある治療者は，個人療法のように関与しながらの観察者としての役割を果たし，部屋の中で起きていること，特に隠されたり話されなかったりすることを見つけられるようグループを援助します。

　グループ全体が，グループそのものやリーダーに対してどのように機能するかを，ビオン（Bion，1951）は記載しています。そこで**基底的想定**を記述していますが，これは，創造的にグループが機能している状態である**課題集団**と対立するもので，不安に対してグループ全体が用いる無意識的防衛です。フークス（Foulkes and Anthony，1973参照）は，メンバー相互，そしてコンダクターに対する転移という錯綜した基盤により近づく立場を取りました。ビオンとフークスの業績から生まれた2種類の集団療法のやり方はかなり異なっていますが，現代の分析的グループはしばしば双方の考え方を取り入れています。

　3人目のトム・メイン（Main，1989参照）は，**治療共同体**での治療に精神分析的な考え方を当てはめました。これは，居住型の共同体において個人が，自分自身や対人関係について学ぶ援助を受けるというものです。メインは，サリー州リッチモンドにあるカッスル病院で働いていました。英国国営医療機関（NHS）に属するこの病院が行う入院加療の主な特徴は，職員相互の関係に注意を払うという点です。そして一人の患者の内部または患者相互における分裂を解明するために，職員相互の考え方の不一致や相違を分析して取り扱います。共同治療者間の関係に対するこの種の分析は，**精神分析的夫婦療法または家族療法**において，夫婦または家族をより理解するため同じように用いられます。

5）英国国営医療機関（NHS）における精神分析的精神（心理）療法

　成人または小児，青年に対するものであれ，個人または集団に対するものであれ，英国国営医療機関（NHS）で提供される精神分析的精神（心理）療法はとても不足しています。多くの他地域に比べロンドンは恵まれ

ていますが，そのロンドンでさえ精神分析的精神（心理）療法を受けられる地域は限られており，それを受けるため普通とても長い期間待たなければなりません。そして提供されたとしても普通は週1回で1年間かそれ以下のみで，そこで行える作業には限界があります。1981年に，公的な保険部門において行われる精神分析的精神（心理）療法の発展を目的として，利益団体かつ圧力団体としての英国国営医療機関（NHS）精神分析的精神（心理）療法協会（the Association for psychoanalytic psychotherapy in the NHS）（APP，詳細は237ページを参照）が組織されました。英国国営医療機関精神分析的精神（心理）療法協会は現在，多くの部会（たとえば，一般精神医学部門，GP部門，児童・家族部門，看護部門など）をもち，「精神分析的精神（心理）療法」という独自の雑誌を出版しています。また講義や学会を開催したり，教育を行うための組織を運営したりもしています。

　英国国営医療機関（NHS）における，精神分析的精神（心理）療法の立場は複雑です。児童や青年に対する場合を除き，英国国営医療機関（NHS）には実際のところ，精神（心理）療法家と呼ばれる*専門職*は存在していません。正しく言うと精神（心理）療法は，数種類の専門職のどれかに属する臨床家が，専門家としての訓練を修了した後に行う*活動*なのです。英国国営医療機関（NHS）に属する病院や診療所において精神（心理）療法部はしばしば精神科の一部となっており，特別な訓練を受けた精神科医であるコンサルタント精神療法家が責任者を務めています。これらの精神（心理）療法部は時々，少なくともある程度精神分析的に方向付けられた治療を提供します。心理部門も主な業務の一つとして心理療法を提供しますが，それは精神分析的心理療法よりも，認知療法，行動療法，折衷主義的な治療法などである場合が多いでしょう。

　臨床心理士，ソーシャルワーカー，看護師などの専門家も，精神分析的心理療法家になるための訓練を受けているかもしれません。これらの専門家はしばしば，英国国営医療機関（NHS）外部の組織でこのような訓練を受けており，その内少数が精神分析家になるための訓練を精神分析インスティテュートから受けています。ほとんどの場合このような訓練は，その臨床家自身による費用負担で行われます。ロンドン北部にあるタヴィス

トック・クリニックはNHSに属する専門機関で，（システムズ理論に基づいた家族療法とともに）精神分析に基づいた治療を提供しています。タヴィストック・クリニックは，精神科医，臨床心理士，ソーシャルワーカー，看護師に対し，精神分析的精神（心理）療法を行うための綿密な訓練を提供する，英国国営医療機関（NHS）における数少ない施設の一つです。また，多様な専門家集団に多数のコースを提供し，その業務に関する精神力動的またはシステム的な視点を持てるようにもします。タヴィストック・クリニックの仕事に関するドキュメンタリー番組が1999年に英国放送協会（BBC）で放映され，同時にそれについての本（Taylor, 1999）も出版されました。

　精神分析的精神（心理）療法が，入院または通院による集中的なプログラムの一部になっている英国国営医療機関（NHS）の施設は，少数ながら存在します。この中には，ロンドン西部のカッスル病院，サリー州のヘンダーソン病院，ロンドン北部の聖アン病院にあるハリウィック・デイホスピタルなどが含まれます。このような施設は，数カ月から1年間継続するプログラムを提供します。このプログラムは，患者が自分の感情，受け止め方，衝動に基づいてそのまま行動してしまわず，それについて考えるよう仕向けられた環境で行われる個人療法と集団療法が組み込まれています。

　英国国営医療機関（NHS）においてこのように不足しがちで高価な治療を受けるためには，その患者が重篤な困難を抱えており，地域にそのような枠組みがあるという普通でない程の幸運に恵まれねばなりません。このような施設に紹介される典型的な患者は，対人関係，仕事，育児など，人生における多くの領域で困難を抱えています。重篤な自傷行為や自殺企図があったかも知れません。患者は通例，衝動や感情を取り扱う上での問題を抱えており，子ども時代に虐待や外傷を経験しています。このような患者の苦悩は深刻で長期間にわたり，通常の精神科治療には反応しないのが普通です。したがって，精神分析に基づいた治療の有効性を最近の研究が示しつつあるのは心強いと言えます。（第6章参照）

　成人に対する精神（心理）療法家とは異なり，児童や青年に対する精神（心理）療法家は英国国営医療機関（NHS）における専門職として充分に

組織されていますが，その数は少数です。児童や青年に対する精神（心理）療法家は普通，児童・青年期精神保健サービスにおける多職種チームの一員として働きますが，その他の枠組みで，児童や家族の治療をしたり，児童精神保健の専門家とともに働いたりします。児童や青年に対する精神（心理）療法家が充分に組織され認識されている理由の一つには，児童精神（心理）療法家協会（the Association of Child Psychotherapists）（ACP）が唯一の包括的な専門家統制団体である，という点があります。

3．分析心理学（ユング派精神分析）

1913年にフロイトとユングが袂を分かって以来（第3章参照），精神分析と分析心理学それぞれのインスティテュートと訓練は別々に発展してきましたが，最近は理論面および臨床面での*和解*が生じています。ユング派分析家の多く，特にロンドンの分析心理学協会（the Society of Analytical Psychology）（SAP）で訓練を受けた分析家たちは，精神分析家と同様，患者や訓練生に対する高頻度の治療が重要だと考えています。分析心理学協会と精神分析インスティテュートにおいて，訓練の深さと頻度は類似しています。また，発見をどのように概念化するかという点は異なっていますが，ユング派分析家はしばしば，精神分析家と似たようなやり方で転移と逆転移を利用します。フロイト派分析家とユング派分析家の間にはこのような共通した部分があったため，たとえば英国精神（心理）療法家連盟（BCP）の設立などにおいて，両者は協力するようになりました。いくつかの学部においてユング派精神分析の考え方は，精神分析の考え方と並んで提示されています。たとえばエセックス大学の精神分析研究センターには，ユング派とフロイト派両方の教授がいます。ユング派分析という重要な領域を，ここできちんと描写するのはもちろん不可能です。したがってその代わりに，理論面臨床面における現代ポスト・ユング派についての解説として，アリスターとホーク（Alister and Hauke, 1998）の著作を参照すると良いかもしれません。

4．精神分析以外の精神（心理）療法の比較

その他の精神（心理）療法の理論や方法論について，しっかりと評価する力量を私たちはもっていませんし，この本にはそれだけの余地もありません。この問題は，たとえば，ベイトマン，ブラウンとペダー（Bateman, Brown and Pedder, 2000）の本など，別のところで詳しく取り扱われています。この章の主な目的は，精神分析と他の精神（心理）療法における実際上の違いを，読者のため明確にすることです。これらの違いは主に治療関係をどのように利用するかという点であり，ここでは最初に分析的スタンスの際立った特徴を再び述べます。

1）精神分析的スタンスの特殊性

分析的スタンスを維持するのが困難な理由の一つは，それが対人関係における直感とは相容れないという点です。第1章で見たとおり分析家は，状況をすぐ心地よくする代わりに，それを観察して考えるというある種の緊張感を保たねばなりません。個人の経験を共有したり，権威的になったり，よりはっきりと居心地良くしたりなどの，自然に生じる社会的反応を我慢する結果生じる，他に比べて中立的な分析家の態度は，問題を含んだ患者の対人関係パターンという激しいものを自分に引き寄せます。逆説的ですが，もし社交上より普通に振舞うという圧力に屈した場合分析家は，実際には歪められた転移像として経験され続けるでしょう。そしてその圧力に耐えて理解できた場合患者は，新しいより現実的な種類の像を発見する機会を得られるでしょう。

それに比べ他の精神（心理）療法の多くは，より普通の社交的な立場を意図的に利用しています。そしてこれらは，先生，両親，友人などの慣れ親しんだ関係を形式化したものと認識されやすくなっています。その結果いくつかの精神（心理）療法は患者にとってすぐに受け入れやすく，不安を生じにくいものとなります。転移による変形や逆転移による圧力は，あらゆる人に対して生じるのと同様分析的ではない治療者に対しても生じ，時に効果的な治療を妨げるかもしれません。分析的でない精神（心理）療

法家は時々転移や逆転移にしっかりと気づき，これらの要素を考慮に入れるかもしれません。しかし精神分析のように，転移や逆転移を中心に直接扱うことはないのです。

2）人間中心療法

　米国の心理学者であったカール・ロジャーズ（1902-87）は，人間中心カウンセリング，または人間中心精神（心理）療法として知られるようになったものを作り出しました。この治療法は，折衷的接近法と人間主義運動に由来しています。人間中心療法家は，精神分析家といくつかの共通点をもっています。すなわちどちらも，治療関係が主要な変化をもたらす媒体であるとみなし，治療者による一定で批判しない共感的な態度の必要性を強調しています。そして決められた議題に従うよりも，患者が自分の心配事を話すような，時間的空間的な境界はあるものの本質的には構造化されていない枠組みを提供します。しかし精神分析家と違い人間中心療法家は，理解するための主要な手段として転移や逆転移を用いませんし，心の無意識的な側面に多くの関心を払ったりもしません。また人間中心療法家は平等な治療関係を目指し，それゆえに普通自分達を精神（心理）療法家ではなくカウンセラーと，一緒に作業する人を患者ではなくクライエントと呼びます（Thorne, 2002参照）。

　人間中心運動は，あらゆる人に前向きな自己実現の可能性が存在していると強調します。たいていの場合この可能性は，他人からの激しい非難や条件付きの愛情によって，赤ん坊の頃から押さえつけられてきました。関係性における体験は良くも悪くも働くため，治療者は誠実で無条件に肯定的な関係を提供しようとします。このような関係は，暗くて寒い場所から明るくて暖かい場所へ植物を移動したときのように，クライエントの可能性を開花させます。人間中心療法家は，「患者と自由に，そして充分に関係をもつのをためらいません……そして適切だと考えられる場合には，自分の強さや弱さを明かすのもためらいません」とソーンは記述しています（Thorne, 2002: 原書141ページ）。

　人間中心療法は，広範囲の困難や心配を抱えた，さまざまな種類のクライエントを援助できます。しかしおそらくそれが最も役に立つのは，生活

上ほぼうまく適応できている人に対してであろうと、ソーンは述べています。ソーンは言います。「人間中心療法が最も有効なのはおそらく、苦痛な感情に直面して変化していこうという、強い意欲のあるクライエントに対してでしょう。このようなクライエントは、情緒的な危険を犯す覚悟が出来ており、たとえ親密さを恐れていたとしても、信頼したいと思っているのです。」(同書: 原書142ページ)

3）ゲシュタルト療法

ゲシュタルト療法は当初、フリッツ・パールズ（1893－1970）とローラ・パールズ（1905－92）が発展させました。パールズ夫妻はドイツで精神分析の訓練をいくらか受け、第一次と第二次世界大戦の間盛んであった前衛運動に参加していました。ゲシュタルト心理学に加え二人は、実存主義哲学と実験劇場にも関与していました。1930年代には急進左派の要注意人物となり、ナチスから逃れざるを得ませんでした。ニューヨークでその地位を確立した後フリッツ・パールズは、カリフォルニアの急進的なエサレン研究所に移りました。そして最終的にパールズの新しい治療法は、1960年代における人間主義的治療という反体制文化の一部として普及し始めました。（患者の分裂した「ゲシュタルト」または全体を治療するため）パールズは、さまざまな運動やゲームを用い、しばしばグループという形で患者自身についての認識を深めさせるようになっていきます。当時行われた初期のゲシュタルト療法においては、試行的で対決を辞さないようなグループ技法が強調されていました。時にグループは長時間続き、強烈な形で感情を露わにさせました。参加者の防衛は指摘されて批判され、その結果開放されたと感じることも、不安定になることもありました。言葉による理解や過去のつながりよりも、今ここにおける情緒的体験が強調されました。初期のゲシュタルト療法家は指導者や先導者であり、「教祖」のようにカリスマとして理想化される可能性がありました。

年月を経るに従ってゲシュタルト療法は成熟し、より対決色の薄いカリスマ的でないものに発展しました（Parlett and Hemming, 2002参照）。現在のゲシュタルト療法はしばしば長期間続き、強烈ではない形で一対一の対面法で行われます。その治療スタンスは、いくつかの重要な点におい

て分析的スタンスとは異なっています。すなわち役に立つと判断した場合治療者は，しばしば自己について開示します。そして時には以前のような積極技法を用いるかもしれませんし，そこには患者との一時的な身体接触が含まれるかもしれません。精神分析と同様，今ここでの経験が強調されます。しかし透明なほど率直で積極的であるために治療者は，転移を受け入れる対象として自分自身を提供することはありません。そしてほとんどの場合，「治療以外の」対人関係における困難を見ていくという，患者と協調する立場を取り続けます。

4）システムズ理論による精神（心理）療法

　システムズ理論は，1950年代にいくつかの理論が統合されて生じました。一つ目は，1950年代から1960年代にかけてカリフォルニアで行われた，人類学者のグレゴリー・ベイトソンによるコミュニケーションに関する研究です。二つ目はフォン・ベルタランフィによる一般システムズ理論，そして三つ目はサイバネティックス，すなわち自己調節システムに関する研究です。人間は，一連の開放システムの中に存在しているとみなすのが可能です。これらのシステムはお互いはっきりと区別されていますが，透過性ももっています。たとえば個人は，それ自身が家族というより大きなシステムの一部である母子システムの一部です。そして家族システムは，大家族，学校，近隣，全国などのように，次々と重なり合う同心円状システムの一部となっています。システムズ理論の用語で考えると，子どもの不安や不機嫌は，家族システムの別の部分における問題，たとえば両親の関係における問題を指し示しているのかもしれません。また，より高位システムのレベルで考えると，ある国における失業率の増加は，抑うつ的な個人の増加につながるのかもしれません。

　システムズ理論は，特に家族に対する治療法を生み出しました。児童青年期精神保健事業（child and adolescent mental health services）（CAMHS）では，行動または感情に関する困難を抱える子どもに対し，家族療法をとてもよく用います。この治療法では数カ月の間，普通は2～3週間に1回の割合で，家族全員が治療者と会います。この場合の治療は，二人の治療者というか，一人の治療者とマジックミラーの背後にいる「熟

慮役」一人という形で行われるのがしばしばです。そして治療者は，家族の構成員がお互いの関係性において果たしている役割や，家族として直面している問題について考えるよう励まします。ときには家族と会っている最中に二人の治療者が，家族について観察したり考えたりした点について，家族に見られながら意見を述べたり議論したりするかもしれません。時にはマジックミラーの背後にいるメンバーが，自分の観察を述べそれについて考えるために，話し合いを止めたりするかもしれません。このような方法によって，異なった視点を持てたり，それについて考えたりできるという態度を，家族が模倣できるようになるのです。

　精神分析や精神分析的精神（心理）療法において，家族関係はしばしば議論の対象となります。しかし家族関係の経験され方や，家族関係という形での表現され方に影響する，個人の*内的*な関係（第1章参照）に，これらの治療法は主な関心を向けます。それに対してシステム家族療法は，家族システムに属する人たちの間で作用する関係を興味の中心としています。これら二種類の治療法はどちらも，参加者が自分自身を観察しそれについて考えるよう仕向けます。しかし精神分析的精神（心理）療法と違い家族療法において家族と治療者との関係は，最も注意を向けられる領域とはならないのが普通です。しかし家族療法家の中には，治療関係により関心をもっている人たちがいますし（たとえばScharff and Scharff, 1987），家族療法の文献でも最近は，転移や逆転移に注意が向けられています（たとえばFlaskas, 2002）。

　すべての人は，家族システムや社会システムの一部です。しかし，とりわけ子どもにおいて情緒面の困難は，家族という母体および子ども自身の内的状態の両方と関係しているでしょう。どちらがどれだけ関係しているかは子どもによって異なり，時には試行錯誤によってのみそれが明らかになるかもしれません。前にも述べたとおり，子どもがたとえ精神分析的個人精神（心理）療法を受けていても，少なくとも時々はその両親にも面接を提供する必要があります。子どもに個人精神（心理）療法を行うよりも家族療法を提供する方が，子どもの差し迫った苦痛をよりすばやく解消し，家族全体を援助できる場合もあります。それに加えて家族療法は個人精神（心理）療法に比べ，英国国営医療機関（NHS）にかかる経済負担をより

少なくします。またときには，子どもが精神分析的個人精神（心理）療法を受けるという事態を，子ども自身または両親が受け入れられる準備段階として，お互いのためにならないもつれた関係を整理するため一定期間の家族療法が必要かもしれません。児童青年期精神保健事業（CAMHS）には普通，多職種からなる精神保健チームが含まれており，このような形で介入できるのがその利点の一つです。

　　14歳のジャック・Bは一人っ子でしたが，学校での成績が悪く，家では攻撃的な行動をとり，両親が取り扱いに苦労しているとのことで紹介されました。B一家は家族療法に同意し，9カ月の間に10回の面接に参加しました。
　　両親の間における緊張と敵意は初めから明白で，いかに多くのコミュニケーションがジャックを素通りするかに気づいて，治療者は心を痛めました。異なった方向に引っ張られていると感じること，勇気さえあったらこれらすべてから逃れるため家から逃げ出したいと時には思うことについて，ジャックは生き生きと語りました。面接においてジャックと母親ははっきりとしたカップルになっており，父親のB氏はどちらかというと権威的態度をとっていましたが，明らかに疎外されていると感じていました。B夫妻は夫婦療法という文脈では，自分達の問題について話したがりませんでした。しかし家族面接場面ではしだいにお互いより率直に話せるようになり，自分達の仲違いからジャックをよりうまく守れるようになったようでした。

　　しばらく家族療法を受けた後ジャックは，長期にわたる自分の情緒的困難を表現する手助けをしてもらうために，精神分析的個人精神（心理）療法を受ける可能性について考えられるようになりました。この情緒的困難は，ジャックの学校生活や友人関係に大きな影響を与えていました。自分の問題に対して，自分だけに「責任」があるわけではない，とジャック自身の言葉で伝えられたのは，彼にとって家族療法が役立った点の一つであるようでした。そして家族療法の終盤にジャックがこれをはっきりと表現できたのは，家族からある程度距離

第 8 章　精神分析と精神（心理）療法　209

> をとって，自分に個人精神（心理）療法を提供するという提案を受け入れられるために役立ったようでした。

　システム的な考え方は，グループで生じる現象に関する研究において，精神分析的な考え方を補うものとしても用いられてきました。第 7 章で見たとおり，これら二つの接近法はうまく組み合わされて，組織に対するコンサルテーションの中で用いられてきています。

5）認知行動療法（Cognitive-behaviour therapy）（CBT）

　認知行動療法は，アーロン・ベック（1921年生まれ）が発展させました。ベックは1950年代のフィラデルフィアで，精神分析家として訓練を受けました。しかし治療に長い時間がかかり，彼の意見では焦点付けられていないという精神分析の特徴に耐えられなくなりました（Milton, 2001参照）。ベックは結局，無意識的過程という考えをまったく避けてしまいましたので，認知行動療法における精神分析由来の影響は弱められました。認知行動療法は行動主義学派にも由来していますが，厳密に行動主義的なもともとの治療モデルに対し，人間味や深みを加えるという重要な影響を与えました。

　心の苦悩に対して，割に短期間で，安価な，安心感を与える実際的な治療法となるため，現在公的部門では認知行動療法が好まれています。その到達目標は，抑うつ的または自己破壊的な気分や行動をもたらしている否定的な自動思考を同定しそれに反駁できるよう，患者を訓練することです。認知行動療法の治療者は，協力する指導者または訓練者の役割を取ります。心の中を表現したり探索したりするよう励ます代わりに認知行動療法の治療者は，患者がそれらを修正する手助けをしようとします。

　認知行動療法の面接は構造化されており支持的で，自由連想を伴いません。さまざまな訴えを限局された否定的認知にまとめられるよう，そしてその認知から行うべき実験を作り出せるよう，治療者は患者を援助し，その結果は測定されます，このようにしてたとえば，自分は面白くなくて愛されていないなどの抑うつ的な絶対的信念（または「スキーマ」）を患者がもっていると判明するかもしれません。このような絶対的信念が，「誰

も私に話しかけたくない」や「他の人の人生は，私の人生よりも幸運だ」など日々の思考を生み出すのが認められています。このような絶対的信念は，面接の間一種のソクラテス式議論を通して検証され，その後面接外で「宿題となった課題」を用いて実験されます (Beck et al., 1979)。

認知行動療法では普通10〜20回の治療面接が提供され，その後再教育のための面接が追加されます。治療者になるための訓練は比較的短期間で，たとえば自分が治療を受ける必要はありません。しかし，深刻な問題を抱えた患者を治療している現代における認知行動療法の治療者は，フロイトが転移として確立した現象を再発見しつつあります。この現象に対してベックら (Beck et al., 1990) が推奨している技法は，共同作業を続けるため理性と説明によって邪魔になる転移を取り除きたいという，フロイトが初期に抱いた願望（第3章参照）を連想させます。

パーソナリティに存在する，（いつも理性に抵抗し続けてきた）大部分が無意識である神経症構造の頑固さを考慮すると，認知行動療法という接近法には限界があると精神分析家は考えるかもしれません。しかし，より不安にさせるような分析的治療に耐えられないか，またはそれを希望しない患者にとって認知行動療法は，とても有用な介入です。認知行動療法は防衛（または，合理的な対処戦略）を強化し，情緒をより良くコントロールするための手助けをします。これに対して精神分析は正反対の危険を冒させ，より不安をもたらすパーソナリティや空想における隠された真相を明らかにするよう仕向けます。これによってより根本的な水準で治癒する可能性はありますが，深く障害された患者またはあまり不安をかきたてられたくない患者にとっては，受け入れられない危険なものとなるかもしれません。

精神分析家は時に，推論したり論理に訴えたりします。しかしながら，たとえば論理的な考え方について患者と一緒に推論したり，患者に新しい行動をとるよう励ましたりして，あまりにも激しくむきになってこれを行った場合には，立ち止まって自分が患者と一緒に何を再演しているかについて思いを巡らすでしょう。このような場合には，患者の頑固さに関連して耐えがたい何かが存在しており，転移と逆転移の形で何かが行動化されている可能性があります。この実例としては，第1章で記述したマークが挙

げられるでしょう。マークは仕事につくという計画で自分の分析家をじらした後，受身的な態度に陥りました。その後分析家は過活動となり，より「道理にかなった」考え方や行動についての，結局は役に立たない示唆をしました。精神分析家は本来，訓練者ではなく関与しながらの観察者であり，相互関係全体を理解しようとします。すなわち精神分析家は内容と同様，経過にも関心を払うのです。

6）認知分析療法（Cognitive analytic psychotherapy）（CAT）

折衷的で，統合されたまたは「統合的な」何種類かの精神（心理）療法は，より良い結果を求めて有用な接近法や技法を組み合わせています。認知分析療法（Ryle, 1990; Dunn, 2002）は，ケリー（Kelly, 1995）のパーソナル・コンストラクト理論から重要な影響を受けた上で，認知療法と精神分析療法を組み合わせました。対人関係上の問題を生み出している中心となる心的葛藤を定式化するために治療者は，患者と積極的に作業を行い，次に患者がそれを認識し批判的に検討するための手助けをします。この過程は普通，短期間（16週間）の焦点を絞った治療という形で行われ，転移解釈は，認知または行動に関する課題や「宿題」と折衷的に組み合わされます。

精神分析的精神（心理）療法と比べこの種の治療は，患者と治療者両方にとって最初は受け入れやすいものとなり得ます。なぜならばこのような治療における治療者は，割と主導的な訓練者に近い立場をとるからです。しかし治療者が中立性を保とうとせずにこういう態度をとった場合，転移の完全な出現は妨げられます。このような要因があるからこそ認知分析療法は，よりすぐに受け入れられやすく，治療者と患者両方にとっての危険性が低いのです（Milton, 2001）。認知分析療法は，最初に行われる介入として評判が良く有用であると示されています。治療者の数が著しく少ない状況においては，特にこれが当てはまります（Ryle, 1995）。

7）「対称的な」治療法：相互カウンセリングと自助グループ

知識と権力をもった治療者が恵まれない患者を治療するという考え方を排除するためにある種の治療法は，治療者と患者との間にある不均衡をわ

ざと縮小したり廃止したりしようとします。このような企ては一部，反権威主義的な人間主義運動に由来していますが，それよりも古い時代に，初期の精神分析における業績が存在しています。1920年代すでに，フロイトの有能な弟子であったシャーンドル・フェレンツィ（1873-1933）は，自分の考えや感情を患者に開示する実験を行い，「患者と治療者の相互分析」をさえ試みました。（Dupant, 1995参照）この方法による限界が明らかになったため精神分析の主流は，転移という視点から治療作業をより深く理解するのを目指すようになり，このような実験を捨て去りました。精神分析の関係はとても非対称的ですが，その目的は常に患者の自律性を再建する点にあるというのは，指摘しておく価値があるでしょう。精神分析における非対称性や転移という視点に基づいた作業は，人生において避けられない非対称性や不均衡性，特に両親に対する関係について患者が考えられるようにするという利点ももっています。

　相互カウンセリングとして知られる活動には決まった治療者や患者が存在せず，二人の参加者がお互い対等な立場で助け合うために集まります。同様に自助グループには共通する問題を抱えた人だけが集まり，リーダーや専門の治療者は意図的に置かれていません。このようなグループの内で最も有名な成功例は，アルコホーリック・アノニマス（AA）です。同じ問題を抱えた人に会うのは，慰めや励みとなる可能性があります。特に希望，助言や前向きの直面化を提供してくれる，その問題からの回復者に会うのはなおさらです。

8）再養育療法：R. D. レイン

　本質的に患者の問題は良くない養育の結果であり，これは大人になってから実際に修復可能であるという想定から，この治療法は始まっています。もともと精神分析家であったロナルド・レインは1960年代に，英国の反精神医学運動や人間主義的運動の典型例となる試みを実行しました。治療として行われたこれらの試みのうち最も良く知られているのは，メアリー・バーンズに対するものです。彼女はキングズレイ・ホールという治療共同体で，ジョセフ・バークから治療を受けました（Barnes and Berke, 1973）。メアリーは，肉体的精神的に赤ん坊の状態まで退行し，その後全面介護を

受けつつ「再誕生」するよう仕向けられました。精神病に対するこのような治療法はほとんどの場合期待はずれの結果に終わると証明されたため，現在では望ましいとも倫理にかなうとも考えられてはいません。しかしいくつかの折衷的な治療法は，再教育するまたは「修正感情体験」を提供するという理論の魅力に，やはり引き付けられています。このようなやり方を行っている間の治療者は，理想的な両親としての役割を果たすとても指示的で権威的な人物となり，大いなる理想化など幼児期における未発達な感情の受け皿となるでしょう。

　長年の間に精神分析家たちは，分析の枠組みにおける通常の心地よさ，安全感，安心感に加え，具体的に養育される経験を提供する試みを時に行ってきました。しかしほとんどの場合，同じ結論に達しました。すなわち患者の自律性が犠牲となり，危険なまでに退行し無力にさえなってしまう可能性があるのです。また，もう子どもではない人に対して両親の仕事を実際にして上げられると思い込むのは，一種の万能感であるとも言えるでしょう。これは治療者としての役割も同時に果たしている場合，なおさらでしょう。その他の治療状況と同様精神分析という状況は，幼児的な存在様式を明らかにして表現するよう促進しますので，両親としての機能が象徴的な性質をもっていると忘れないことが重要です。転移の象徴的性質を患者自身が忘れてしまっているとき，これは特に困難です。すなわちこのような場合分析家や治療者は，現実という視点をしっかりと持ち続けなければならないのです。

9）権威主義の狂信的教団

　最後に，おそらく狂信的教団または宗教の仮面をかぶった団体と表現したほうが良いような，権威主義的な「治療」と呼ばれるものについて述べます。そこでは催眠などの暗示的な技法が用いられ，高度に理想化された転移が生じるようわざと仕向けられます。リーダーは力強い権威者となり，信奉者の服従と信頼を要求します。そして信奉者は自律性を放棄し，ある一連の規則に従うことによって治癒を獲得するでしょう。脆弱で途方にくれた人々にとっては，このような狂信的教団が魅力と危険性をもっていること，また深刻な虐待や搾取の可能性があることなどについては，説明す

るまでもありません。このような状況においては性的な搾取がとても容易に生じ，極端な場合には「治療法」の一部としてさえ行われるかもしれません。

　精神分析の枠組みにおいてもしばしば，幼稚で子どものような関係様式が暴露されたり探索されたりします。しかし精神分析では，より高度の自律性を発展させるためこれを行います。患者が，子どものような依存という様式と折り合いをつけそれを乗り越えられるよう精神分析家は援助しようとし，分析家の強力な立場には大きな責任が付随しています。それに対して洗脳は，患者の心を分散して断片化した状態にしておこうとします (Hinshelwood, 1997)。

第9章　精神分析家という専門職

　この章では，現代における精神分析家の職能団体について，また必要であればそれが発展してきた簡単な歴史について記述します。

1．中心となる機構

　英国の精神分析は，国際精神分析学会（the International Psychoanalytic Association）（IPA）のメンバーである，英国精神分析協会（the British Psychoanalytical Society）（BPAS）が統制しています。そして精神分析インスティテュートが，英国精神分析協会を運営しています。

1）英国精神分析協会
　アーネスト・ジョーンズおよび彼と一緒に働いていた少数の精神分析家が，1919年に創立しました。英国精神分析協会の創立とともに図書館が設立され，フロイトの論文やその他の精神分析に関する論文を英語に翻訳するという計画が立てられました。この事業の中心となったのが，ジョーンズのごく近くで働いていたジョアン・リビエール，ジェームズ・ストレイチーとアリックス・ストレイチーでした。英国精神分析協会は，1908年創立の国際精神分析学会に加盟した，7番目の精神分析協会となりました。そして現在英国において，精神分析家になるための訓練を行う唯一の組織を提供していますが，これは国際的視点から見ると珍しい状況です。たとえばドイツや米国では，多くの大都市に協会やインスティテュートが存在しています。英国の状況は，変化しつつあります。2003年の時点で，北アイルランドに国際精神分析学会の研究グループが存在しており，ロンドンに拠点を置く精神分析的精神（心理）療法団体のひとつは，その訓練水準が加盟するための条件を満たしているかどうかについて，国際精神分析学

会と議論を交わしています。

2）国際精神分析学会

　自分の思索や考え方を保護し発展させるためには，国際的な団体が不可欠だとフロイトは確信していました。国際精神分析学会は現在，世界中の精神分析を認定し統制する中心団体です。この本を書いている時点で国際精神分析学会は，30カ国にちょうど10,000人を超えた位の会員を抱えています。その大部分はヨーロッパ，北アメリカ，ラテンアメリカに在住していますが，オーストラリアにもいます。国際精神分析学会は構成している協会と協力して，訓練の基準を制定したり，カンファレンスや国際会議を開催したり，臨床・教育・研究に関するプログラムを発展させたりしています。また，新しい精神分析団体が生まれるよう働きかけ，精神分析専門家活動の国際的側面に関する情報を収集する中心という役割を果たしています。

　最近国際精神分析学会は，共産主義下の規制が解除された東ヨーロッパの国々における，精神分析の再登場を後押ししています。また精神分析への関心が高まりつつある中国において，国際精神分析学会所属精神分析家による教育も行われています。（精神分析の広がりについては，第4章で検討しました）国際精神分析学会の会員数は，1920年の240人，1950年の800人，1970年の2,450人，2001年の10,000人超へと増加してきています（IPA, 2001）。

3）精神分析インスティテュート

　1920年代英国精神分析協会における科学的商業的活動の増大に伴い，適切な運営機構の必要性が生じました。ほとんどが書籍の出版によって生じた財政上の問題などに対処するため，大部分はジョン・リックマンの主導によって，1924年精神分析インスティテュート（しばしばインスティテュートと呼ばれます）が設立されました。会員が所属する協会と，それに関する事務を管理するインスティテュートという連結構造は，今も機能しています。現在インスティテュートは，クリニック，訓練，出版活動，外部のイベント，そして図書館を運営管理しています。それに対して英国精神分

析協会は、精神分析臨床から生じる科学的、倫理的その他の問題について会員が議論するための公開討論会を開催しています。それぞれの責任領域は異なっていますが、インスティテュートと協会の活動は重複しています。したがって重要な意思決定機関は、「理事会と評議会」という形で組み合わされています。すなわち、インスティテュートの理事会と、協会の評議会です。

4）国際精神分析誌

「国際精神分析誌（the International Journal of Psychoanalysis）」（IJPA）は、1920年に創設されました。これは英語圏で始めて出版された精神分析分野の雑誌であり、現在でも真に国際的な精神分析分野の雑誌であり続けています。ロンドンにある精神分析インスティテュートが所有・管理していますが、歴代の編集長のおかげでこの雑誌は、世界の精神分析をよりいっそう代表するようになってきています。そして地域理事会（北アメリカ、ラテンアメリカ、ヨーロッパ、ロンドン）は、世界のあらゆる地域から論文が提出されるための手助けをしています。2001年以来国際精神分析誌は、精神分析インスティテュートに代わって国際後見者委員会が運営しています。そして、精神分析が生まれつつあったり、そのための資金が不足したりしている世界の地域において精神分析の発展を促すために、雑誌収益の一部が使われています。臨床活動を行っている精神分析家だけでなく、精神分析や面接室以外の多くの適用領域に興味をもったその他の人々も、国際精神分析誌を読んだり、それに投稿したりしています。ここで言う多くの適用領域とは、映画研究や文芸批評、そして政治学や哲学にまで及んでいます。国際精神分析誌は年に6回発行され、精神分析的なトピックに関する議論を行っているウェブサイトを運営しています（www.ijpa.org）。

5）ロンドン精神分析クリニック

精神分析インスティテュートが設立されて間もない1926年に、アメリカの篤志家プリンス・ホプキンズから多額の寄付を受けて、ロンドン精神分析クリニックが創立されました。これによって通常の料金が支払えない

「貧しい患者」に対して，精神分析を提供できるようになりました。ロンドンクリニックからの援助によって，最初の50年間に3,080人の患者が無料または低料金で精神分析を受けました。クリニックの仕事は今も増えつつあり，誰でもコンサルテーションを求められます。2003年には，ロンドンクリニック（住所については，236ページ参照）またはクリニックに所属するスタッフの面接室において，100人以上の患者が完全な形の精神分析を受けました。患者が現実に支払えるという点に基づいて，料金は合意されます。

6）精神分析と医師

ジョーンズおよび一緒に働いていた草創期における精神分析家の中心人物たちが，1926年までに英国精神分析協会とインスティテュートを形成し，それは今日も続いています。しかし専門職としての精神分析家を確立するためには，もうひとつ別の戦いが必要でした。この戦いは，医師による精神分析の認知と関連がありました。すなわち当時は医師による支配が存在しており，すべての疾患を治療する責任は医師が負っていたのです。しばしば「素人」分析家と呼称されていた非医師の分析家（Freud, 1926）に患者を紹介しようとする場合，医師の資格をもった分析家は医療総合委員会[訳注1]による規制との兼ね合いで，どのような態度をとるべきか決めかねていました。それに加え精神分析家の倫理と職業的水準に関して，マスコミはいつも批判していました。ジョーンズ自身は精神分析家たちに，医師としての資格も取るよう勧めました。しかしながら6週間で医師になるための訓練をあきらめ，代わりにフロイトから分析を受けるためウィーンを訪れ，非医師の分析家であり続けるのを選択したジェームズ・ストレイチーやアリックス・ストレイチーのような人たちもいました。ジョーンズとフロイトはどちらも，医師だけではなく，幅広い背景をもった人たちが精神分析家となっていくのが好ましいと考えました。しかしこのためジョーンズと英国精神分析協会は，社会からの受け入れという問題を抱えました。

訳注1）医療総合委員会（General Medical Council）（GMC）とは，英国における医療の水準を一定以上に保ち，国民の健康と安全を守り，増進し，維持することを目的とした機関。医療行為を行う専門家である医師としての資格を，登録・管理する業務を行う。

ジョーンズは英国医師会に申し入れ，英国医師会は1927年，精神分析を調査する委員会の立ち上げに同意しました。英国精神分析協会は証拠，論拠，必要書類を提出し，20人の著名な医師を納得させました。英国医師会は最終的に，次のような勧告をしました。「（精神分析という）専門用語に対して，そのような定義を用いるというフロイトとその弟子（による申し立て）はもっともであり，尊重されるべきである。」そして精神分析を，「その用語を最初に使用したフロイトが考案した技法，および自分の仕事に基づいてフロイトが築き上げた理論」と定義しました（King and Steiner，1991中に引用あり）。

精神分析家という新しい専門職にとって，これは著しく重要な報告でした。なぜなら，精神分析は独立した理論かつ技法であるため自己統制すべきであり，英国医師会はそれについて判断を下すべきでないと，この報告は認めたからです。この報告は，「精神分析家」と「本物ではない」分析家の区別も認めました。精神分析家とは，国際精神分析学会で認定された訓練制度をもつ精神分析インスティテュートで訓練を受けた人たちのことです。医師と精神分析家との関係が全く異なった形で発展し，医師が何十年も精神分析を支配し続けた米国の状況については，第4章で詳しく見てきました。

この時英国医師会との間で合意した内容には，非医師の分析家は独立して治療を行わず，診断する場合には医師である分析家が医療面での責任を負うという規則も含まれていました。この必要条件は，1980年代後半まで有効でした。この時期までには非医師の分析家が，医師の補助ではなく自立して働くようになった医療専門職としても働いているということが，しばしばありました。とりわけ臨床心理士は，必ずしも医師に相談せずに治療するための評価を行っていました。また厳しい訓練を受けているため精神分析家は，評価および精神分析治療の提案に関して，自分の力だけで責任を取れるとも認められてきていました。このようにして規則は廃止され，より柔軟な現在の取り決めとなりました。すなわち，非医師の分析家が必要または有用であると判断した場合に，医師である同僚の意見を求めるというやり方です。

精神医学と精神分析はどちらも，悩み苦しんでいる心的に病んだ人たち

を扱います。現代医学に対する精神分析の関係については，独立した専門分野と描写するのがおそらく最も適切でしょう。精神分析は，精神医学から完全に離れたり，「精神医学に取って代わったり」するものではなく，その一部門としてそれ独自の貢献をするものなのです。連携がうまくいっている場合GP[訳注2]や精神科医は，精神分析的な評価が有用な場合を認識し，それにふさわしい患者を紹介してくれるでしょう。同様に患者が医学的援助を必要とする場合，精神分析家はそれを認識し，医学的援助が必ず受けられるようにするでしょう。

2．専門職の発展

専門職が発展していく場合，3つの重要な段階が存在しています。まずその専門職は，新規の参入を管理し始めます。次に専門職の職能団体が，ある程度の基準を満たす訓練や資格を認定して確立します。最後に職能団体が強制力のある倫理規定によって，所属する実践家の行動を管理します。顧客集団が潜在的な弱者である場合，政府による外部からの規制も，重要な段階となるかもしれません。

1）初期の会員

1925年の英国精神分析協会には，54名の正会員と準会員がいました。会員の多くは，ウィーンのフロイト，ベルリンのハンス・ザックス，またはブダペストのフェレンツィから分析を受けました。二つ以上の都市に滞在して，二人以上の分析家から分析を受ける会員も珍しくはありませんでした。

これら初期の英国分析家たちは，さまざまな素性や経歴をもっていました。エリック・レイナー（Rayner, 1990）は，次のように書いています。「最初は，ほとんどが純粋なイングランド人，ウェールズ人，またはスコットランド人でした。大部分が中流階級で，商人階級または知的職業階級出身であり，上流階級出身者も幾人かいました。」分析家になるための入り

訳注2）英国の一般開業医。

口は開かれており，いろいろな経歴をもった人が集まりました。レイナーは，いくつか例を挙げています。J. C. フリューゲルは，心理学の研究者でした。ジェームズ・グラバーとその弟エドワードは，スコットランドの医師でした。ジェームズ・ストレイチーとアリックス・ストレイチーはブルームズベリー・グループのメンバーで，バージニア・ウルフの弟であったエイドリアン・スティーブンとその妻カレンも同様でした。エラ・シャープは文学の教員で，教育大学の学長でした。スーザン・アイザックスは，教育分野の先駆者でした。シルヴィア・ペインは，戦時下の病院を運営し始めたばかりの医師でした。ウィリアム・スタッダートは精神科医で，ジョン・リックマンはロシアで医療サービスを組織していたクエーカー教徒でした。

2）訓練の確立

1925年にドイツで国際精神分析学会の重要な会議があり，国際的な訓練基準という議題が話し合われました。そして，訓練の主要な原則が規定されました。それは以下のとおりです。

1．候補者の選考，訓練，資格付与における，組織による責任
2．すべての候補者に対する，個人訓練分析
3．スーパービジョンを受けつつ行う，患者への分析
4．理論に関する講座

支部であるそれぞれの協会では教育委員会を設置し，その委員会の代表者が集まり国際教育理事会を形成することになりました。1926年までには，英国精神分析協会最初の教育委員会が選任されました。

3．今日の専門職

1）訓　練

候補生　現代の英国で訓練を受けている候補生には，上述した初期の分析家に比べより国際的で，治療関連分野からの出身者がより多く，より広

い年齢層に分布しています。候補生は，英国全土および全世界からやって来ています。（Polmearが2002年に行った未発表の研究によると）2002年10月の質問表に回答した40名の精神分析家候補生のうちその大部分である36名が，治療を行う専門職出身でした。ここには，医師（特に精神科医），臨床心理士，看護師，ソーシャルワーカー，音楽療法家，成人および児童に対する精神（心理）療法家，夫婦療法家が含まれていました。15人は医師として訓練を受けており，25名は非医師でした。4名は，その他の専門職，すなわち，精神保健慈善事業の運営者，法律家，企業経営者，学者（英文学）出身でした。新しく精神分析家になろうとする人たちにおけるこのような出身の変化は，明らかに社会の変化を反映しています。ここでいう社会の変化とは，（おそらくフロイトの考えが与えた広範囲の影響によってもたらされた）セラピーという職業の成長およびそれを行う人が身につけるようになったより高い専門性を意味しています。インスティテュートは，あらゆる分野出身者からの応募を応援し続けています。

　回答者の中には英国生まれが21人おり，非英国生まれが19人いました。非英国生まれのうち3人が，二つの国籍をもっていました。19人のうち，南アフリカ人，ロシア人，アイルランド人がそれぞれ3人ずつ，ドイツ人が2人，スリランカ人，フランス人，イタリア人，オーストラリア人，スペイン人，アルゼンチン人，イスラエル人，カナダ人がそれぞれ一人ずついました。ここでもまた，特に地理的な移動が容易になったという社会の変化が，候補生集団にこのような変化をもたらした主な原因となっているのでしょう。また，精神分析が創設される初期の段階にある国の場合，またはロシアのように再び創設されつつある国の場合，訓練を受けたいと思う人はそれを目的に英国へやって来ます。これは初期にジョーンズ，ストレイチー夫妻その他の先駆者たちが，ウィーン，ブダペスト，ベルリンなどを訪れたのと同様です。

　訓練開始時における候補者集団の年齢分布は，29歳から50歳にわたっています。全員にとってこれは二つ目の経歴であり，だからこそ割に年齢が高くなっています。分析協会を活気付けその規模を拡大するという目的で，より若い応募者を増やし訓練の間この人たちを支えるためにはどうしたらよいかが，現在考えられています。

訓練に入れるかどうかの選考を受けるため応募者は，大学を卒業しているかそれに相当する資格をもっている必要があります。それに加え，病気や問題を抱えた人相手に働いたという，関連領域におけるある種の経験が必要です。訓練に応募する資格があるかどうかを検討したい人に対しては，非公式の話し合いが提供されます。必要とされる関連領域での経験をもっていない人に対しては，臨床経験をもったり追加したりするための援助や助言が与えられます。公式の選考過程には，応募者がこの種の仕事に対する適正をもっているかどうかを知るため，2回の個人面接が含まれています。

　訓練の費用　必要な出費の大部分は個人精神分析に対する支払いであり，訓練の途中から週1回のスーパービジョン2つに対する支払いが加わります。2003年の時点で，1回の精神分析面接（またはスーパービジョン）に対する費用は通常30－50ポンドであり，ほとんどの分析家は患者の資力に応じたスライド制を採用しています。したがって年に約42週間ある週5回の精神分析は，1年間で6,000－10,000ポンド[訳注3]かかります。訓練の費用をできるだけ安く抑えるため，すべてのセミナーは分析協会の会員が無料で行います。訓練期間中の候補生を援助するために，貸付金や奨学金が利用可能です。
　候補生は，何通りかのやり方で訓練費用をまかなっています。大部分の候補生は訓練の間，常勤または非常勤の形でもともとの専門職にとどまり続け，必要であれば貸付金を利用したりしつつ自分の収入から分析の費用を支払っています。訓練は明らかに大きな仕事であり，朝早くの業務開始から夜遅くのセミナーまで，長時間に渡るものです。しかしそれは対処可能であり，とても満足のいくものです。

　訓練の説明　訓練はインスティテュートの教育委員会が組織し，最低4年間続き，いくつかの要素を含んでいます。個人に対する**訓練分析**すなわち教育委員会が任命した訓練分析家による精神分析は，訓練に受け入れら

　訳注3）仮に1ポンドを約200円とすると，面接1回当たり約6,000円－10,000円となる。そして1年間では，約1,200,000円－2,000,000円かかることになる。

れた時から始まり，資格が認定されるまで訓練の間中続きます。実際のところ認定を受けた分析家の多くは，自分が満足できるほどに成し遂げたと感じるまで，いつ資格を取ったかには関係なく分析を続けます。候補生は1週間に2回または3回，夜に行われる一連の**臨床理論セミナー**に参加します。このセミナーで特に学ぶのは，フロイトの著作，パーソナリティの発達に関するさまざまな精神分析理論，異なった精神分析学派の考え方，さまざまな形の障害に対する理論的理解や臨床的治療法，倫理に関する問題などです。

　2年目から資格を認定されるまで候補生は，毎週開かれる臨床セミナーに参加します。最初の年には，1年間の**乳幼児観察**が行われます。候補生は，母親と赤ん坊を母親の自宅で生後1年まで，1週間に1時間ずつ観察します。そして候補生自身の感情や反応も含め，何が起きたかに関するきちんとした記録を後から取ります。これによって乳幼児の発達や家族関係を学ぶだけでなく，自分自身のパーソナリティや意見に惑わされず出来事や感情を観察するという困難な技術を，候補生は学び始めるのです。これは，後の分析という仕事にとって役立つと証明されています。記録された観察について考えるため，毎週セミナーが行われます。

　1年間のセミナーが終了すると候補生は，**1症例目の訓練患者**を引き受けられるようになります。この患者との面接は，週5回の分析という形で最低2年間，多くの場合もっと長く，分析が成し遂げられるまで続きます。この分析の間分析家候補生は，訓練分析家から毎週スーパービジョンを受けます。1例目の症例が順調に進行した場合には，**2症例目の訓練患者**の分析を開始できます。この面接もやはり週に5回で，スーパービジョンを受けます。もし1例目が男性であれば，2例目は女性となります。資格認定のためにこの症例は，最低1年間以上続く必要があります。しかし1症例目と同様，治療を受けている患者の必要性に応じて多くの場合もっと長く継続されます。

　この枠組みは，候補生それぞれの状況に応じて変更可能です。「育児休暇」を取って訓練期間を延長する候補生もいれば，訓練に専念する候補生もいます。コースの選択について助言するだけでなく，各自の事情を解決し訓練を続けられるよう援助するため，すべての候補生には進歩に関する

助言者がつきます。ロンドン以外に住みそこで働いている候補生に対しては，これらの訓練に電話を通して「参加」するのが許されるかもしれませんし，訓練が実行可能となるよう個人的な援助が与えられもするでしょう。

英国精神分析協会準会員としての認定を受けた後精神分析家は，いっそうの臨床経験を積みより高度の訓練を受けて，正会員を目指していくことができます。これらの分析家は，児童や思春期患者を治療する訓練も受けたり，そのような訓練に専念したりするかもしれません。

2）英国精神分析協会の会員

2002年度版英国精神分析協会名簿には，430名の認定を受けた精神分析家の名前が掲載されています。そのうち86名がロンドンで訓練を受け，現在海外で働いています。そして42名の候補生が登録されています。

ロンドン以外に分析家を増やすため多大な努力が払われていますが，会員は今でも著しく偏在しています。2003年の時点で，ロンドン周囲の州には幾人かの分析家がいます。ロンドンを離れると，ノーフォーク州，サフォーク州，エセックス州，エイヴォン州，デヴォン州，チェシャー州，オックスフォードシャー州，ケンブリッジシャー州，ヨークシャー州，ヘレフォードシャー州，リンカーンシャー州，ダラム州，タイン・アンド・ウェア州，マンチェスター，アイルランド，スコットランド，ウェールズなどに分析家がいます。

3）精神分析家の日常業務

精神分析家の中には，1日約6〜10人の患者またはスーパーバイジーと会うという形で仕事をしている人もいます。これらの人はすべて週に4回または5回の（完全な形の分析を受けている）患者かもしれませんし，分析を受けている患者と低頻度の精神（心理）療法を受けている患者が混ざっているかもしれません。また，夜間や週末に指導や講義を行う分析家もいます。これはインスティテュートの訓練のためであれば無料で，他の組織のためであれば有料で行われます。精神分析に関する学術的な著述や研究を行ったり，英国精神分析協会または精神分析インスティテュートの委員会活動に従事したりする分析家もいます。

自分の面接室で精神分析的な仕事を行いつつ，たとえば英国国営医療機関（NHS）の精神（心理）療法部門や心理部門，児童相談クリニック，大学の健康保健センターなどの公的部門でも非常勤として働くというのが，よくある精神分析家の働き方のひとつです。公的部門において精神分析家はしばしば，もともとの専門職，たとえばコンサルタント精神科医，心理療法を専門とする臨床心理士などの形で雇われています。英国国営医療機関（NHS）における精神分析的精神（心理）療法の複雑さのいくつかについては，8章で議論しています。また7章で述べたとおり精神分析家は，さまざまな種類の期間を限定したコンサルテーション業務にも関与するかもしれません。

　精神分析過程の一部として設定がどれほど重要であるかについては，1章で述べました。したがって開業する場合には，分析家個人の生活が出来るだけあらわにならないよう注意が払われます。分析家は面接室を，自分の家から離れた場所に持つか，家族と患者が会わないように設定するかします。待合室とトイレの設備は，必ず設置されます。分析家個人の生活が分析作業に侵入する度合いを最小限にとどめるよう注意を払い，面接の妨げになるのを避けようと努力します。分析家が個人での開業を考える場合には，安全で境界の保たれた分析設定の提供に関連したこれらすべての点を考慮する必要があります。

4）クリニカル・ガバナンス

　クリニカル・ガバナンスとは，専門家による良質な業務のために必要となる枠組みを記述する包括的用語です。ここにはたとえば，**継続的専門家研修**のための枠組みが含まれます。クリニカル・ガバナンスの枠組みには，オープンで分かりやすい倫理と苦情に関する手順，記録管理と守秘に関する一定の基準，患者が適切に評価され治療に対するインフォームド・コンセントが確実に行われる方法などが含まれています。

　英国精神分析協会においては，（患者の身元を明らかにしないよう注意を払った上で）精神分析家の小グループ内で定期的に行われる臨床業務に関する詳細な議論が，必要とされる継続的専門家研修の中心となっています。グループという構造によって精神分析家は，相互に助言しあうという

責任を果たせるようにもなりますし，病気や加齢のため問題を抱えるようになった分析家に気づくこともできます。しかし，1対1のスーパービジョンのほうがより適切な場合も時々あります。

　会員は1年に最低30時間以上，さまざまな継続的専門家研修活動にも参加します。ここには，臨床や理論に関する論文が発表され議論される英国精神分析協会学術会議への参加，資格取得者向けの講義やセミナーへの参加，学会への参加や，さまざまな教育・著述・研究活動への関与などが含まれます。継続的専門家研修は，不適切な業務をもたらしうる自己満足が生じるのを防ぐために役立ちます。新しい患者はそれぞれが，分析家に対して異なった技法的情緒的問題をひきおこすため，いっそうの研究と学習が必要なのです。

5）倫　理

　他に類を見ないほど親密で情緒に訴えるという，精神分析における患者との関係がもつ特徴ゆえに，精神分析家は厳格なプロ意識をもって行動しなければなりません。すなわちこれに注意を払わない場合，患者にひどい害を与えてしまう危険性があります。精神分析家という専門職が発展する過程では，精神分析家の不正行為に対する告発がありましたが，残念ながらそれらのうちいくつかは事実でした。これは，転移と逆転移に関する知識が限られており，専門職に対する管理が未熟であった初期の草分け時代にしばしば発生しました。

　フロイトが行ったように分析家が自分の娘を分析するのは，現代では許されないでしょう。同様に分析家が，家族ぐるみで付き合っている友人を分析したり，患者の配偶者に患者のことを話したりするのは，正しくないでしょう。フロイトは，これも行いました。しかし性的な面において厳格な境界が患者と分析家の間に必要である点について，初期の分析家の中にはあいまいな人もいましたが，フロイトは明確でした。より微妙な部分についても，倫理的な境界は守られていませんでした。患者と深く関わっているにもかかわらず同僚に相談しようとしない分析家は，患者が自分に向けた転移のある面から喜びを得るような関係に没頭してしまう可能性があります。

これらすべてについて現在は理解がすすみ，苦情について調査する厳格な枠組みを適切に機能させているにもかかわらず，問題は決して過去のみに限定されてはいません。残念ながら，精神分析家による専門家としての関係からの逸脱は今でも時に生じます。患者がみずからの願望や空想を実現する方向に分析家を押しやるという精神分析のもつ特徴から考えると，精神分析家の境界は常に挑戦にさらされています（Gabbard and Lester, 1995）。これらの問題に対して特に注意を払った厳格な訓練が必要であるのと同時に，精神分析組織がクリニカル・ガバナンスを行うための，質の高いしくみをもつのが重要です。そしてその中心となるしくみのひとつは，充分に練り上げられた業務規定を管理する倫理委員会です。

6）倫理規定と倫理指針

倫理規定は，精神分析家がそれに従って行動しなければならない原則と主な見解を明確に述べています。規定に対する重大な違反が確認された場合，どのような制裁が適当であるかを最終的に決定するのは，倫理委員会から報告を受けた英国精神分析協会の評議会の権限です。最も重い制裁は協会の会員資格の剥奪で，これによって精神分析家という肩書きを失います。倫理指針は，日常臨床で起こりうることに対して規定をどのように適用するかについて，より詳細に述べています。規定と指針はどちらも，申し込めば誰でも入手可能です。短くまとめると，倫理規定と指針が及ぶ範囲は，以下のとおりです。

1. 精神分析家は常に，患者の利益を最優先して行動しなければならない。
2. 精神分析家は患者に対し，身体的，言語的，社会的に節度をわきまえなければならない。
3. 精神分析家は，患者の秘密を守らなければならない。患者の匿名性は遵守されなければならない。
4. 精神分析家は，精神分析の評判を落とさないよう行動しなければならない。
5. 精神分析家は，同僚，他の専門職，他の組織や機関の構成員に対

して思いやりを持たなければならない。

7）倫理委員会

英国精神分析協会の倫理委員会は，協会の年次総会において毎年選出されます。この委員会は，経験をつんだ上級の分析家から選出された5人と，専門的な助言を求めるため時々招聘される非分析家の専門家である識者から構成されています。その権限は，以下のとおりです。

1. すべての会員，訓練中のすべての候補生，インスティテュートで働くすべての人に対して，倫理や専門家としての行動に関する問題についての話し合いや助言を行うこと。
2. すべての会員，訓練中のすべての候補生，インスティテュートで働くすべての人が行った専門家としての行動に関する苦情を受理し，裁定を下すこと。専門家としての行動とは，患者，同僚，協会，インスティテュート，他の専門職，一般市民，専門分野としての精神分析の評判などに影響する行動を含む。
3. 一般的な倫理の問題について，会員の注意を促すこと。

8）機会均等

精神分析インスティテュートは機会均等方針をもっており，これはすべての精神分析家，インスティティテュートで働く補助スタッフ，および候補生やスタッフになろうとする応募者の選考過程に適用されます。

インスティテュートの機会均等声明は，以下のように述べています。

> 候補生の訓練とクリニックにおける治療の提供はどちらも，必然的に選択の過程を伴いますが，それは民族，宗教，性別，性的志向などを理由にした差別なしに行われます。そしてインスティテュートは，候補生に対する継続的な評価，スーパービジョン，臨床に関する議論，自己監視などを通して，専門家として最も高い水準を維持しようと尽力します。

同性愛の問題　精神分析家になるための訓練を受けたいと思っている人

や患者から，同性愛は受け入れられないのではないかとか，性的志向を変えるよう期待されているのではないかという懸念を表明されることが，時々あります。英国の精神分析訓練において同性愛が除外基準になったことはありませんが，過去には偏見が存在していたようで，訓練を受けたいと思っていた人が苦痛や落胆を感じたかもしれません。上述の声明は，インスティテュートのすべての業務において，民族，宗教，性別，性的志向などを理由にしたいかなる差別も，現代の英国では認められないとはっきりと述べています。

分析家になろうとする場合，同性愛が悪い指標ではないとフロイトは考えていたようです。両性素質は，フロイトの精神性的発達理論の最も中心になっています。人間はすべて両性になる可能性をもって生まれてきており，エディプスコンプレックスの解決を通して，性的同一性がより男性的，女性的極を中心にしだいにまとまっていくとフロイトは考えました。この同一性は，青年期の終わりに固定されていきます。たとえばジェームズ・ストレイチーが1906年に，経済理論家のメイナード・ケインズと至上の恋愛を経験し，ルパート・ブルークと長い間熱烈にどうしようもないほどの恋におちていたことは知られています（Holroyd, 1973, 1994)。そしてジェームズと将来妻となるアリックスがウィーンでフロイトの分析を受けて帰ってきたとき，二人は深く恋に落ちていたと報告されています。

性についてより詳しく知るようになった結果，多くの異なった形の異性愛があるのと同様，多くの異なった形の同性愛があるとも分かってきています。異性愛が，訓練に受け入れられるための良い指標とはならないように，同性愛そのものも悪い指標とはなりません。大切なのは応募者が，患者における発達の背景およびパーソナリティがもつ多数の要因によって決定されるという複雑な性質を理解し，先入観のない思いやりをもった思慮深い態度で患者に反応できる程度に，自分自身を充分知ることができるようになるかどうかという点です。患者になる可能性のある人が抱くかもしれない，分析家が自分の志向を変えたがるだろうという懸念に対しては，人々がよりその人らしくなるのを援助するのが分析家の仕事で，患者を変えたり操ったりする過程は含まれていないという点を強調しておきます。自分が初めて充分に深く理解されたと感じ，より自分を受け入れられるよ

うになったのは分析のおかげであると，多くの同性愛患者が感じています。

9）精神（心理）療法専門職に対する外からの規制

1919年に英国精神分析協会が設立されて以来，精神（心理）療法やカウンセリングの組織は急増しました。この中には精神分析からその理論や技法が直接派生したものもありますし，システムズ理論，学習理論，催眠，ヨガ，占星術など多様な方法に基づいているものもあります。それぞれの組織は独自の訓練を行っており，訓練の基準や専門職としての規定という点においても，大いに異なっています。これらすべての専門職を法令で規制しようとする作業が進行中ですが，現時点ではまだ行われていません。しかしそれぞれの専門職団体は，患者を守るために自分達自身を規制する必要があるとはっきり認識しており，多くの団体は何十年間もそのための協力を続けてきました。

サイエントロジーへの警告に反応して，1971年にフォスター・レポートが専門家としての精神（心理）療法家およびそれになるための認定された訓練を登録するよう求めたとき，規定の必要性に対する関心が初めて表面化しました。これを実現するために専門家による合同作業班が設置され，これが1978年のズィークハルト・レポートにつながり，次にラグビー会議として知られる毎年行われる会議を生み出し，最後に1989年の英国精神（心理）療法常設会議（the United Kingdom Standing Conference for Psychotherapy: UKSCP）へと結実しました。現在二つある，精神（心理）療法家の任意登録団体のひとつである英国精神（心理）療法協議会（UKCP）は，英国精神（心理）療法常設会議から発展したものです。

英国精神（心理）療法協議会は，とても広い範囲の異なった種類の精神（心理）療法やカウンセリングを包含するようになっています。8つの部門には，精神力動的精神（心理）療法に加え「催眠精神（心理）療法」「経験的および構成主義的治療法」「行動および認知精神（心理）療法」など，とても異なった種類の治療法が含まれています。したがって訓練の形態や水準が，参加団体によって全く異なっているのは避けられません。

英国精神（心理）療法家連盟　精神分析的なやり方で仕事をしていた組

織が集まって，1993年に英国精神（心理）療法家連盟を設立しました。この新しい団体は，訓練生に対して集中的で徹底した個人の訓練分析や訓練治療そしてスーパービジョンを行いたいという希望から生まれました。またこれらの団体は，その会員が守るべき専門家としての実践および説明責任に関する厳格な基準も必要としていました。そして英国精神（心理）療法協議会のように，多様性のあるあらゆる種類の治療を規定している包括的団体は，自分達のような特化した領域に対して必ずしも適切ではないのではないかという懸念をもっていました。

英国精神（心理）療法協議会からの離脱は当初，困難で辛いものでした。しかし二つの団体の間で対話が再開され，現在両者は政府との間で，すべての精神（心理）療法に対する最終的な法令による規制に向けて議論を継続しています。英国精神（心理）療法協議会は，広範囲にわたる精神（心理）療法に対する幅広い包括的な管理団体であり続け，英国精神（心理）療法家連盟は，理論の基盤として精神分析や分析心理学を共有する団体を特に管理する組織となっています。たとえば英国精神（心理）療法家連盟所属の団体においては，訓練生は最低でも週に3回，注意深く選任された訓練分析家や訓練治療者から，訓練分析または訓練精神（心理）療法を数年以上にわたって受けるよう求められています。

英国精神（心理）療法家連盟の内部では，それぞれの専門団体が訓練，倫理規定，継続的専門家研修プログラムなどを管理しています。しかし意欲的な構成団体は，基準が満たされチェックが実施されていると確認するために，徹底した検査を受けています。また英国精神（心理）療法家連盟は，精神（心理）療法に関する問題について政府に働きかけたり，関連のある問題や専門家研修に臨床家の注意を向けさせたり，公開討論会を開催したりもします。たとえば，症例を出版したり報告したりする場合の守秘という，重要で複雑な問題を検討するための会議が開催されました。科学的な議論を行い理論と技法を発達させられるのと同時に，患者の秘密が守られる方法について，合意が形作られつつあります。

英国精神（心理）療法家連盟は毎年，認定された精神分析家，分析的心理学者（ユング派），精神分析的精神（心理）療法家の名簿を発行しています。本物の精神分析家はすべて，アルファベット順の部分に英国精神分

析協会の精神分析家として，または英国精神分析協会の会員名が載っている部分に，名前が表示されています。英国精神（心理）療法家連盟の名簿は図書館にあるでしょうし，英国精神（心理）療法家連盟から購入することも出来ます。英国精神（心理）療法家連盟とその構成団体についての情報を得るためには，ホームページ（www.bcp.org.uk）を訪れてください。

4．精神分析とより広い世界

1）精神分析と精神分析的精神（心理）療法団体との関係

精神分析的精神（心理）療法家という専門職の誕生に精神分析家は深く関わりましたし，精神分析的精神（心理）療法団体の会員とは協力関係を続けています。その団体がやはり英国精神（心理）療法家連盟に加盟していたり，加盟しようとしていたりする場合は特にそうです。精神分析家は多数の精神分析的精神（心理）療法の訓練において，訓練分析家，講師，スーパーバイザーなどとして，協力し合う対等な仲間としての関係を保ちながら精神（心理）療法家と一緒に働いています。同じ理論的基盤をもっているものとして，研究の興味や科学的な関心が共有されているため，英国精神（心理）療法家連盟に加盟する異なった団体の会員は，お互いの会議や企画にも参加しています。

2）精神分析と他の専門分野

中傷者の存在にもかかわらず精神分析は，多くの学問分野に広範な影響を与えてきました。精神分析家と研究者，作家，さまざまな種類の芸術家などとの間では特に実りの多い相互交流が行われ，この一部については第7章で記述しました。2001年に行われた最初の国際精神分析的映画祭は大成功であったため，毎年恒例の行事となりました。精神分析と歴史，精神分析と哲学，精神分析と宗教などに関する会議では，精神分析家と学術的な思索家が，それぞれの専門分野同士の相互関係について検討や議論を行いました。

精神分析と神経科学の関係については，最初フロイトが1895年に『科学的心理学草稿』という本の中で検討しました。しかしフロイトは，これら

二つの領域の発展段階から考えると時期尚早であるとして，この仕事を中止しました。現在は新たな関係改善が始まっており，1999年に国際神経精神分析協会が設立されました。この協会は，精神分析家，精神分析的精神（心理）療法家，神経科学者の国際的利益団体をひとつにまとめています。精神分析と神経科学の結びつきのうちいくつかは，第6章で述べました。

3）一般市民に開かれた講義や討論会

インスティテュートは，一般市民に開かれたさまざまな講座，講義，討論会を開催しています。2003年に行われた行事の一部が，以下に挙げてあります。現時点での情報を問い合わせられるように，英国精神分析協会のホームページ，電話番号，住所などはこの章の最後に載せてあります。

入門講義　2学期にわたって行われるこの講義は，精神分析に興味をもつ一般市民に開かれています。講義は秋学期と春学期[訳注4]の間，毎週水曜日に行われます。それぞれの講義は精神分析の主要な話題に関するもので，英国精神分析協会の会員が行います。講義のあとは，小グループで討論する機会があります。この講義は参加者からいつも高い評価を得ており，講義を終了した後，精神分析家になるための訓練に応募した人もいます。

精神分析研究振興センター　精神分析家や精神分析的精神（心理）療法家に対して，上級の精神分析家がセミナー形式の講座を提供しています。ここで扱われたテーマには，心身症という現象に対する精神分析的視点，境界性パーソナリティ障害の治療，解釈と心的変化との関係などが含まれています。

精神分析フォーラム　精神分析フォーラムは，現在興味をもたれている話題に関する，異なった学問分野間における議論を聞きそれに参加する機会を，一般市民に提供しようとするものです。精神分析家と他分野の著名な演者が，その話題を検討するために論文を提示します。たとえば2003年

訳注4）英国の教育機関は，日本と同様3学期制である。そして9－12月の秋学期，1－3月の春学期，4－7月の夏学期に分かれている。

には，「全体主義の様相」についてのフォーラムが開かれました。

アーネスト・ジョーンズ記念講演　2年に1度行われるこの講演は英国精神分析協会の学術委員会が組織し，協会の会員と同様一般市民にも開かれています。その時々の話題に基づいて，異なったテーマが選ばれます。精神分析またはその他の領域，英国またはその他の国において，ある分野で傑出した専門家がこの講演を行います。最初のアーネスト・ジョーンズ記念講演は1946年にエードリアン卿が行い，題は「行動の心的肉体的起源」でした。2000年のリチャード・ホームズによる講演には，「伝記作家の足跡」というタイトルが付けられていました。2001年にはリチャード・ゴールドストン判事が「人類に対する犯罪」について講演し，2003年には女性男爵オノラ・オニールが「信頼とプロ意識」について語りました。

年次研究講義　精神分析家という専門職に関連した研究という面に焦点を当てた，毎年行われるこの重要な企画は，学術委員会に所属する小委員会である研究委員会が組織しています。この企画には，精神分析家や関連領域の専門家が多数出席しています。この本を書いている時までに，11回の講義が行われています。最初の講義は1987年ロバート・ワラーシュタイン教授が行いましたが，「精神分析的治療法，その理論的枠組みは単一か複数か？」という題が付けられていました。2001年にはマーク・ソルムズ教授が，「神経精神分析的研究の例：コルサコフ症候群」について講演しました。2002年にはフランクフルトのマリアンヌ・ロイツィンガー－ボールバー教授が，「真に精神分析的なやり方で，精神分析の帰結を研究することは可能か？」という問いかけを行っています。2003年にはロルフ・サンデル教授が，「精神分析と長期間の治療に関する434例の帰結研究」について話しました。

「帰る途中で」　これは金曜日の夜に精神分析インスティテュートで開かれる連続した座談会で，作家，思索家，芸術家などが，精神分析家や聴衆と話し合います。この座談会はとても幅広い話題を扱う，とても打ち解けた交流行事です。2002年の秋学期には，舞踏家のショバナ・ジェヤシン，

作家のローレンス・ノーフォーク,劇作家のシェラ・スティーブンソンが,精神分析家のシーラ・デイビスの司会で,『偶然ではない芸術:9人の芸術家の日記』という本について,三夜にわたって話し合いました。スーザン・グリーンフィールド上級勲爵士は,精神分析家のマーク・ソルムズ教授と話し合っています。スチュアート・ホール教授は,「個人的同一性と文化的同一性の接点」について精神分析家のファクリィ・デイビズと議論しました。A. S. バイアット,コルム・トビーン,ローズ・トレメインなどの著名な作家も,自分の作品について議論しています。

「ライフサイクル」に関する映画と議論

　精神分析と映画は,とても大きな共通性をもっています。国際精神分析的映画祭(233ページ参照)に関連して,英国精神分析協会は現代芸術協会と協力し,ライフサイクルのある段階という面に焦点を当てた映画を見て議論を行う機会を,毎学期設けています。現在のシリーズ(2003年)では,映画を見たあと精神分析家のアンドレア・サバディーニと歴史家のピーター・エヴァンズが議論に加わりました。

　「寝椅子の向こうに(Beyond the couch)」は,精神分析インスティテュートが年に3回発行する案内用の小冊子ですが,次の学期に行われる外部向けの企画すべてを網羅しています。この小冊子を希望する人は,精神分析インスティテュートに連絡してください。

5. 役に立つ住所

The Institute of Psychoanalysis(精神分析インスティテュート)
The British Psychoanalytical Society(英国精神分析協会)

住　　所　　：112A Shirland Road, Maida Vale, London W 9　2 EQ, U. K.
電話番号　　：+44 - 20 - 7563 - 5000
ホームページ：www.psychoanalysis.org.uk

The London Clinic of Psychoanalysis(ロンドン精神分析クリニック)

住　　所　：同　上
電話番号　：+44 - 20 - 7563 - 5002
E mail　　：catherine.avoh@iopa.org.uk
（インスティテュートのホームページも参照）

The International Journal of Psychoanalysis（国際精神分析誌）
住　　所　：同　上
電話番号　：+44 - 20 - 7563 - 5012
E mail　　：maned@ijpa.org

The Library of the BPAS（英国精神分析協会図書館）
住　　所　：同　上
電話番号　：+44 - 20 - 7563 - 5008
E mail　　：library@iopa.org.uk

The British Confederation of Psychotherapists
（英国精神《心理》療法家連盟）
住　　所　：West Hill House, 6 Swains Lane, London N 6　6 QS,
　　　　　　U. K.
電話番号　：+44 - 20 - 7267 - 3626
E mail　　：mail@bcp.org.uk
ホームページ：www.bcp.org.uk

The Association for Psychoanalytic Psychotherapy in the NHS
（NHS精神分析的精神《心理》療法協会）
Administrative Secretary: Joyce Piper
住　　所　：5 Windsor Road, London, N 3　3 SN, U. K.
電話番号　：+44 - 20 - 8349 - 9873

参考文献

Abraham, K. (1924) A short study of the development of the libido, viewed in the light of mental disorders. In *Selected Papers on Psychoanalysis*. London: Hogarth Press, 1927.
Abrams, S. (1974) Book review of Ellenberger's *The Discovery of the Unconscious*. *Psychoanalytic Quarterly*, 43: 303–306.
Alister, I. and Hauke, C. (eds) (1998) *Contemporary Jungian Analysis*. London: Routledge.
American Psychiatric Association (1994) *Diagnostic and Statistical Manual of Mental Disorders*, 4th edition. Washington DC: American Psychiatric Association.
Anderson, R. (ed.) (1992) *Clinical Lectures on Klein and Bion*. London: Routledge.
Bachrach, H. (1995) The Columbia Records Project. In Shapiro, T. and Emde, R. (eds) *Research in Psychoanalysis: Process, Development, Outcome*. Madison, CT: International Universities Press.
Bachrach, H., Galatzer-Levy, R., Skolnikoff, A. and Waldron, S. (1991) On the efficacy of psychoanalysis. *Journal of the American Psychoanalytic Association*, 39: 871–916.
Balint, M. (1957) *The Doctor, His Patient, and the Illness*. London: Pitman.
Balint, M. (1968) *The Basic Fault: Therapeutic Aspects of Regression*. London: Tavistock.
Barnes, M. and Berke, J. (1973) *Mary Barnes: Two Accounts of a Journey through Madness*. Harmondsworth: Penguin.
Bateman, A. and Fonagy, P. (1999) The effectiveness of partial hospitalisation in the treatment of borderline personality disorder – a randomised controlled trial. *American Journal of Psychiatry*, 156: 1563–1569.
Bateman, A. and Holmes, J. (1995) *Introduction to Psychoanalysis*. London: Routledge.
Bateman, A., Brown, D. and Pedder, J. (2000) *Introduction to Psychotherapy. An Outline of Psychodynamic Principles and Practice*. London: Routledge.
Beck, A., Rush, A., Shaw, B. and Emery, G. (1979) *Cognitive Therapy of Depression*. New York: Wiley.
Beck, A., Freeman, A. and associates (1990) *Cognitive Therapy of Personality Disorders*. New York: Guilford Press.
Bell, D. (1999) Psychoanalysis, a body of knowledge of mind and human culture. In Bell (ed.) *Psychoanalysis and Culture*. London: Duckworth.
Benhabib, S. (1992) *Situating the Self: Gender, Community and Postmodernism in Contemporary Ethics*. Cambridge: Polity Press.
Benvenuto, B. and Kennedy, R. (1986) *The Works of Jacques Lacan: An Introduction*. London: Free Association Books.
Bion, W. (1961) *Experiences in Groups*. London: Tavistock.
Bion, W. (1967) *Second Thoughts*. London: Heinemann.
Bowers, M. (1995) White City Toy Library: a therapeutic group for mothers and under-5s. In Trowell, J. and Bower, M. (eds) *The Emotional Needs of Young Children and Their Families: Using Psychoanalytic Ideas in the Community*. London: Routledge.
Bowlby, J. (1969) *Attachment and Loss. Vol. 1: Attachment*. New York: Basic Books.

Bowlby, J. (1973) *Attachment and Loss. Vol. 2. Separation: Anxiety and Anger.* New York: Basic Books.
Bowlby, J. (1980) *Attachment and Loss. Vol. 3. Loss: Sadness and Depression.* New York: Basic Books.
Brecht, K., Friedrich, V., Hermanns, L., Karuner, I., Juelich, D. (eds) (1985) *Here Life Goes On in a Most Peculiar Way...*, English editions. Goethe Institute, London: Kellner.
Breuer, J. and Freud, S. (1895) *Studies on Hysteria. Standard Edition 2.* London: Hogarth.
Britton, R. (1989) The missing link. In Steiner, J. (ed.) *The Oedipus Complex Today: Clinical Implications.* London: Karnac.
Britton, R. (1998) Daydream, phantasy and fiction. In *Belief and Imagination.* London: Routledge.
Cardinal, M. (1975) *The Words to Say It.* London: The Women's Press.
Chasseguet-Smirgel, J. (1985) *Creativity and Perversion.* London: Free Association Books.
Chasseguet-Smirgel, J. (1988) *Female Sexuality.* London: Karnac.
Chodorow, N. (1978) *The Reproduction of Mothering.* Berkeley, CA: University of California Press.
Chrzanowski, G. (1975) Psychoanalysis: ideology and practitioners. *Contemporary Psychoanalysis*, 11: 492–499.
Cioffi, F. (1970) Freud and the idea of a pseudo-science. In Berger and Cioffi (eds) *Explanation in the Behavioural Sciences.* Cambridge: Cambridge University Press.
Cohn, N. (1994) Attending to emotional issues on a special care baby unit. In Obholzer, A. and Roberts, V.Z. (eds) *The Unconscious at Work.* London: Routledge.
Cosin, B.R., Freeman, C.F. and Freeman, N.H. (1982) Critical empiricism criticized: the case of Freud. In Wollheim, R. and Hopkins, J. (eds) *Philosophical Essays on Freud.* Cambridge: Cambridge University Press.
Crews, F. (1997) *The Memory Wars: Freud's Legacy in Dispute.* London: Granta Books.
Crews, F. (ed.) (1998) *Unauthorised Freud.* Harmondsworth: Penguin.
Crockatt, P. (1997) Book review of *Why Freud Was Wrong* by R. Webster, *Psychoanalytic Psychotherapy*, 11: 87–90.
Dartington, A. (1994) Where angels fear to tread: idealism, despondency and inhibition of thought in hospital nursing. In Obholzer, A. and Roberts, V.Z. (eds) *The Unconscious at Work.* London: Routledge.
Davids, F. (2002) September 11th 2001: some thoughts on racism and religious prejudice as an obstacle. *British Journal of Psychotherapy*, 18: 361–366.
Daws, D. (1995) Consultation in general practice. In Trowell, J. and Bower, M. (eds) *The Emotional Needs of Young Children and Their Families: Using Psychoanalytic Ideas in the Community.* London: Routledge.
Diamond, D. and Wrye, H. (1998) Prologue to 'Projections of Psychic Reality: A Centennial of Film and Psychoanalysis'. *Psychoanalytic Inquiry*, 18: 139–146.
Dolan, B., Warren, F. and Norton, K. (1997) Change in borderline symptoms one year after therapeutic community treatment for severe personality disorder. *British Journal of Psychiatry*, 171: 274–279.
Dryden, W. (2002) (ed.) *Handbook of Individual Therapy*, 4th edition. London: Sage.
Dunn, M. (2002) Cognitive analytic therapy. In Dryden, W. (ed.) *Handbook of Individual Therapy*, 4th edition. London: Sage.
Dupont, J. (ed.) (1995) *The Clinical Diary of Sandor Ferenczi.* Cambridge, MA: Harvard University Press.

Edgcumbe, R. (2000) *Anna Freud: A View of Development, Disturbance and Therapeutic Technique*. London: Routledge.

Ehlers, H. and Crick, J. (1994) *The Trauma of the Past: Remembering and Working Through*. London: Goethe-Institut.

Eickhoff, F-W. (1995) The formation of the German psychoanalytical association (DPV): regaining the psychoanalytical orientation lost in the Third Reich. *International Journal of Psychoanalysis*, 76: 945–956.

Eissler, K. (1971) *Talent and Genius: The Fictitious Case of Tausk Contra Freud*. New York: Quadrangle.

Ellenberger, H. (1970) *The Discovery of the Unconscious*. London: Penguin Books.

Enright, S. (1999) Cognitive-behavioural therapy – An overview. *CPD Bulletin Psychiatry*, 1(3): 78–83.

Eysenck, H. (1952) The effects of psychotherapy: an evaluation. *Journal of Consulting Psychology*, 16: 319–324.

Fabricius, J. (1991a) Running on the spot or can nursing really change? *Psychoanalytic Psychotherapy*, 5(2): 97–108.

Fabricius, J. (1991b) Learning to work with feelings: psychodynamic understanding and small group work with junior student nurses. *Nurse Education Today*, 11: 134–142.

Fabricius, J. (1995) Psychoanalytic understanding and nursing: a supervisory workshop with nurse tutors. *Psychoanalytic Psychotherapy*, 9(1): 17–29.

Fabricius, J. (1996) Has nursing sold its soul? A response to Professor Banks. *Nurse Education Today*, 16: 75–76.

Fabricius, J. (1999) The crisis in nursing. *Psychoanalytic Psychotherapy*,13(3): 203–206.

Fairbairn, W. (1952) *Psychoanalytic Studies of the Personality*. London: Tavistock.

Feltham C. (1999) Facing, understanding and learning from critiques of psychotherapy and counselling. *British Journal of Guidance and Counselling*, 27: 301–311.

Fenichel, O. (1945) *The Psychoanalytic Study of Neurosis*. London: Routledge & Kegan Paul.

Flaskas, C. (2002) *Family Therapy Beyond the Postmodern: Practice Challenges Theory*. Hove, Sussex: Brunner-Routledge.

Fletcher, A. (1983) Working in a neonatal intensive care unit. *Journal of Child Psychotherapy*, 9(1): 47–55.

Fonagy, P. (1991) Thinking about thinking: some clinical and theoretical considerations in the treatment of a borderline patient. *International Journal of Psychoanalysis*, 72: 1–18.

Fonagy, P. (2000) British Psychoanalytical Society Annual Research Lecture. Unpublished.

Fonagy, P. and Target, M. (1996) Outcome and predictors in child analysis: a retrospective study of 763 cases at the Anna Freud Centre. *Journal of the American Psychoanalytic Association*, 44: 27–77.

Fonagy, P., Steele, M., Moran, G., Steele, H. and Higgitt A. (1993) Measuring the ghost in the nursery: an empirical study of the relation between parents' mental representations of childhood experiences and their infants' security of attachment. *Journal of the American Psychoanalytic Association*, 41: 957–986.

Fonagy, P., Kachele, R., Krause, R., Jones, E., Perron, R. and Lopez, L. (1999) *An Open-Door Review of Outcome Studies in Psychoanalysis*. London: International Psychoanalytical Association. Also available at http://www.ipa.org.uk/R-outcome.htm

Forrester, J. (1997) *Dispatches from the Freud Wars*. Cambridge, MA: Harvard University Press.

Foulkes, S. and Anthony, E. (1973) *Group Psychotherapy: The Psychoanalytic Approach.* Harmondsworth: Penguin.
Freud, A. (1926) *Four Lectures on Child Analysis.* Reprinted in *The Writings of Anna Freud.* New York: International Universities Press, 1974.
Freud, A. (1936) *The Ego and the Mechanisms of Defence.* London: Hogarth, 1987.
Freud, A. (1944) *The Writings of Anna Freud Vol. III: Infants without Families (1939–45).* London: Hogarth, 1974.
Freud, A. (1965) *Normality and Pathology in Childhood.* London: Hogarth.
Freud, A. (1975) The nursery school of the Hampstead Child Therapy Clinic. *Psychoanalytic Study of the Child Monograph Series,* 5: 127–132.
Freud, S. (1895) *Project for a Scientific Psychology. Standard Edition 1.* London: Hogarth.
Freud, S. (1900) *The Interpretation of Dreams. Standard Edition 4 and 5.* London: Hogarth.
Freud, S. (1901) *The Psychopathology of Everyday Life. Standard Edition 6.* London: Hogarth.
Freud, S. (1905a) *Three essays on the theory of sexuality. Standard Edition 7.* London: Hogarth.
Freud, S. (1905b) *Fragment of an Analysis of a Case of Hysteria. Standard Edition 7.* London: Hogarth.
Freud, S. (1905c), *Jokes and their Relation to the Unconscious. Standard Edition 8.* London: Hogarth.
Freud, S. (1908) *Creative writers and daydreaming. Standard Edition 9.* London: Hogarth.
Freud, S. (1909a) *Notes upon a case of obsessional neurosis. Standard Edition 10.* London: Hogarth.
Freud, S. (1909b) *Analysis of a phobia in a five year old boy. Standard Edition 10.* London: Hogarth.
Freud, S. (1910) *Leonardo da Vinci and a memory of his childhood. Standard Edition 11.* London: Hogarth.
Freud, S. (1911) *Formulation of the two principles of mental functioning. Standard Edition 12.* London: Hogarth.
Freud, S. (1916) *On transience. Standard Edition 14.* London: Hogarth.
Freud, S. (1917a) *Introductory Lectures on Psychoanalysis. Standard Edition 16.* London: Hogarth.
Freud, S. (1917b) *Mourning and melancholia. Standard Edition 14.* London: Hogarth.
Freud, S. (1918) *From the History of an Infantile Neurosis. Standard Edition 17.* London: Hogarth.
Freud, S. (1923) *The ego and the id. Standard Edition 19.* London: Hogarth.
Freud, S. (1925a) *Negation. Standard Edition 19.* London: Hogarth.
Freud, S. (1925b) *An autobiographical study. Standard Edition 20.* London: Hogarth.
Freud, S. (1926) *The question of lay analysis. Standard Edition 20.* London: Hogarth.
Freud, S. (1930) *Civilisation and its discontents. Standard Edition 21.* London: Hogarth.
Frosh, S. (1999) *The Politics of Psychoanalysis*, 2nd edition. London: Macmillan.
Gabbard, G. (1997) The psychoanalyst at the movies. *International Journal of Psychoanalysis,* 78: 429–434.
Gabbard, G. and Lester, E. (1995) *Boundaries and Boundary Violations in Psychoanalysis.* New York: Basic Books.
Galatzer-Levy, R. (1995) Discussion: the rewards of research. In Shapiro T. and Emde, R. (eds) *Research in Psychoanalysis: Process, Development, Outcome.* Madison, CT: International Universities Press.

Gardner, S. (1995) Psychoanalysis, science and common sense. *Philosophy, Psychiatry and Psychology*, 2: 93–113.

Gay, P. (1988) *Freud: A Life For Our Time*. New York: Norton.

Gedo, J. (1976) Book review of Roazen's *Freud and his Followers*. *Psychoanalytic Quarterly*, 45: 639–642.

Gergely, G. (1992) Developmental reconstructions: infancy from the point of view of psychoanalysis and developmental psychology. *Psychoanalysis and Contemporary Thought*, 14: 3–55.

Gergely, G. and Watson, J. (1996) The social biofeedback model of parental affect mirroring. *International Journal of Psychoanalysis*, 77: 1181–1212.

Godley, W. (2001) Saving Masud Khan. *London Review of Books*, 22 February.

Goldstone, R. (2001) Crimes against humanity – forgetting the victims. British Psychoanalytical Society Ernest Jones Lecture. Published on the BPAS website: www.psychoanalysis.org.uk

Green, A. (1980) The dead mother. First appeared in *Narcissism de vie, Narcissism de mort*. Paris: Editions de Minuit; English edn, *Life Narcissism Death Narcissism*, Trans. Andrew Weller. London: Free Association Books, 2001.

Green, A. (2000) Response to Robert S. Wallerstein. In Sandler, J., Sandler, A-M. and Davies, R. (eds) *Clinical and Observational Psychoanalytic Research: Roots of a Controversy*. Madison, CT: International Universities Press.

Greer, G. (1971) *The Female Eunuch*. London: Paladin.

Grünbaum, A. (1984) *The Foundations of Psychoanalysis*. Berkeley, CA: University of California Press.

Guthrie, E., Moorey, J. and Margison, F. (1999) Cost-effectiveness of brief psychodynamic-interpersonal therapy in high utilizers of psychiatric services. *Archives of General Psychiatry*, 56: 519–526.

Hale, N. (1995) *The Rise and Crisis of Psychoanalysis in the US*. New York: Oxford University Press.

Heinicke, C.M. and Ramsey-Klee, D.M. (1986) Outcome of child psychotherapy as a function of frequency of session. *Journal of the American Academy of Child Psychiatry*, 25: 247–253.

Hillard, R. (1993) Single-case methodology in psychotherapy process and outcome research. *Journal of Clinical and Consulting Psychology*, 61: 373–380.

Hinshelwood, R. (1994) *Clinical Klein*. London: Free Association Books.

Hinshelwood, R. (1997) *Therapy or Coercion? Does Psychoanalysis Differ from Brainwashing?* London: Karnac.

Hobbes, T. (1651) Philosophical rudiments concerning government and society. In: W. Molesworth (ed.) *The English Works of Thomas Hobbes*. Darmstadt: Wissenschaftliche Buchgesellschaft, 1966.

Hobson, P., Patrick, M. and Valentine, J. (1998) Objectivity in psychoanalytic judgements. *British Journal of Psychiatry*, 173: 172–177.

Holmes, J. and Lindley, R. (1989) *The Values of Psychotherapy*. Oxford: Oxford University Press.

Holroyd, M. (1973) *Lytton Strachey: A Biography*. London: Heinemann.

Holroyd, M. (1994) *Lytton Strachey: The New Biography*. London: Chatto & Windus.

Hopkins, J. (1988) Epistemology and depth psychology: critical notes on *The Foundations of Psychoanalysis*. In Clark, P. and Wright, C. (eds) *Mind, Psychoanalysis and Science*. Oxford: Blackwell.

IPA Membership Handbook and Roster 2001. London: International Psychoanalytic Association.

Jacobs, M. (1999) *Psychodynamic Counselling in Action*, 2nd edition. London: Sage.

Jaques, E. (1951) Working through industrial conflict: the service department at the Glacier metal company. In Trist, E. and Murray, H. (eds) *The Social Engagement of Social Science*, Vol 1. Philadelphia: University of Pennsylvania Press, 1990.
Jones, E. (1953–57) *Sigmund Freud: Life and Work Vols I–III*. London: Hogarth Press.
Jones, E. (1964) *The Life and Work of Sigmund Freud*. London: Penguin.
Joseph, B. (1989) *Psychic Equilibrium and Psychic Change*. London: Routledge.
Kandel, E. (1998) A new intellectual framework for psychiatry. *American Journal of Psychiatry*, 155: 457–469.
Kaplan-Solms, K. and Solms, M. (2000) *Clinical Studies in Neuro-Psychoanalysis*. London: Karnac.
Kazdin, A. (1992) *Methodological Issues and Strategies in Clinical Research*. Washington, DC: American Psychological Association Press.
Kelly, G. (1955) *The Psychology of Personal Constructs*. New York: Norton.
Kerbekian, R. (1995) Consulting to premature baby units. In Trowell, J. and Bower, M. (eds) *The Emotional Needs of Young Children and Their Families: Using Psychoanalytic Ideas in the Community*. London: Routledge.
King, P. and Steiner, R. (1991) *The Freud–Klein Controversies 1941–45*. London: Routledge.
Klein, M. (1940) Mourning and its relation to manic depressive states. In *Love, Guilt and Reparation and Other Works. Vol. I of The Writings of Melanie Klein*. London: Hogarth, 1985.
Klein, M. (1946) Notes on some schizoid mechanisms. In *Envy and Gratitude and Other Works. Vol. III of The Writings of Melanie Klein*. London: Hogarth, 1984.
Klein, M. (1960) On mental health. In *Envy and Gratitude and Other Works. Vol. III of The Writings of Melanie Klein*. London: Hogarth, 1984.
Kohon, G. (ed.) (1999) *The Dead Mother: The Work of André Green*. London: Routledge.
Kohut, H. (1977) *The Restoration of the Self*. Madison, CT: International Universities Press.
Kohut, H. (1982) Introspection, empathy and the semi-circle of mental health. *International Journal of Psychoanalysis*, 63: 395–407.
Kolvin, I. (1988) Psychotherapy is effective. *Journal of the Royal Society of Medicine*, 81: 261–266.
Kuhn, T. (1970) *The Structure of Scientific Revolutions*. Chicago, IL: Chicago University Press.
Lacan, J. (1953) The function and field of speech and language in psychoanalysis. In *Écrits: A Selection*. London: Tavistock, 1977.
Lear, J. (1998) *Open Minded: Working Out the Logic of the Soul*. Cambridge, MA: Harvard University Press.
Leff, J., Vearnals, S., Brewin, C., Wolff, B., Alexander, E., Asen, E., Dayson, D., Jones, E., Chisholm, D. and Everitt, B. (2000) The London intervention trial: an RCT of antidepressants versus couple therapy in the treatment and maintenance of depressed people with a partner. Clinical outcome and cost. *British Journal of Psychiatry*, 177: 95–100.
Leuzinger-Bohleber, M. and Target, M. (2001) *Psychic Change in Psychoanalyses and Psychoanalytic Long-Term Psychotherapies. Clinical and Research Perspectives*. London: Whurr.
Levine, M. (ed.) (2000) *The Analytic Freud. Philosophy and Psychoanalysis*. London: Routledge.
Luborsky, L., Diguier, L., Luborsky, E. and Schmidt, B.A. (1999) The efficacy of dynamic versus other psychotherapies: Is it true that 'everyone has won and all must have prizes'? – An update. In Janovsky, D.S. (ed.) *Psychotherapy: Indications and Outcomes*. Washington: American Psychiatric Press.

Mahoney, P. (1974) Book review of Ellenberger's *The Discovery of the Unconscious*. *Contemporary Psychoanalysis*, 10: 143–153.
Main, T. (1989) *The Ailment and Other Psychoanalytic Essays*. London: Free Association Books.
Marty, P. and M'Uzan, M. (1963) La Pensée operatoire. *Revue Français de Psychoanalyse*, 27 (no. spécial): 345–356.
Masson, J. (1984) *The Assault on Truth*. London: Faber & Faber.
Masson, J. (1985) *The Complete Letters of Sigmund Freud to Wilhelm Fliess 1887–1904*. London: Karnac.
Masson, J. (1989) *Against Therapy*. London: Collins.
McDougall, J. (1986) *Theatres of the Mind*. London: Free Association Books.
McLeod, J. (2003) *Introduction to Counselling*, 2nd edition. Buckingham: Open University Press.
McNeilly, C. and Howard, K. (1991) The effects of psychotherapy: a re-evaluation based on dosage. *Psychotherapy Research*, 1: 74–78.
Meisel, P. and Kendrick, W. (eds) (1986) *Bloomsbury/Freud: The Letters of James and Alix Strachey 1924–1925*. London: Chatto & Windus.
Menzies Lyth, I. (1959) The functioning of social systems as a defence against anxiety: a report on the study of a nursing service of a general hospital. *Human Relations*, 13: 95–121.
Menzies Lyth, I. (1965) Recruitment into the London Fire Brigade. In *The Dynamics of the Social: Selected Essays*. London: Free Association Books, 1989.
Menzies Lyth, I. (1988) *Containing Anxiety in Institutions: Selected Essays*. London: Free Association Books.
Menzies Lyth, I. (1989) *The Dynamics of the Social: Selected Essays*. London: Free Association Books.
Millett, K. (1970) *Sexual Politics*. New York: Doubleday.
Milner, M. (1934) *A Life of One's Own*. London: Chatto & Windus. [Published under the name 'Joanna Field'.]
Milner, M. (1957) *On Not Being Able to Paint*. London: Heinemann. [Published under the name 'Joanna Field.]
Milner, M. (1987) *The Suppressed Madness of Sane Men*. London: Routledge.
Milton, J. (2001) Psychoanalysis and cognitive behaviour therapy – rival paradigms or common ground? *International Journal of Psychoanalysis*, 82: 431–447.
Mitchell, J. (1974) *Psychoanalysis and Feminism*. Harmondsworth: Penguin.
Mitchell, S. and Black, M. (1995) *Freud and Beyond. A History of Psychoanalytic Thought*. New York: Basic Books.
Mollon, P. (1998) *Memory and Illusion*. Chichester: Wiley.
Money-Kyrle, R. (1955) Psychoanalysis and Ethics. In *The Collected Papers of Roger Money-Kyrle*. Strathtay, Perthshire: Clunie Press, 1978.
Money-Kyrle, R. (1971) The aim of psychoanalysis. *International Journal of Psychoanalysis*, 52: 103–106. Reprinted in *The Collected Papers of Roger Money-Kyrle*. Strathtay, Perthshire: Clunie Press, 1978.
Moran, G. and Fonagy, P. (1987) Psychoanalysis and diabetic control: a single case study. *British Journal of Medical Psychology*, 60: 357–372.
Moran, M.G. (1991) Chaos theory and psychoanalysis. *International Review of Psychoanalysis*, 18: 211–221.
Moran, G., Fonagy, P., Kurtz, A., Bolton, A. and Brook, C. (1991) A controlled study of the psychoanalytic treatment of brittle diabetes. *Journal of the American Academy of Child and Adolescent Psychiatry*, 30: 926–935.
Mosse, J. (1994) The institutional roots of consulting to institutions. In Obholzer, A. and Roberts, V.Z. (eds) (1994) *The Unconscious at Work*. London: Routledge.

Moylan, D. (1994) the dangers of contagion: projective identification processes in institutions. In Obholzer, A. and Roberts, V.Z. (eds) *The Unconscious at Work*. London: Routledge.
Obholzer, A. (1994) Authority, power and leadership. In Obholzer, A. and Roberts, V.Z. (eds) *The Unconscious at Work*. London: Routledge.
Obholzer, A. and Roberts, V.Z. (1994) *The Unconscious at Work*. London: Routledge.
Oliner, M. (1988) *Cultivating Freud's Garden in France*. Northvale, NJ: Jason Aronson.
Parlett, M. and Hemming, J. (2002) Gestalt therapy. In Dryden, W. (ed.) *Handbook of Individual Therapy*, 4th edition. London: Sage.
Parry, G. and Richardson, A. (1996) *NHS Psychotherapy Services in England: A Review of Strategic Policy*. London: Department of Health.
Pascal, Blaise (1623–62) *Pensées* iv 277, trans. A.J. Krailsheimer. Harmondsworth: Penguin, 1995.
Pilgrim, D. (2002) The cultural context of British psychotherapy. In Dryden, W. (ed.) *Handbook of Individual Therapy*, 4th edition. London: Sage.
Popper, K. (1969) *Conjectures and Refutations*, 3rd edition. London: Routledge & Kegan Paul.
Psychoanalytic Electronic Publishing (2001) Archive 1 version 3 1920–98.
Puget, J. (1992) Belonging and ethics. *Psychoanalytic Inquiry*. 12: 551–569.
Rayner, E. (1990) *The Independent Mind in British Psychoanalysis*. London: Free Association Books.
Roazen, P. (1969) *Brother Animal: The Story of Freud and Tausk*. New York: Knopf.
Roazen, P. (1971) *Freud and his Followers*. Harmondsworth: Penguin.
Roazen, P. (1977) Orthodoxy on Freud: the case of Tausk. *Contemporary Psychoanalysis*, 13: 102–114.
Robert, M. (1966) *The Psychoanalytic Revolution*. London: Allen & Unwin.
Roberts, V.Z. (1994) The organisation of work: contributions from open systems theory. In Obholzer, A. and Roberts, V.Z. (eds) *The Unconscious at Work*. London: Routledge.
Robertson, J. and Robertson, J. (1989) *Separation and the Very Young*. London: Free Association Books.
Robinson, P. (1993) *Freud and his Critics*. Berkeley and Los Angeles: University of California Press
Rosenfeld, H. (1965) *Psychotic States*. London: Hogarth.
Rosenfeld, H. (1987) *Impasse and Interpretation*. London: Routledge.
Roustang, F. (1982) *Dire Mastery: Discipleship from Freud to Lacan*. Baltimore, MD and London: Johns Hopkins University Press.
Rustin, M. (1991) *The Good Society and the Inner World*. London: Verso.
Rustin, M. (1995) Lacan, Klein and politics: the positive and negative in psychoanalytic thought. In Elliott, A. and Frosh, S. (eds) *Psychoanalysis in Contexts*. London: Routledge.
Rustin, M. (1999) Psychoanalysis: the last modernism. In *Psychoanalysis and Culture*. London: Duckworth.
Rycroft, C. (1985) *Psychoanalysis and Beyond*. London: Hogarth.
Ryle, A. (1990) *Cognitive Analytical Therapy*. Chichester: Wiley.
Ryle, A. (1995) Psychoanalysis, cognitive-analytic therapy, mind and self. *British Journal of Psychotherapy*, 11: 568–574.
Sandahl, C., Herlitz, K., Ahlin, G. and Ronnberg, S. (1998) Time-limited group therapy for moderately alcohol dependent patients: a randomised controlled trial. *Psychotherapy Research*, 8: 361–378.

Sandell, R., Blomberg, J., Lazar, A., Carlsson, J., Broberg, J., and Schubert, J. (2000) Varieties of long-term outcome among patients in psychoanalysis and long-term psychotherapy: a review of findings in the Stockholm outcome of psychoanalysis and psychotherapy project (STOPP). *International Journal of Psychoanalysis*, 81: 921–942.

Sandler, J. (1983) Reflections on some relations between psychoanalytic concepts and psychoanalytic practice. *International Journal of Psychoanalysis*, 64: 35–46.

Sandler, J. (1987) *From Safety to Superego*. London: Karnac.

Sandler, J. (ed.) (1988) *Projection, Identification and Projective Identification*. London: Karnac.

Sandler, J. and Sandler, A-M. (1998) *Internal Objects Revisited*. London: Karnac.

Sandler, J., Dreher, A.U. and Drews, S. (1991) An approach to conceptual research in psychoanalysis illustrated by a consideration of psychic trauma. *International Review of Psychoanalysis*, 18: 133–141.

Sandler, J., Dare, C., Holder, A. and Dreher, A. (1992) *The Patient and the Analyst*. London: Karnac.

Sands, A. (2000) *Falling for Therapy*. London: Macmillan.

Scharff, D.E. and Scharff, J.S. (1987) *Object Relations Family Therapy*. Northvale, NJ: Aronson.

Schore, A. (1994) *Affect Regulation and the Origin of the Self*. Hillsdale, NJ: Lawrence Erlbaum.

Sebek, M. Presidential address 2001: Gates we try to open. EPF website www.epf-eu.org

Segal (1952) A psychoanalytic approach to aesthetics. *International Journal of Psychoanalysis* 33: 196–207. Reprinted in *The Work of Hanna Segal*. London: Free Association Books, 1988.

Segal, H. (1957) Notes on symbol formation. *International Journal of Psychoanalysis*, 38: 391–397. Reprinted in: Bott Spillius (ed.) *Melanie Klein Today Vol. 1: Mainly Theory*. London: Routledge, 1988.

Segal, H. (1973) *Introduction to the Work of Melanie Klein*. London: Karnac, 1988.

Segal, H. (1981) *The Work of Hanna Segal*. Northvale, NJ: Jason Aronson.

Segal, H. (1987) Silence is the real crime. *International Review of Psychoanalysis*, 14: 3–12.

Segal, H. (1995) From Hiroshima to the Gulf War and after: a psychoanalytic perspective. In Elliot, A. and Frosh, S. (eds) *Psychoanalysis in Contexts*. London: Routledge.

Segal, H. (1997a) *Psychoanalysis, Literature and War*. London: Routledge.

Segal, H. (1997b) On the clinical usefulness of the concept of the death instinct. In *Psychoanalysis, Literature and War*. London: Routledge.

Shapiro, D. and Firth, J. (1987) Prescriptive versus exploratory psychotherapy. *British Journal of Psychiatry*, 151: 790–799.

Shedler, J. (2002) A new language for psychoanalytic diagnosis. *Journal of the American Psychoanalytical Association*, 50: 429–456.

Shedler, J. and Westen, D. (1998) Refining the measurement of Axis 11: a Q-sort procedure for assessing personality pathology. *Assessment*, 5: 335–355.

Solms, M. (1995) Is the brain more real than the mind? *Psychoanalytic Psychotherapy*, 9: 107–120

Spruiell, V. (1993) Deterministic chaos and the sciences of complexity: psychoanalysis in the midst of a general scientific revolution. *Journal of the American Psychoanalytical Association*, 41: 3–44.

Steiner, J. (1993) *Psychic Retreats*. London: Routledge.

Steiner, R. (2000) *'It Is a New Kind of Diaspora'*. London: Karnac.

Stern, D. (1985) *The Interpersonal World of the Infant*. New York: Basic Books.

Steuerman, E. (2000) *The Bounds of Reason*. London: Routledge.
Stevenson, J. and Meares, R. (1992) An outcome study of psychotherapy for patients with borderline personality disorder. *American Journal of Psychiatry*, 149: 358–362.
Stewart, H. (1992) *Psychic Experience and Problems of Technique*. London: Routledge.
Strachey, J. (1934) The nature of the therapeutic action of psychoanalysis. *International Journal of Psychoanalysis*, 15: 127–159.
Strachey, J. (1953–74) *Standard Edition of the Complete Psychological works of Sigmund Freud* (24 vols). London: Hogarth Press.
Stubley, J. (2000) Review article: *Memory wars* by F. Crews and others. *Remembering Trauma* by P. Mollon. *Memory in Dispute* by V. Sinason. *Psychoanalytic Psychotherapy*, 14, 83–92.
Sulloway, F. (1979) *Freud, Biologist of the Mind*. New York: Basic Books.
Sutherland, S. (1976) *Breakdown*. London: Weidenfeld & Nicolson.
Szasz, T. (1969) *The Ethics of Psychoanalysis*. London: Routledge & Kegan Paul.
Taylor, D. (ed.) (1999) *Talking Cure: Mind and Method of the Tavistock Clinic*. London: Duckworth.
Thorne, B. (2002) Person-centred therapy. In Dryden, W. (ed.) *Handbook of Individual Therapy*, 4th edition. London: Sage.
Timpanaro, S. (1974) *The Freudian Slip*. English edition London: NLB, 1976.
Trist, E., Higgin, G., Murray, H. and Pollock, A. (1963) The assumption of ordinariness as a denial mechanism: innovation and conflict in a coal mine. In Trist, E. and Murray, H. (eds) *The Social Engagement of Social Science, Vol. 1: The Social-Psychological Perspective*. London: Free Association Books, 1990.
Tylim, I. (1996) Psychoanalysis in Argentina: a couch with a view. *Psychoanalytic Dialogues*, 6: 713–727.
Wallerstein, R. (ed.) (1992) *The Common Ground of Psychoanalysis*. Northvale, NJ: Jason Aronson.
Webster, R. (1995) *Why Freud Was Wrong*. London: HarperCollins.
Whittle, P. (2001) Experimental psychology and psychoanalysis: what we can learn from a century of misunderstanding. *Neuro-psychoanalysis*, 2: 233–245.
Will, D. (1986) Psychoanalysis and the new philosophy of science. *International Review of Psychoanalysis*, 13, 163–173.
Winnicott, D.W. (1958) *Through Paediatrics to Psychoanalysis.* London: Hogarth, 1987.
Winnicott, D.W. (1960) The theory of the parent–infant relationship. *International Journal of Psychoanalysis*, 41: 585–595.
Winnicott, D.W. (1964) Further thoughts on babies as persons. In *The Child, the Family and the Outside World*. Harmondsworth: Penguin.
Winnicott, D.W. (1965) *The Maturational Process and the Facilitating Environment*. London: Hogarth.
Winnicott, D.W. (1971) *Playing and Reality*. London: Tavistock.
Wolf, E. (1976) Book review of Roazen's *Freud and his Followers*. *Journal of the American Psychoanalytic Association*, 24: 243–244.
Wollheim, R. (1984) *The Thread of Life*. Cambridge: Cambridge University Press.
Wollheim, R. (1993) *The Mind and its Depths*. Cambridge, MA: Harvard University Press.
Wright, E. (1984) *Psychoanalytic Criticism*. London: Methuen.
Zaphiriou Woods, M. (2000) Preventive work in a toddler group and nursery. *Journal of Child Psychotherapy*, 26(2): 209–233.

訳者あとがき

　メラニー・クライン，アンナ・フロイト，ジェームズ・ストレイチー，フェアバーン，ウィニコット，バリント，ビオン，ローゼンフェルド，スィーガル……すべて，英国学派に所属する精神分析家の先生方です。これらの人たちについて，本を読んで勉強したが良く分からないという方，基本的にあまり詳しく知らないという方などに対して，この本をお勧めします。また，理論としてはある程度知っているが，技術や経験としての精神分析が実感できないと感じておられている方にも，この本はとても役に立つと思います。

　『A short introduction to Psychoanalysis』というタイトルのこの本は精神分析にあまり詳しくない専門家などに向けて書かれているため，とても平易で日常的な英語で記述されています。ですから翻訳においても，できるだけ分かりやすい日本語を使うよう心がけました。したがってもし分かりにくい部分があれば，訳者である私の責任である可能性が高いと思います。平易で日常的な英語で書かれているからこそ翻訳が困難な部分もありましたが，そのような箇所にはできるだけ訳注をつけるようにしました。このように理解しやすい本ですので，内容そのものについて解説する必要性があるとは思いません。したがってこのあとがきでは，それぞれがフロイト派，クライン派，独立学派の訓練分析家である高名な3人の著者に会ったという私の貴重な経験を皆さんに御報告させていただき，それを少しでも共有できたらいいなと考えています。

　何かを「経験」し「報告」する場合，その経験をした人がどういう種類の人間かという点が報告の内容に大きく影響を与えると思います。特に精神分析という分野ではその影響が強いと思いますので，私自身について少し書かせていただきます。まず私は医者になった後で精神科医になることを決め，精神科医として働くうちに精神療法を志すようになりました。そして精神科医としての臨床に役立つという理由で，精神分析に惹かれるよ

うになっていきました。したがって医者になる前には，恥ずかしながらフロイトの本など読んだことはなく，そのため精神分析というものに対してもともと持っていた思い入れ，などというものからは無縁でした。したがって，精神分析を理想化しすぎてしまうことはあまりないのではないかと思っています。

名古屋地区で精神科医として仕事をしてきましたので，日本における精神分析の中心地である東京，福岡からは，地理的にかなり離れていました。また私が最も影響を受けたスーパーバイザーである成田善弘先生は，日本精神分析学会の会長を勤められましたが，「自由連想法を用いるなど本格的な精神分析・精神分析的精神療法」からは一定の距離をとっておられます。したがって私自身は，「精神分析の本流」から離れたいわば「傍流の立場」にあると言えるでしょう。

しかし同時に私は，故小此木啓吾先生の主催されていた慶応大学の木曜研究会に3年間参加させていただきました。また世界でトップクラスの精神分析的精神（心理）療法の訓練施設であるロンドンのタヴィストック・クリニックで，不十分ながらも5年間，訓練分析，スーパービジョン，講義などの訓練を受けることができました。この点から考えると私は精神分析の「主流の立場」であるともいえるでしょう。

このように私は，「傍流の立場」と「主流の立場」の両方を持っているという，とても中途半端な位置にあります。しかしこのように「中途半端」であるからこそ，特に「主流」から離れた場所におられる方々に対して，離れて見ていては分かりにくい「体験としての精神分析」，その中でも特に伝わりにくいその「におい，手触りのようなもの」をお伝えするには適した立場にあるともいえるでしょう。このような前置きをした上で，3人の分析家の先生方にお会いするというとても「精神分析的な」経験について，以下に書かせていただきます。

まずJane Milton先生についてです。先生はもともとタヴィストック・クリニック成人部門で，コンサルタント精神科医として勤務しておられた，クライン派の訓練分析家です。実は私がタヴィストック・クリニックに受け入れられるために必要であった2回の審査面接のうち，ひとつはMilton先生によるものでした。とても優しそうな方で，当時私が希望し

ていたことを実現するために出来る限りの努力を続けるよう励ましていただきました。しかし私の訓練が始まった時にはすでに退職された後で，残念ながら直接指導していただく機会はありませんでした。その後1度講義のためにタヴィストック・クリニックの成人部門に来られたことがあり，認知行動療法と精神分析の本質的な違いを，先生の論文[訳注1]に基づいてきちんと教えていただいたのが印象に残っています。

　私がこの本を翻訳したいと思ってMilton先生にお会いしたとき，他の二人の先生にも会うよう強く勧めていただきました。私自身の帰国が近いという時間的制約のためあきらめかけていた私を励まして下さり，最終的に3人の先生方すべてにお会いすることができたのはMilton先生のおかげです。また投影同一化はクライン派の重要な概念の一つであると私は理解していますが，不思議なことにこの本の項目には含まれていません。それでその点についてお尋ねしたところ，煩雑な定義の問題で読者を混乱させたくなかったため，話し合いの結果意図的に省いたと教えていただきました。

　次にJulia Fabricius先生についてです。先生はもともと看護師出身ですが，心理学の学位をとられた後精神分析の訓練を受けられたとのことです。2004年から，英国精神分析協会の会長を務めておられます。フロイト派の訓練分析家で，以前アンナ・フロイトセンターの所長を務められました。現在の英国精神分析において，実際のところクライン派，独立学派，フロイト派の考え方や技法の違いは少ないと教えていただきました。学派の違いよりも，分析家それぞれの違い，また同じ分析家でも異なった患者に接する場合の違い，また同じ患者に接していてもその日その日の患者の変化に対応して生じる分析家の違いの方がずっと大きい，という点を強調されました。そして現在3つの学派は，考え方や技法の違いによる集団というよりも，一種の政治的なグループになってしまっていると言われました。しかしこれも崩れてきているそうで，3グループから順番に会長を出すという以前あったルールは現在守られていないとのことでした。

　日本では，クライン派，フロイト派などそれぞれに対して一種のカリカ

訳注1）Milton, J.《2001》Psychoanalysis and cognitive behaviour therapy-rival paradigms or common ground? *International Journal of Psychoanalysis*, 82: 431-447参照

チュアが存在していると思うとお伝えしたところ，英国にもそれはあるといわれました。具体的にはたとえば，クライン派は喋りすぎて，フロイト派は黙りすぎるというものだそうです。しかしそれにしても，特に英国外部では3つの学派の相違点が強調されすぎているように思う，とコメントされました。とても穏やかな方で，猫をかわいがりながらこれらの話をされました。フロイト派分析家のほとんどは伝統的に猫を飼っているといわれ，私は信用してしまったのですが，すぐに冗談だと言われました。また先生の面接室にあった「カウチ」は，いわゆる日本の病院の診察室にあるような「ベッド」の少し大きなものであり，英国でもフロイト式の「寝椅子」を使っている分析家はあまりいないと思うとのことでした。

最後にCaroline Polmear先生についてです。先生はもともと社会学の勉強をしておられましたが，社会政策立案，地域開発プロジェクトなどの仕事に関与された後，大学でソーシャルワーカーを教育する立場になられ，その後精神分析の訓練を受けられたとのことです。独立学派の訓練分析家です。とても親切にいろいろ教えていただきましたが，この先生については，「優しさ」よりも「厳格さ」をより感じさせる方だという印象を私は持ちました。これは私の持っていた，枠組みに対して比較的自由でものわかりが良い独立学派の分析家というカリカチュアに反しており，とても興味深く感じました。

日本において精神分析は，名前が良く知られている割には虚像ばかりが有名になり，その実像があまり知られていないと思うとお話したところ，英国でもその状況は全く同じだと言われました。そして，だからこそ私たちはこの本を書いたとも言われました。

タヴィストック・クリニックで一緒に勉強していた訓練生の一人が，「(精神分析的)精神療法は人生だ！」と言ったことがあります。これには全く同感で，「精神分析」「精神分析的精神療法」の治療者であり続けていくということは，ある種の生き方を選択することでもあると私は考えます。そしてこれは，たとえば「認知行動療法」や「対人関係療法」などにもきっと当てはまるものでしょう。ここでいう「精神分析的な生き方」とは，常に謙虚に周囲の人から学んで変化しようとし続け，一生懸命考え続け，新しいことに開かれた状態を保ち続けるなどの態度を含むものだと私は考え

ます。そして私自身は,「精神分析家」という精神分析の専門家になるかどうかに関わらず,自分の人生について「精神分析的な生き方」を続けていきたいと思っています。そして,私自身の人生をとても豊かなものにしてくれるそのような生き方を教えてくださった方々に感謝したいと思っています。

さまざまな方々に,お礼を言わなければならないと思います。監訳を引き受けてくださった上にすばらしいまえがきを書いて頂いた松木邦裕先生,とても親切にしていただいた3人の著者の先生方,私の精神分析を引き受けていただいた精神分析家の先生（実は高名な先生ですが,あの時私のそばにいてくださった方は,「あの有名な誰々」ではなく,単なる「私の分析家」だと思っていますので,あえて名前は伏せさせていただきます）,英国でスーパービジョンをして下さったCyril Couve先生, Elizabeth Gibb先生他の先生方,日本でスーパービジョンをしていただいた成田善弘先生,吉田光男先生,大学で精神療法の手ほどきをしていただいた近藤三男先生,市田勝先生,精神分析への道を開いていただき,タヴィストックへの留学を強く励ましてくださった故小此木啓吾先生,タヴィストックで一緒に研修を受けて心の支えになってくれた友人たち,翻訳の相談に乗ってくれた私の英会話の先生たちCharlotte BelcherさんとVictoria Pritchardさん,私の心のふるさとになっていつも役に立つ議論をしてくれている名古屋大学医学部精神科精神療法班,名古屋心理療法研究会の先生方,精神科医としての私の向上を助け続けてくれている藤田保健衛生大学精神医学教室の先生方などです。また出版初心者の私にいろいろと教えてくださった岩崎学術出版社の唐沢礼子さんにも,感謝したいと思います。そして何より,私の人生において最も大きな喜びを与え続けてくれている妻と子どもたちに感謝したいと思います。

最後になってしまいましたが,この本を読んで下さった皆様にも感謝したいと思います。この本を読んで頂いた臨床家の方々,そしてその患者さんたちが,少しでも多くそれぞれの人生を楽しめるようになることを願っています。

平成18年6月22日

浅野　元志

人名索引

アイザックス Isaacs, Susan　91, 221
アイスラー Eissler, Kurt　123
アイゼンク Eysenck, Hans　153
アイチンゴン Eitingon, Max　101, 102
アドラー Adler, Alfred　70, 91, 116, 122, 123
アブラハム Abraham, Karl　67, 74, 76, 101
アリスター Alister, I.　202
アルチュセール Althusser, Lois　187
アレキサンダー Alexander, Franz　86, 101
アンジュー Anzier, Didier　98
ウィニコット Winnicott, Donald W.　40, 52〜55, 77, 78, 79, 81, 91, 92, 98, 100, 151, 152, 186
ウィル Will, David　121
ウィルソン Wilson, Edward O.　124
ウェステン Westen, Drew　146, 147
ウェブスター Webster, Richard　132, 134〜137, 139
ウォルハイム Wollheim, Richard　119, 120, 183
エードリアン Adrian, Lord　235
エイブラムズ Abrams, S.　123
エインズワース Ainsworth, Mary　148
エチゴーエン Etchegoyen, Horacio　99, 106
エリクソン Erikson,　136
エレンバーガー Ellenberger, Henri　121, 122, 124, 125
エンライト Enright, S.　158
オシポフ Ossipov,　108
オニール O'Neill, Lady Onora　235
オリナー Oliner, Marion　95

カーディナル Cardinal, Marie　130
カーン Khan, Masud　130
カプラン－ソルムズ Kaplan-Solms, K.　151
ガーグリー Gergely, G.　151
ガードナー Gardner, Sebastian　113, 114, 119
ガルマ Garma, Angel　105
カンデル Kandel, E.　153
カンバーグ Kernberg, Otto　106
キーツ Keats, John　186
ギャバード Gabbard, G.　188
クーン Kuhn, Thomas　125
クライトン－ミラー Crichton-Miller, Hugh　192
クライン Klein, Melanie　34, 37, 40, 46, 48, 49, 50, 52, 55, 73, 75〜78, 81, 88〜93, 101, 126, 183, 190
グラバー Glover, Edward　91, 221
グラバー Glover, James　221
グリーン Green, André　95, 100
グリュンバウム Grünbaum, Adolf　118, 119, 120, 135, 145
クルーズ Crews, Frederick　132, 133, 136, 137, 138
クロッカット Crockatt, P.　135
ケインズ Keynes, Maynard　230
ゲドー Gedo, J.　123
ケリー Kelly, George　194, 211
コーズィン Cosin, B. R.　114, 116, 117
コーホン Kohon, G.　99
コフート Kohut, Heinz　81, 82, 127, 136, 152, 189
ゴッドレイ Godley, Wynne　130
ゴルドストン Goldstone, Richard　235

サーズ Szasz, Thomas　128
サザーランド Sutherland, Stuart　130
ザックス Sachs, Hans　220
サリバン Sullivan, Harry Stack　86, 87
サロウェイ Sulloway, Frank　122, 124, 125
サンズ Sands, Anna　131
サンデル Sandell, Rolf　163
サンドラー Sandler, Joseph　82, 144
ジェイコブズ Jacobs, Michael　197
ジェイコブソン Jacobsohn, Edith　103
シェドラー Shedler, Jonathan　146, 147
シャープ Sharpe, Ella　91, 92
シャスゲースミルゲル Chasseguet-Smirgel, Janine　51, 98, 99
シャルコー Charcot, Jean-Martin　61
シュミデバーグ Schmideberg, Melitta　91
ショー Shore, Allan　151, 152, 153
ジョーンズ Jones, Ernest　67, 68, 74, 84, 85, 90, 92, 121, 126, 215, 218
ジョセフ Joseph, Betty　80, 81
スィーガル Segal, Hanna　80, 81, 106, 186, 191
スキナー Skinner, B. F.　193
スタイナー Steiner, John　191
スタッダート Stoddart, William　221
スタブリィ Stubley, Joanne　134
スチュワート Stewart, Harold　82
スティーブン Stephen, Adrian and Karin　221
ストイアマン Steuerman, Emilia　184

ストゥフリックStuchlik, Jaroslav　108
ストレイチーStrachey, Alix　76, 215, 218, 221
ストレイチーStrachey, James　71, 76, 92, 215, 218, 221, 230
セベクSebek, Michael　109
ソーンThorne, B.　204, 205
ソコルニッカSokolnicka, Eugenie　94
ソシュールde Saussure, Ferdinand　94, 187
ソルムズSolms, Mark　151, 235, 236

ダーウィンDarwin, Charles　120
ターゲットTarget, M.　163
ダーティントンDartington, A.　179
ダイアモンドDiamond, D.　188
タウスクTausk, Victor　123
チオッフィCioffi, Frank　113, 114, 116, 117
ティンパナロTimpanaro, Sebastiano　127
デイヴィズDavids, Fahkry　191
デカルトDescartes, Rene　184
ドイチュDeutsch, Helene　86, 126
ドスズコブDosuzkov, Bohodar　108

ナシュトNacht, Sacha　94

バークBerke, Joseph　212
バーリンガムBurlingham, Dorothy　91, 144
パールズPerls, Fritz　194, 205
パールズPerls, Laura　205
パブロフPavlov　193
バリントBalint, Enid　101
バリントBalint, Michael　78, 92, 101, 105, 173, 174
ハルトマンHartmann, Heinz　77, 86, 87
ビオンBion, Wilfred　79, 80, 81, 106, 151, 198, 199
ヒトラーHitler, Adolf　83, 86, 87
ピルグリムPilgrim, D.　193
ヒンシェルウッドHinshelwood, R.　138
ファブリシアスFabricius, J.　178
フークスFoulkes, S. H.　198, 199
フェアバーンFairbairn, Ronald　76, 77, 81, 127
フェニヘルFenichel, Otto　78, 86, 101, 108
フェルサムFeltham, C.　139
フェレンツィFerenczci, Sandor　67, 74, 212, 220
フォナギーFonagy, Peter　143, 148, 149, 150, 162, 163

プヘットPuget, Janine　107
フリースFliess, Wilhelm　64, 65, 124, 125
フリードランダーFriedlander, Kate　91
フリーマンFreeman, C. F.　114
フリーマンFreeman, N. H.　114
フリューゲルFlugel, J. C.　221
ブリトンBritton, R.　150, 186
ブリュッケBrucke, Ernst　58
ブルークBrooke, Rupert　230
ブロイアーBreuer, Joseph　61, 63, 188
フロイトFreud, Anna　30, 40, 46, 47, 55, 57, 75, 76, 90, 91, 93, 144
フロイトFreud, Sigmund　24, 26, 27, 28, 30, 33, 34, 36, 38, 40～45, 55～73, 76, 78, 83～86, 91, 92, 98, 102, 112, 113, 116, 117, 118～126, 132～135, 139, 140, 181, 185, 188, 189, 192, 218, 220, 233
フロッシュFrosh, Stephen　96, 125, 128, 187, 188
フロムFromm, Erich　88, 136
ベイトソンBateson, Gregory　193, 206
ベームBehm, Felix　102
ペインPayne, Sylvia　79, 91, 92, 93, 221
ベックBeck, Aaron　209
ベルBell, David　184, 185
ベルタランフィVon Bertalanffy　206
ベンハビブBenhabib, Seyla　184
ボウルビィBowlby, John　79, 80, 91, 92, 98, 148, 179
ホークHauke,　202
ホーナイHorney, Karen　86, 87, 126, 136
ホームズHolmes, J.　115, 128
ホームズHolmes, Richard　235
ホッブズHobbes, Thomas　73, 184
ボナパルトBonaparte, Marie　94
ポパーPopper, Karl　113～116, 118
ホファーHoffer, Willi　91, 105
ホプキンズHopkins, Jim　119, 120
ホプキンズHopkins, Prynce　217
ホブソンHobson, P.　145
ホワイトWhite, William Alanson　86

マーティーMarty, Pierre　98
マイヤーMeyer, Adolf　192
マクドゥーガルMcDougall, Joyce　98
マクラウドMcLeod, J.　196
マッソンMasson, Jeffrey　128, 132～135, 139
マテーブランコMatte Blanco, Ignacio　106
マネーカイルMoney-Kyrle, Roger　183
マホーニーMahoney, P.　123

事項索引　255

マルクスMarx, Karl　94
ミュザンM'Usan, Martin　98
ミュラーーブラウンシュベイクMueller-Braunschweig, Carl　102
ミルナーMilner, Marion　79, 186
メインMain, Tom　198, 199
メルツァーMeltzer, Donald　106
メンズィズ・リスMenzies Lyth, Isabel　177,178
モイランMoylan, D.　179
モロンMollon, Philip　134

ユングJung, Carl　67, 69, 70, 91, 123

ライWrye, H.　188
ライクReik, Theodor　101
ライクロフトRycroft, Charles　129
ライトWright, E.　187
ラガーシュLagache, Daniel　94
ラカンLacan, Jacques　94〜98, 106, 181, 187
ラスティンRustin, Michael　128, 181, 184, 191
ラッカーRacker, Heinrich　106
ラドRado, Sandor　86
ラフォルグLaforgue, René　94

ランヘルLanger, Marie　106
リアLear, Jonathan　112
リヴィエールRiviere, Joan　91, 215
リックマンRickman, John　216, 221
リットマイスターRittmeister, John　103
リンデンLinden, Herbert　103
リンドレイLindley, R.　115, 128
レイナーRayner, Eric　220
レインLaing, Ronald D.　212
レーヴェンシュタインLoewenstein, Ralph　94
レビンLevine, Michael　183
ロイツィンガーーボールバーLeuzinger-Bohleber Marianne　163, 235
ロウLow, Barbara　91
ローゼンRoazen, Paul　121〜124
ローゼンフェルドRosenfeld, Herbert　80, 81, 105
ロジャーズRogers, Carl　194, 204
ロバートソンRobertson, James　179, 180
ロビンソンRobinson, Paul　118, 119, 124, 125, 134, 140

ワトソンWatson,　151, 193
ワラーシュタインWallerstin, Robert　235

事項索引

あ行

アーネスト・ジョーンズ記念講演　191, 235
愛して働く　38
愛着理論　80
遊ぶこと　9, 198
遊ぶ能力　186
アタッチメント理論　148
圧迫法　62
アドラー派　103
アメリカ合衆国　84
アメリカ精神医学　111
アメリカ精神分析学会　87
アルコホーリック・アノニマス（AA）　212
アルゼンチン　105
暗示　120
アンナ・O　61
アンナ・フロイト・センター　76, 163, 179, 183
イーストロンドン大学　183
言い間違い　63, 119

移行空間　53, 186
移行対象　53, 186
医師　218
意識　26
一次的な関係　37
一次利得　29
偽りの自己　53
イド　27
イド的母親　53
医療専門職　219
医療総合委員会（GMC）　218
ウィーン精神分析協会　67
映し出す　81
映画　188
英国　89
英国医師会　219
英国カウンセリング・精神（心理）療法協会　197
英国学派　i
英国国営医療機関（NHS）　158, 198, 199, 207, 226
英国国営医療機関精神分析的精神（心理）療法協会　200, 237

英国精神（心理）療法家連盟（BCP）
　　196, 202, 231, 233, 237
英国精神（心理）療法協議会（UKCP）
　　196, 231
英国精神（心理）療法常設会議（UKSCP）
　　231
英国精神分析協会　89, 181, 215, 225, 236
英国精神分析協会図書館　237
英国精神分析協会名簿　225
英国放送協会（BBC）　201
英仏研究会　94
エサレン研究所　205
エセックス大学　182, 202
　　──精神分析研究センター　182
エディプス・コンプレックス　42, 51, 66, 90, 125, 189
NHS精神分析的精神（心理）療法協会→英国国営医療機関精神分析的精神（心理）療法協会
エリザベス・フォン・R　27
援助する専門家　169
煙突掃除　61
思いやり　49
おもちゃの図書館　180

か行

快感原則　41
解釈　14
概念　143
カウチ（寝椅子）　9
帰る途中で　235
抱えること（ホールディング）　53
学習理論　193
学術委員会　235
核戦争の脅威　191
学問　180
家族療法　206
課題集団　199
カタルシス（浄化）　61, 86
カッスル病院　199, 201
葛藤　25, 86
可能性空間　186
体に住みつくこと　54
環境欠損による障害　54
環境主義的な立場　86
看護師　177, 200
関与しながらの観察　12, 142, 199
記憶回復療法　133
機会均等　229
基底欠損　78
基底的想定　199
帰結測定尺度　160

気分変調性障害　145
逆転移　12
Q分類法　146
教育委員会　221, 223
境界性パーソナリティ障害　145, 150, 160
共感　82
共産主義　94
狂信的教団　213
鏡像段階　97
局所論的モデル　26, 71
去勢　43
ギリシャ神話　42
キングズレイ・ホール　212
空想　34
空白精神病　99
クライエント　197, 204
クライン学派　93
クリニカル・ガバナンス　226
グループ分析家　199
グレイシャー金属　167
訓練患者　224
訓練基準　221
訓練の費用　223
訓練分析　123, 223
訓練分析家　223
経過記録　142
経験主義　181
芸術　185
芸術的創造性　186
継続的専門家研修　226
ゲーリング協会　102
ゲシュタポ　56
ゲシュタルト療法　194, 205
欠損　47
決定論カオス理論　161
研究　141
研究委員会　235
原光景　34
健康保険センター　226
言語障害　58
原初の母性的没頭　52
幻想　34, 37, 49, 90
　　身体的な──　36
　　無意識的──　90
現実を感じること　54
現代芸術協会　236
現代フロイト学派　93
ケント大学　182
攻撃性　54, 72, 73
交叉同一化　54
口唇期　40
構造主義理論　181

構造論的モデル　27, 71
行動学　148
行動モデル　193
行動主義　209
肛門期　41
国際教育理事会　221
国際神経精神分析協会　234
国際精神分析学会（IPA）　82, 96, 106, 108, 215, 216
国際精神分析協会　102
国際精神分析誌（IJPA）　82, 106, 217, 237
心に関する理論　153
心のモデル　26
心の理論　149, 150
個人の関係プロフィール　145, 160
個人心理学　70
国家社会主義　102
子どもの分析技法　91
子ども時代の性　64
コロンビア・レコード・プロジェクト　161
根拠に基づく医療（EBM）　153
コンサルタント精神療法家　200
混成作業　167
コンダクター　199
コンテイン　157, 190
コンテインメント　13, 21, 79, 128, 150

さ行

サイエントロジー　231
サイバネティックス　206
サルペトリエール病院　61
再養育療法　212
罪悪感　49
錯誤行為　66
三角空間　150
暫定診断プロフィール　46
詩　119
シェドラー－ウェステン評価手順（SWAP-200）　146, 160
シェフィールド大学　182
自我　27
自我心理学　77, 111
自己愛　31, 82
思考する能力　41
自己心理学　81, 189
自己分析　65
自助グループ　211
システムズ・モデル　193
システムズ理論　167, 193, 206
児童精神（心理）療法家　198

――協会　198, 202
自体愛　41
実演（エナクトメント）　19
実験劇場　205
失錯行為　32
実存主義哲学　194, 205
自動思考　209
児童青年期精神保健事業（CAMHS）　206, 208
児童相談クリニック　226
死の欲動　73
自発的な身振り　52
社会問題　189
自由連想　9, 62, 119
シュールレアリスム運動　94
熟慮する自己機能　149
シュルツ-ヘンケ派　104
修正感情体験　213
昇華　44
症状形成　27, 86
宗教　233
修復　186
準会員　225
常識心理学　116, 119
冗談　33, 119
象徴化　33
象徴界　97
象徴形成　186
「素人」分析家　218
人種差別　191
人生の事実　51
心身症　98
神経科学　233
死んだ母親　99
心的現実　186, 188
心的事実　185
心的退避　32, 191
心的表象　36
心的平衡　29, 67
心理学　v, 113
心理学的伝記　185
心理部門　200, 226
心理療法家　iv
新フロイト派　88
深層心理学　103
真実と和解委員会　191
神経症的な問題　47
神経生物学　151
紳士協定　93
神話　119
ズィークハルト・レポート　231
睡眠　61

スーパービジョン　　224, 227
ストックホルム精神分析精神（心理）療法帰
　　結研究（STOPP）　163
ストレンジ場面法　　148
スプリッティング　　30
スプリット　　48
正会員　　225
性器期　　44
正式な分析　　9, 47
成熟　　38
成人アタッチメント面接　　149
精神（心理）療法　　iv, 192
精神（心理）療法部　　200
精神医学　　iii
精神科医　　200
精神分析　　iv
精神分析インスティテュート　　181, 216, 225, 236
精神分析家　　232, 233
精神分析関連電子出版　　143
精神分析研究振興センター　　234
精神分析研究センター　　202
精神分析研究学科　　182
精神分析的コンサルテーション　　166
精神分析的映画祭　　188, 233, 236
精神分析的家族療法　　199
精神分析的集団精神（心理）療法　　198
精神分析的精神（心理）療法　　iv, 10, 195
精神分析的精神（心理）療法家　　232, 233
精神分析的夫婦療法　　199
精神分析の構造　　8
精神分析フォーラム　　234
精神分析療法　　211
精神（心理）療法部門　　226
精神力動的カウンセリング　　196
性的活動　　6
性的同一性　　21
青年期　　5, 44
生の欲動　　73
摂食障害　　4
折衷主義　　193
折衷的接近法　　204
絶対的信念（スキーマ）　　209
前意識　　27
前衛運動　　205
全体主義　　100
洗脳　　214
潜伏期　　44
羨望　　49
前無慈悲段階　　54
憎悪　　54
相互分析　　212

相互カウンセリング　　211
ソーシャルワーカー　　200
想像界　　97
創造性　　186
外からの規制　　231

た行

退行　　39
対象関係理論　　148, 185
対象関係論　　i, 71, 76
対照群　　154
大論争　　92
第一反抗期　　41
タヴィストック・クリニック　　167, 173, 183, 200
タヴィストック人間関係インスティテュート　　167, 177
脱価値化　　30
脱構築　　187
脱錯覚　　53
単一症例研究　　162
短期間の精神分析的精神（心理）療法　　157
男根期　　42
談話療法　　61
チェコスロバキア　　108
チェコ共和国　　56
中間グループ　　92
中期間の精神分析精神（心理）療法　　158
チューリヒ学派　　69
超自我　　23, 27, 43, 72, 90, 116, 152, 189
重複決定　　115
調律　　82
治療帰結　　153
治療共同体　　199, 212
治療群　　154
償い（修復）　　50, 128
ディアスポラ　　57
抵抗　　9, 62, 115, 117, 139
哲学　　183, 233
徹底操作　　23, 50, 157
転移　　11, 63, 117, 139
転移解釈　　14
ドイツ精神分析学会　　104
ドイツ精神分析協会　　101, 104, 164
同一化　　30, 31
投影　　30, 48
洞察　　16
同性愛　　229
独立学派　　79, 93
図書館　　215
ドラ　　126

な行

内在化　21
内的葛藤　27
内的対象　37
ナチス　56
ナチス・ドイツ　101
2歳児病院へ行く　180
二次利得　29
入門講義　234
乳幼児観察　224
人間主義運動　194, 204, 212
人間中心療法　194, 204
認知行動療法（CBT）　157, 193, 195, 209
認知分析療法（CAT）　194, 211
認知療法　211
寝椅子の向こうに（beyond the couch）　236
ネガティヴ　99
年次研究講義　235
ノースフィールド実験　79
脳性麻痺　58

は行

パーソナル・コンストラクト理論　211
パーソナル・コンストラクト療法　194
排便コントロール　41
白昼夢　63
迫害者との同一化　31
発達　38
　　正常な――　39
　　――理論　40
発達ライン　46
発達学派　70
発達支援　47
発達心理学　148
発達促進環境　54
発達的な視点　25
ハムステッド　46
ハムステッド・クリニック　179
ハムステッド指標プロジェクト　144
ハムステッド児童治療クリニック　76
ハムステッド戦争託児所　75
ハムステッド託児所　179
ハムレット　42, 66
ハリウィック・デイホスピタル　201
バリント・グループ　78, 174
パリ精神分析協会　99
反フロイト派批評家　89
反ユダヤ主義　68
反証可能性　113
反精神医学運動　89, 194, 212

反動形成　30, 115
万能感　51
万能的　31
反復強迫　21
非医師の分析家　87
美学　186
比較群　156
比較行動学　80
ヒステリー　29, 58, 59
否定　30
ヒトラー　83
否認　30
病理構造体　80, 191
広場恐怖　4
フェミニスト　89, 126
フェミニスト運動　194
フェミニスト文芸理論　188
フォスター・レポート　231
普通に献身的な母親　52
負の能力　186
フライベルク　56
フランス　93
フランス精神分析協会　96
フロイトの世紀　181
フロイト的失言　32
ブルネル大学　182
分析心理学　69, 202
分析心理学協会（SAP）　202
分析的心理学者　232
分析的スタンス　8, 203
文学　185
文脈主義者　122
ペニス　42
ペニス羨望　126
ヘルムホルツ的決定論　62
ヘルムホルツ派　58
変質　192
ヘンダーソン病院　160, 201
保育の専門家　179
防衛　86
防衛機制　27, 29
砲弾ショック　59, 86
ポスト・フロイト派　181
ポストモダン主義　184
ホッブス　73
ほど良い母親　52
本当の自己　53

ま行

魔術的な万能感　53
満足の対象としての母親　53
未熟児センター　180

ミラーリング　81
無意識　25, 26, 115, 125, 139, 188
　　──のコミュニケーション　12
　　──的幻想　34
　　──的罪悪感　72
無作為割付比較試験（RCT）　154, 159
無慈悲　54
メタ・アナリシス　158
メランコリー　72
喪　186
　　──の過程　31
　　──の作業　105
　　──の仕事　23, 26, 39, 50, 51, 72
モーズレイ病院　145
妄想分裂ポジション　48, 145, 183
モダン主義　184
モラビア　56

や行

夢　33, 63, 119
誘惑仮説　63
誘惑理論　132
ユーロトンネル　169
ユング派　103
ユング派精神分析　202
抑うつ　4
抑うつポジション　47, 146, 183, 186
抑圧　30, 86, 117, 189
欲動　26
欲動理論　71

ら行

ラカン派　181
ラグビー会議　231
力動的な視点　25
力動的精神医学　122
リーズ・メトロポリタン大学　182
理想化　30
リビドー　40
理論の多様性　55
両価性　115
臨床研究　141
臨床心理学　iii
臨床心理士　200
臨床理論セミナー　224
倫理委員会　229
倫理学　183
倫理規定　228
倫理指針　228
ルソー　73
歴史　233
レスター・カンファレンス　169
連想　120
ロンドンうつ病介入研究　159
ロンドン消防隊　168
ロンドン精神分析クリニック　217, 236
ロンドン大学　182
　　──精神分析部門　182
論理的な時間　96

CD-ROM　143
GP　2, 78, 173

監訳者略歴
松木邦裕（まつき　くにひろ）
1950年　佐賀市に生まれる
1975年　熊本大学医学部卒業
1975年　九州大学医学部心療内科勤務
1978年　福岡大学医学部精神科勤務
1985年～87年　タヴィストック・センターおよびクリニックに留学
現　在　精神分析オフィス，福岡共立病院
　　　　日本精神分析協会認定精神分析家
著訳書　ケースメント「患者から学ぶ」（訳）「あやまちから学ぶ」（監訳），「対象関係論を学ぶ」，「分析臨床での発見」（以上，岩崎学術出版社）「精神病というこころ」（新曜社），「私説　対象関係論的心理療法入門」（金剛出版）「分析空間での出会い」（人文書院）その他多数

訳者略歴
浅野元志（あさの　もとし）
1964年　愛知県に生まれる
1990年　名古屋大学医学部卒業
1990年　一宮市立市民病院勤務（研修医，内科）
1993年　名古屋大学医学部精神科勤務
1996年　生生会松蔭病院精神科勤務
1999年～2004年　タヴィストック・クリニック成人部門に留学
2004年　半田市立半田病院神経心療精神科勤務
現　在　藤田保健衛生大学病院精神科勤務
　　　　精神保健指定医
著訳書　ケースメント「あやまちから学ぶ」（共訳　岩崎学術出版社），「オールアバウト『メラニー・クライン』」（分担執筆　至文堂），「境界性パーソナリティ障害の精神療法」（分担執筆　金剛出版）など

精神分析入門講座

ISBN4-7533-0611-9

監訳者
松木　邦裕

第1刷　2006年10月24日

印刷　新協印刷㈱／製本　河上製本㈱
発行所　㈱岩崎学術出版社　〒112-0005　東京都文京区水道1-9-2
発行者　村上　学
電話　03-5805-6623　FAX　03-3816-5123
2006ⓒ　岩崎学術出版社
乱丁・落丁本はおとりかえいたします。検印省略

精神分析事典

●編集委員会
代表　小此木啓吾
幹事　北山　修

委員　牛島定信／狩野力八郎／衣笠隆幸／藤山直樹／松木邦裕／妙木浩之

☆編集顧問　土居健郎／西園昌久／小倉清／岩崎徹也
☆編集協力　相田信男／大野裕／岡野憲一郎／小川豊昭／笠井仁／川谷大治／
　　　　　　斎藤久美子／鑪幹八郎／舘哲朗／馬場謙一／馬場禮子／福井敏／
　　　　　　丸田俊彦／満岡義敬

●精神分析事典の特色

　百年余の歴史をもつ精神分析学の古典と現代にわたる重要な知見を，学派，文化，言語に偏ることなく，臨床を中心にわが国の独創的概念や国際的貢献も厳しく精選，1,147項目に収録。

　精神分析だけでなく，その応用領域に至るまで，わが国の第一人者たちによる最新の成果や知見を駆使しての執筆。

　参考文献は著者順に整理され文献総覧として活用でき，和文・欧文・人名の詳細な索引はあらゆる分野からの使用に役立つよう工夫された。

●刊行の意図と背景

・国際的にみて，いずれも特定の立場と学派に基づいている。それだけに，それぞれ独自の視点が明らかでそれなりの深い含蓄を持っているが，精神分析全体を展望するものとは言い難い。わが国の精神分析の輸入文化的な特質をも生かすことによって，世界で最も幅広いしかも総合的な見地からの精神分析事典を編集したい。

・わが国の精神分析研究もすでに戦後50年の積み重ねを経て，精神分析のそれぞれの分野の主題や各概念について膨大な知識の蓄積が行なわれ，成熟を遂げて現在にいたっている。その成果を集大成する時代を迎えている。

・またフロイトの諸概念の訳語をめぐる新たな研究の国際的動向や，わが国の日本語臨床，翻訳問題の研究が，本事典の編集作業を促進した。（編集委員会）

・B5判横組　712頁